*Nueva narrativa hispanoamericana*

Donald L. Shaw

# *Nueva narrativa hispanoamericana*

**EDICIONES CÁTEDRA, S. A. Madrid**

# Índice

8

*A Mariella, Andrés y Silvia*

Quiero agradecer la indispensable ayuda
de la señora Carmen Fiddian, cuya colaboración fue crucial para el buen fin de
este texto.

# LISTA DE ABREVIATURAS

ALH    *Anales de Literatura Hispanoamericana* (Madrid)
BHS    *Bulletin of Hispanic Studies* (Liverpool)
Car    *Caravelle* (Tolosa)
CHA    *Cuadernos Hispanoamericanos* (Madrid)
ETL    *Explicación de textos literarios* (Sacramento, California)
HBalt    *Hispania* (Estados Unidos)
HispI    *Hispanófila* (Madrid e Illinois)
HR    *Hispanic Review* (Philadelphia)
IAr    *Iberoamerikanisches Archiv* (Berlín)
IRom    *Iberoromania* (Munich)
KRQ    *Kentucky Romance Quarterly* (Lexington)
MLN    *Modern Language Notes* (Baltimore)
MLR    *Modern Language Review* (Cambridge, Gran Bretaña)
MLQ    *Modern Language Quarterly* (Seattle)
MN    *Mundo Nuevo* (París)
PSA    *Papeles de San Armadans* (Madrid, Palma de Mallorca)
RHM    *Revista Hispánica Moderna* (Nueva York)
RO    *Revista de Occidente* (Madrid)
RyF    *Razón y Fábula* (Bogotá)
Sym    *Symposium* (Siracusa, Estados Unidos)

## Capítulo primero

# Introducción

El novelista hispanoamericano y sus imperativos.—Realismo y fantasía.—Una fecha clave, 1940

Si echamos una mirada de conjunto a la novela hispanoamericana en este siglo, nos tropezamos en primer lugar con un hecho curioso: el periodo creador del naturalista mejicano Federico Gamboa, que va desde 1892 a 1912, coincide casi exactamente con los años culminantes del modernismo, movimiento literario de signo totalmente opuesto al naturalismo. Así *Santa,* la novela hispanoamericana que alcanzó el más grande éxito de venta antes de *Doña Bárbara* de Gallegos (1929), se publicó en 1903, un año después de *Sangre patricia* del modernista Díaz Rodríguez y cinco años antes de *La gloria de don Ramiro* de Larreta, la novela-cumbre de prosa artística y de aristocracia espiritual.

De aquí surge la divergencia, cada vez más evidente, entre dos líneas de desarrollo de la narrativa hispanoamericana. Una de éstas es la de la novela de observación. Pasando por las sucesivas etapas del costumbrismo, del realismo y del naturalismo, había extendido el campo de visión del novelista hasta dejar abolidas casi todas las convenciones que estorbaban la libre elección de asuntos, fueran éstos cuales fueran. Hasta, y aun después del año-clave de 1926, es la novela de observación la que va a predominar en Hispanoamérica. La otra línea de desarrollo es la de la novela conscientemente artística que desde Flaubert en adelante había ido adecuando la técnica narrativa a las cada vez más ricas posibilidades de innovación en lo que se refiere al contenido. Después de 1926 esta segunda línea de

11

desarrollo desembocará en la narrativa de fantasía creadora y de la angustia existencial que desde Arlt y Borges hasta García Márquez y Donoso crecerá en importancia hasta disputar la supremacía de la novela de observación.

Entre 1908 y 1929 salieron las varias novelas que hasta el *boom* de la nueva novela en los años 50 y 60 venían considerándose como las obras maestras de la narrativa hispanoamericana moderna. Nos referimos, claro está, a «las seis de la fama»: *La gloria de don Ramiro* de Larreta (1908), *Los de abajo* de Azuela (1915), *El hermano asno* de Barrios (1922), *La vorágine* de Rivera (1924), *Don Segundo Sombra* de Güiraldes (1926) y *Doña Bárbara* de Gallegos (1929). El éxito de estas novelas puede atribuirse, en parte al menos, al relativo equilibrio logrado por sus autores entre observación y técnica.

Un poco a la sombra de estas obras famosas existían otras de tendencia más denunciadora. Ejemplos tempranos son *A la costa* (1904) de Luis A. Martínez, auténtico grito de combate contra el clericalismo y la opresión económica en Ecuador, y los relatos de *Sub terra* de Baldomero Lillo, cuyo tema principal es la vida llena de sufrimientos de los mineros chilenos. Luego vendrán *Tungsteno* (1930) de Vallejo, tan admirado por Arguedas, *Mancha de aceite* (1935) de César Uribe Piedrahita, *Mamita Yunai* (1941) de Carlos Luis Fallas, *Puerto Limón* de Joaquín Gutiérrez y una larga serie de otras novelas que protestan contra la explotación de las riquezas naturales de Hispanoamérica y el abuso sistemático de los trabajadores. Mientras tanto, Edwards Bello publica *El roto* (1920), novela de los desheredados de la vida, que abre el camino hacia *La viuda del conventillo* (1930) de Alberto Romero, y, finalmente, *Hijo de ladrón* (1951) de Manuel Rojas. Hay además gran cantidad de novelas abiertamente antiimperialistas, auténticas reclamaciones contra la política de intervención y anexión territorial de los Estados Unidos. Ejemplos son *La sombra de la Casa Blanca* de Máximo Soto Hall (1927) y *Canal Zone* de Demetrio Aguilera Malta (1935). Pero donde la denuncia alcanzó su punto máximo por aquellos años fue lógicamente en la novela indigenista que por eso mismo se distingue de la anterior novela indianista, más pintoresca y sentimental. Representativas son *Huasipungo* de Icaza (1934), *El indio* de López y Fuentes (1935) y, sobre todo, las obras de Ciro Alegría desde *La serpiente de oro* (1935) a *El mundo es ancho y ajeno* (1941). Fundamental durante gran parte de este periodo fue la influencia de la doctrina del realismo socialista propugnada en París (1934) por un grupo de escritores que se adherían a la línea de Zdanov. Asistimos así al nacimiento de la novela de fuerte compromiso social y político que desde los años 30 ha ido desarrollándose sin solución de continuidad hasta desembocar en la novela abiertamente revolucionaria de, por ejemplo, un David Viñas en su primera fase.

Por otro lado, va apareciendo toda una serie de narrativas experimentales o técnicamente innovadoras que recogen la herencia de la prosa modernista y que merecen mención aparte. Loveluck [1] enumera, entre otras, *Alsino* (1920) de Pedro Prado, *Margarita de niebla* (1927) de Torres Bodet y *Libro sin tapas* (1924) de Felisberto Hernández. A ésas añade Rodríguez Monegal [2] *El habitante y su esperanza* (1926) de Neruda, *Sátiro* (1939) de Huidobro y *En la masmédula* (1934) de Girondo. Dentro de esta corriente se destacaron, como veremos, Arévalo Martínez y Macedonio Fernández, mientras Arlt logra hermanar de modo originalísimo la novela documental de protesta y la novela de fantasía.

Con estos antecedentes no sorprende que exista cierto conflicto entre los diversos imperativos que sienten los escritores de quienes nos ocuparemos. El primero de tales imperativos es, desde luego, el de ir produciendo novelas genuinamente autóctonas que reflejan la situación humana tal como es en América; es decir, buscar lo universal en un contexto específicamente americano. Analizar cómo cumplen con este imperativo novelistas como Rulfo en *Pedro Páramo,* Fuentes en *La muerte de Artemio Cruz* o García Márquez en *Cien años de soledad,* constituye una de las tareas principales de la crítica. Pero no hay que pasar por alto la evidente diferencia que existe entre autores como Mallea, Borges o Sábato (¿es significativo que todos sean argentinos?) que se preocupan, ante todo, de la condición humana en sí, y que se proclaman herederos de una larga tradición europea, y escritores como Asturias y Carpentier, quienes, a pesar de sus lazos importantes con la cultura europea, parecen haber encontrado su propia identidad ya en el *Popol Vuh,* ya en el tipo de observación cuasi antropológica que produjo *Ecue-Yamba-0.*

Íntimamente relacionado con el conflicto cosmopolitismo/americanismo está el problema de cómo enfrentarse con la realidad de Latinoamérica. Unos de los aspectos más obvios de la narrativa contemporánea es el tono de protesta que va desde la estridencia de un Caballero Calderón en *El Cristo de espaldas,* a la cólera helada de

---

El asterisco que aparece en las notas indica que el número de las páginas entre paréntesis en el texto se refiere a la misma edición que se cita en la nota.

[1] J. Loveluck, *Novelistas hispanoamericanos de hoy,* Madrid, 1976, pág. 12.

[2] E. Rodríguez Monegal, *El «boom» de la novela hispanoamericana,* Caracas, 1972, pág. 60.

García Márquez en *La mala hora*. Miguel Ángel Asturias, entre otros, ha insistido, una y otra vez, en que los motivos políticos y sociales figuran entre las constantes de la literatura hispanoamericana y la condicionan más profundamente que ninguna otra. Típica es su dedicatoria de *Weekend en Guatemala*:

A GUATEMALA
mi patria
viva en la sangre
de sus estudiantes-héroes,
sus campesinos mártires,
sus trabajadores sacrificados
y su pueblo en lucha.

No faltan actualmente autores que aceptan con Mario Benedetti que «el ritmo de la historia estará marcado por el socialismo» y que, por consiguiente, «habrá que inventar una nueva relación entre éste y el intelectual»[3]. Para éstos, como para David Viñas, todos los escritores que no aceptan que su deber primordial es incrementar la conciencia revolucionaria latinoamericana se convierten *ipso facto* en «cómplices y usuarios... sostenedores de los privilegios y la corrupción del escritor individualista burgués»[4]. De ser así, habría que buscar los valores nuevos de la narrativa hispanoamericana exclusivamente entre los premiados por La Casa de las Américas de La Habana.

Frente a este grupo encontramos a otro, capitaneado en cierto modo por Borges, para quienes la literatura funciona como algo autónomo de su contexto inmediato económico, político y social. Contestando a los que le reprochan su falta de compromiso Borges escribe:

Creo que el deber del escritor es ser un escritor.
Y si es un buen escritor cumple con su deber...
Soy enemigo de la *littérature engagée* porque creo
que se basa en la hipótesis de que un escritor
no debe escribir lo que le da la gana[5].

Ya en 1946 Mallea[6] había adoptado una posición idéntica y Sábato, veinte años más tarde, sigue su ejemplo en su ensayo-manifiesto «Por

---

[3] M. Benedetti, «El *boom* entre dos libertades», en *Letras del continente mestizo*, Montevideo, 1969, págs. 31-48.
[4] D. Viñas, *De Sarmiento a Cortázar*, Buenos Aires, 1971, págs. 85 y 92.
[5] J. L. Borges, *Borges on Writing*, ed. N. T. di Giovanni, Nueva York, 1973, página 59.
[6] Véase el debate «Literatura gratuita y literatura comprometida», *Sur*, Buenos Aires, 138, 1946, 105-121.

una novela novelesca y metafísica»[7]. El mismo Carpentier[8] en una entrevista se limitó a afirmar que «Describir el mundo que está ante los ojos es cumplir una función revolucionaria».

Quizá el libro que mejor ilustra la división de pareceres sea el polémico *Literatura en la revolución y revolución en la literatura*[9] de Oscar Collazos. Para éste la importancia de la novela hispanoamericana estriba esencialmente en la comunión íntima entre el producto literario y la realidad de una cultura que busca su identidad en la denuncia del sistema social vigente y en el rechazo de la dependencia cultural. Interesantes también son la «Propuesta: hacia una literatura socialista con fronteras» de David Viñas y *El escritor latinoamericano y la revolución posible* de Mario Benedetti. Pero conviene tener en cuenta las manifestaciones del compatriota y correligionario de Viñas, Noé Jitrik, en varios artículos incluidos en *Escritores argentinos* (Buenos Aires, 1967). Allí se describe el aislamiento, la frustración y la amargura «del escritor revolucionario que sólo tiene contacto con el mundo burgués». La burguesía no lo tiene en cuenta; el proletariado, que no se interesa por la cultura, lo ignora; la revolución tarda en llegar.

Las réplicas de Cortázar y de Vargas Llosa a Collazos son curiosamente divergentes. Aquél, más conciliador, acepta el «deber» y la «responsabilidad» del escritor hispanoamericano frente a su contexto sociocultural y político, ya que «el aporte de una gran literatura es fundamental para que una revolución pase de sus etapas previas y de su triunfo material a la revolución total» (pág. 68). Pero insiste en que «la novela revolucionaria no es solamente la que tiene un 'contenido' revolucionario, sino la que procura revolucionar la novela misma» (pág. 73). Un gran novelista, según Cortázar, «no se fabrica a base de buenas intenciones y de militancia política, un novelista es un intelectual *creador,* es decir, un hombre cuya obra es el fruto de una larga, obstinada confrontación con el lenguaje que es su realidad profunda, la realidad verbal que su don narrador utilizará para aprehender la realidad total en todos sus múltiples 'contextos'» (página 75). Todo lo demás presupone «una concepción deformada y deformante de la realidad» (pág. 43) digna solamente de «terroristas literarios de café».

Vargas Llosa, más intransigente, a pesar de haber pertenecido al comité de colaboración de la *Revista de la Casa de las Américas,* rechaza resueltamente el realismo socialista y todo lo que sea «litera-

---

[7] *MN*, 5, 1961, 5-21.
[8] *Siempre,* Santiago de Cuba, 25 de diciembre de 1963.
[9] Segunda edición, Méjico, 1971.

tura militante regulada por los burócratas» (pág. 85). Duda hasta de que sea deseable «que haya una identidad total entre la obra creadora de un escritor y su ideología y moral personales» (pág. 81). Defiende su afirmación anterior según la cual «la literatura no puede ser valorada por comparación con la realidad. Debe ser una realidad autónoma, que existe por sí misma».

Ahí están, pues, los términos en que se plantea el debate en torno a la narrativa en Hispanoamérica. Por una parte, se nos propone una realidad esencialmente política y social que es cuestionada desde posiciones que van desde la protesta ética indignada (Arguedas, por ejemplo) hasta la ideología abiertamente revolucionaria (Benedetti, Viñas). Por otra parte, hay un cuestionamiento total de la realidad basado, en última instancia, en la idea borgiana de que «No hay clasificación del universo que no sea arbitraria y conjetural. La razón es muy simple; no sabemos qué cosa es el universo» [10].

La polémica entre escritores comprometidos y escritores no comprometidos no da señales de apaciguarse. De hecho surgió, una vez más, en el Primer Congreso de Escritores de Lengua Española celebrado en Las Palmas en junio de 1979. Tal polémica revela la división tan fundamental que subsiste actualmente en la narrativa hispanoamericana. Es la división entre los novelistas que quedan básicamente dentro de la tradición realista y los que más o menos abiertamente la rechazan. Para los primeros, la realidad es, ante todo, una construcción social y el gran tema de la novela es, por consiguiente, «la existencia del hombre en la sociedad y su conciencia de las servidumbres impuestas por el carácter social de la existencia» (R. Caillois). Para los segundos, en cambio, la realidad es algo misterioso, ambiguo y posiblemente ilusorio. Se trata de una cuestión, no de actitudes políticas, sino de confianza ontológica, de fe en la existencia de la realidad objetiva. Hay una diferencia radical, que rebasa toda consideración simplista de temas y técnicas, entre un novelista como Vargas Llosa, para quien la realidad del Perú de Odría era una realidad «verdadera» que hay que describir con toda su carga de corrupción y podredumbre, y un novelista como García Márquez (en *Cien años de soledad)* para quien, como para Borges, toda realidad es posiblemente ficticia. El hecho de que tanto García Márquez como Vargas Llosa hayan ganado el Premio Gallegos (en 1967 y 1972, respectivamente) y de que éste haya escrito uno de los libros críticos más importantes sobre aquél, constituye una de las muchas paradojas con que vamos a tropezarnos.

Lo que urge comprender es que, en la narrativa como en la

---

[10] J. L. Borges, *Otras inquisiciones,* Buenos Aires, 1960, págs. 142-3.

poesía, la desintegración aparente del mundo antes aceptado como
«real» dejó al escritor enfrentado con la autonomía de su propia
fantasía creadora, o sea, con algo que (para él, al menos) es incontestablemente real y verdadero. Cabría interpretar la destrucción de la
realidad externa a él como equivalente a la liberación absoluta (por
primera vez) de su propio genio creador ya sin trabas de ningún
género. Al escribir (en «Propos sur la poésie»)

> je veux me donner le spectacle de la matière
> ayant conscience de sa nullité, et cependant
> s'élancant forcément dans le Rêve qu'elle ne saint
> être pas... et proclamant devant le Rien qui est
> la verité ces glorieux mensonges.

Mallarmé se hizo portavoz de todos los que iban a reemplazar en
la literatura moderna la observación de lo «real» por la fantasía.

En Latinoamérica, a pesar de la hostilidad de los que, como
Viñas, creen que «No hay como el arte fantástico para resolver —a
través del ensueño— un utopismo absoluto y una marginalidad empecinada», fue esta liberación de la fantasía en sus diversas manifestaciones (entre otras la del «realismo mágico») lo que produjo la
ruptura con la narrativa tradicional y abrió la senda hacia la nueva
novela. Por eso estudiaremos la aportación de escritores como Arévalo Martínez, Macedonio Fernández y Roberto Arlt que, con la de
Borges, son determinantes para el proceso que desembocó en el *boom*
de la nueva novela.

Las causas, los orígenes y hasta cierto punto la cronología del
*boom* son todavía difíciles de fijar con exactitud. Sin embargo, podemos aceptar las siguientes premisas. Ya veremos lo innegablemente
decisivos que fueron los años entre 1926 y 1932. Fue durante aquellos años cuando comenzó el declive de la novela tradicional en Latinoamérica, y cuando aparecieron, con las obras tempranas de Arlt,
Mallea y Asturias, entre otros, los primeros indicios de una renovación radical de la narrativa. Pero debieron intervenir otros factores
antes de que se produjese el despegue del *boom*. Otra fecha de indu-
dable importancia fue 1940. La caída de la República Española había
condenado a muchos intelectuales españoles a la emigración, principalmente a Méjico y a la Argentina. Su arribo en aquellos países
produjo un efecto estimulante en todo el ámbito de la cultura hispanoamericana. Poco después la segunda guerra mundial puso fin,
durante varios años, a la producción de libros y revistas europeos
que habían dominado hasta entonces un vasto sector del mercado
hispanoamericano. Los países del subcontinente tuvieron que echar

mano de sus propios recursos. Nacieron nuevas revistas, nuevas editoriales y nuevas instituciones culturales. El mercado mismo crecía rápidamente conforme la emigración interna desde el campo a la ciudad y el aumento de la enseñanza secundaria y universitaria iban creando un nuevo público. Al contrario de la vieja élite orientada tradicionalmente hacia la cultura europea y norteamericana, los nuevos lectores se interesaban primordialmente por su propio mundo con todos sus problemas acuciantes, y por lo común leían sólo en castellano.

No ocurrió otro tanto con los nuevos escritores. Éstos continuaron y continúan todavía la tradición cultural de la vieja minoría. Es curioso notar, por ejemplo, que tanto Carlos Fuentes, hijo de un diplomático, cuya novela *Cambio de piel* fue duramente criticada por su alto contenido de palabras y frases en inglés, francés, italiano, alemán y latín, como David Viñas que subraya orgullosamente sus orígenes proletarios y su elección deliberada de ambientes nacionales, se revelan ambos muy enterados de las últimas novedades literarias en Europa. Por tanto, se puede afirmar que otro factor importante en el despegue del *boom* fue la influencia de obras innovadoras en inglés, francés y alemán. Sabemos que Borges iba traduciendo a Virginia Woolf y Kafka; Irby ha documentado la huella de Faulkner en Onetti, Rulfo y otros; Sartre y Camus influyeron en Sábato y Joyce en Cortázar y muchísimos otros. De estas influencias nos da clara cuenta José Donoso en su utilísima *Historia personal del «boom»*.

Pero hubo otro factor de la máxima importancia: el impacto inmenso y todavía vigente del surrealismo. Triunfa, por primera vez, en la célebre descripción de la fuga del Pelele en *El señor Presidente* de Asturias. Éste nunca procuró encubrir o minimizar su vinculación con el movimiento francés. Antes bien señaló a Claude Couffon en una entrevista en 1962 que «mon réalisme est magique parce qu'il relève un peu du rêve, tel que le conçevaient les surréalistes» [11]. Borges también está claramente marcado por el surrealismo. Para Carpentier el movimiento establece la frontera entre la vieja narrativa y la nueva. «El surrealismo significó mucho para mí —escribió en 1964—, me enseñó a ver texturas, aspectos de la vida americana que no había advertido, envueltos como estábamos en la ola del nativismo traída por Güiraldes, Gallegos y José Eustaquio Rivera» [12]. Sábato tiene palabras casi idénticas: «Empecé a vincularme con los surrealistas..., y de ese modo creo que se inició la etapa final

---

[11] *Les Lettres Françaises*, 954, 29 de noviembre de 1962.
[12] «Confesiones simples de un escritor barroco», *Cuba*, 3, núm. 24, 1964, página 32.

18

y más auténtica de mi existencia» [13]. Goic y Vidal insisten en lo que éste llama «la filiación surrealista» de *Coronación* de Donoso. No hace falta amontonar citas. Estamos de acuerdo con Pagés Larraya cuando anota que:

> Casi todos los rasgos que autores como Leo Spizer, Yves Gaudon, Anna Balakina y H. A. Hatzfeld señalan en el surrealismo, aparecen de una manera aislada o combinada en la novela contemporánea de Hispanoamérica. La actitud hacia el hombre y su alma es generalmente irracionalista; se concede mucha importancia a los sueños, a lo azaroso de la conducta, al desdoblamiento del yo [14].

Todo eso significa que la visión desintegradora de la realidad, la visión típica de la nueva narrativa, ya había encontrado su modo preferido de expresión.

La fecha-clave es probablemente 1940. Para convencernos de que aquí se encuentra la línea divisoria entre la novela tradicional y la nueva novela en Latinoamérica basta comparar la década anterior con la siguiente. Los años 30 vieron tan sólo un fenómeno significativo: la llegada de la novela indianista moderna a una posición de cierta importancia con la publicación, como vimos, de *Huasipungo* por Icaza, de *El indio* de López y Fuentes en 1935 y el comienzo de la obra madura de Ciro Alegría (*La serpiente de oro*, 1935). Con la asignación del premio para la mejor novela latinoamericana por la casa editorial Farrar and Reinhart a *El mundo es ancho y ajeno* de Alegría en 1941 llegamos al final del periodo de la novela de la tierra. Poco antes se había agregado a los pocos autores que ahora nos parecen realmente innovadores la figura de María Luisa Bombal.

En cambio, la década de los 40 se abre con *Tierra de nadie* (1941) y *Para esta noche* (1943) de Onetti y se cierra con su *La vida breve* (1950), la novela que inicia el «ciclo de Santa María». Mientras tanto, se publican los más famosos cuentos de Borges —de hecho, los años 40 fueron su década de oro— *El Señor Presidente* (1946) de Asturias, *Al filo del agua* (1947) de Yáñez, las primeras novelas maduras de Mallea (desde *La bahía de silencio* (1940) a *Los enemigos del alma* (1950); *El túnel* (1948) de Sábato, *Adán Buenosayres* (1948) de Marechal y *El reino de este mundo* (1949) de Carpentier. Sencillamente pasar revista a estos nombres y estos títulos equivale a documentar el salto cualitativo de la novela hispanoamericana en los

---

[13] E. Sábato, *El escritor y sus fantasmas*, Buenos Aires, 3.ª ed., 1964, pág. 32.
[14] A. Pagés Larraya, «Tradición y renovación en la novela hispanoamericana», *MN*, 34, 1969, pág. 79.

años 40. Parece mentira ahora que críticos tan inteligentes como Luis Monguió y Ángel Flores eligiesen los primeros años de los 50 para quejarse del estancamiento de la novela en Hispanoamérica.

## Rafael Arévalo Martínez (Guatemala, 1884)

La tradición realista, en sus diversas formas, que empezó en Europa con Balzac, siguió influyendo a la mayoría de los novelistas latinoamericanos hasta bien entrado el siglo xx. Buen ejemplo es Mariano Azuela (1873-1952), el más célebre de los novelistas de la Revolución Mejicana. Si bien, como ha demostrado Bradley [15], terminó reconociendo la insuficiencia de la observación «científica» y el realismo «fotográfico», sus escritos sobre la novela prueban que nunca dudó que en el fondo el papel del novelista consistía simplemente en «relatar, franca y llanamente, lo que vieron sus ojos y sus sentidos captaron» [16]. La única ruptura con la tradición que estaba dispuesto a aceptar era un cambio de estilo. Como él mismo explicó: «Tomé la resolución valiente de dar una campanada, escribiendo con técnica moderna y de última hora. Estudié con detenimiento esa técnica que consiste nada menos que en el truco ahora bien conocido de retorcer palabras y frases, oscurecer conceptos y expresiones para obtener el efecto de la novedad» [17]. El éxito literario, al mismo tiempo que el rotundo fracaso económico de La luciérnaga (1927) —obra con la que culminó este tímido intento de renovación— demuestra la falta de preparación del público de los años 20 para asimilar cualquier tentativa de sobrepasar el realismo.

Sin embargo, en 1914, un año antes de la publicación de Los de abajo, la obra maestra realista de Azuela, ya había salido en Guatemala el cuento que valió a su autor, Arévalo Martínez, el título de precursor de los nuevos novelistas en Hispanoamérica. Luis Vax, en su Arte y Literatura fantástica (trad. B. Marino, Buenos Aires, 1965), afirma que «El arte fantástico debe introducir terrores imaginarios en el seno del mundo real» (pág. 6). Prosigue: «En primer lugar, nos encontramos en nuestro mundo claro y sólido donde nos sentimos seguros. Sobreviene entonces un suceso extraño, aterrador, inexpli-

---

[15] D. Bradley, «Aspects of Realism in Azuela's Los de abajo», Itr., 4, 1978, páginas 39-55.
[16] M. Azuela, Obras completas, Méjico, III, 1960, pág. 662.
[17] Ibíd., pág. 1113.

cable y experimentamos el particular estremecimiento que procura todo conflicto entre lo real y lo posible.» Es obvio que tales afirmaciones son fácilmente aplicables a la obra de Borges o de Cortázar. Lo que sorprende es que constituyen ya casi una definición de lo que ocurre en «El hombre que parecía un caballo».

Después de los 120 ejemplos de imágenes de animales aplicadas a los personajes de *Le père Goriot* de Balzac, el uso de una técnica semejante de animalización fue una constante de la novela realista y naturalista. Pero en «El hombre que parecía un caballo» la técnica sufre un cambio cualitativo. De pronto ya no se trata del empleo de unos cuantos símiles sugeridos por un modelo biológico de la sociedad ya pasado de moda. Al revés, lo que sucede es que la realidad se deja contaminar por algo anormal e inquietante. Visto el impacto del folklore indígena en escritores como Asturias y Carpentier, los inventores del realismo mágico, es interesante notar la sugerencia de Fernando Alegría de que en el origen de la concepción del cuento está quizá el contacto de Arévalo Martínez con la cultura maya-quiché en Quetzaltenango» [18].

Pero la fuente más inmediata de «El hombre que parecía un caballo» es sin duda el símbolo del centauro creado por Darío, a quien se menciona dos veces en el cuento bajo el nombre de «El señor de la Rosa». Así se explica la referencia al centauro al final. Sin embargo, la atmósfera del cuento es totalmente distinta a la de los textos de Darío. Observa Pagés Larraya: «En 'El hombre que parecía un caballo' el escritor va mucho más allá del modernismo y llega al campo surrealista y ultraísta (muy posteriores a su época)» [19]. El tema del cuento resulta en sí mismo banal. Es el del hombre (concretamente en este caso del poeta colombiano homosexual Barba Jacob [M. A. Osorio]) cuya personalidad abarca grandes dotes espirituales, cualidades puramente humanas, y también elementos de auténtica bestialidad. Aceptemos, de buena gana, la interpretación de Ayora según la cual la singularidad del cuento tuvo su origen en la alarma subconsciente de Arévalo Martínez frente a la homosexualidad de Barba Jacob [20].

Queda, sin embargo, su originalidad esencial, la misteriosa e intranquilizadora sensación de *otra* realidad que acompaña la nuestra normal, sea ésta interna y psicológica o externa y circunstancial. Al

---

[18] F. Alegría, *Breve historia de la novela hispanoamericana*, Méjico, 1959, página 131.
[19] A. Pagés Larraya, «Los extraños cuentos de Arévalo Martínez», *Universidad*, Santa Fe (Arg.), 76, 1968, pág. 130.
[20] J. Ayora, «Psicología de lo grotesco en 'El hombre que parecía un caballo'», *ETL*, 2, 1974, 117-22.

adentrarnos en «El hombre que parecía un caballo», nos encontramos de repente en una nueva dimensión de la realidad, muy distinta a la del contexto histórico-cultural de la novela realista y documental. La estabilidad confortante de esa realidad familiar ha empezado a desintegrarse y ya no sabemos si pisamos tierra firme. Estamos así en el camino que lleva al realismo mágico. Es también originalísimo el cuento «El hombre verde», en el que ya se combinan tres elementos que más tarde van a ser de capital importancia: el empleo de un narrador desequilibrado, el trastrueque realidad/ficción y la técnica del cuento dentro del cuento.

En otros cuentos de Arévalo Martínez, tales como «Duelo de águilas» o «La signatura de la esfinge», la técnica de «El hombre que parecía un caballo» degenera en amaneramiento. Sus dos mejores cuentos, empero, le colocan en la vanguardia de la narrativa de su periodo.


*Roberto Arlt* (La Argentina, 1900-1942)


Los años que van de 1926 a 1932 fueron decisivos para la narrativa moderna latinoamericana. En 1926 se publica *Don Segundo Sombra* de Güiraldes; en 1929 *Doña Bárbara* de Gallegos. Con estas dos novelas, la novela tradicional de la tierra, la novela «criolla» por excelencia, alcanzó su mayor grado de desarrollo, dando la prueba de lo más que podía dar. De la primera se vendieron, hasta 1962, más de 250.000 ejemplares, sin contar las ediciones clandestinas. De *Doña Bárbara,* hasta hace poco, las ediciones fueron sucediéndose a un ritmo de una cada ocho meses aproximadamente. Hasta el triunfo de Borges y de García Márquez con *Cien años de soledad,* ninguna otra obra literaria latinoamericana en prosa se vendió tanto como *Doña Bárbara,* ni hubo ninguna que se empleara tanto como libro de texto. Después de 1929 la novela de temas rurales, cuya intención, según el narrador criollista chileno Mariano Latorre, «fue la de interpretar la lucha del hombre de la tierra, del mar y de la selva para crear civilización en territorios salvajes, lejos de las ciudades» [21], entró en un lento proceso de decadencia. Un poco antes, en 1926, el mismo año de *Don Segundo Sombra,* salió la primera novela de Arlt, *El juguete rabioso;* más tarde, en 1928, la primera obra

---

[21] Cit. H. Castillo, *El Criollismo en la novelística chilena,* Méjico, 1962, página 38.

de Macedonio Fernández; y, finalmente, en 1932, en París, Asturias terminó de escribir su obra maestra *El Señor Presidente*.

Se ve, pues, que en el Buenos Aires de la polémica Boedo-Florida ya empezaba a perfilarse la fisonomía de algo nuevo. *Don Segundo Sombra,* junto con *Zogoibi* de Enrique Larreta, y en otro sentido *Los desterrados* de Horacio Quiroga, que contiene sus mejores cuentos de la selva de Misiones, todos aparecidos en 1926, representan el pasado, los temas rurales, lo «autóctono». Por el contrario, *El juguete rabioso* de Arlt, según Jitrik, «inaugurará definitivamente la literatura urbana con proyección universal, por una parte, y la literatura que muestra la forma de ser y los mitos de una clase social concreta por la otra» [22].

*El juguete rabioso* (cuyo título original era *La vida puerca),* como toda obra picaresca, es al mismo tiempo un *Bildungsroman*. Es decir, trata a la vez de la sociedad y de la educación del héroe a través de sus experiencias sociales. La novela narra cuatro episodios de la adolescencia de Silvio Astier, una contrafigura algo caricaturesca del mismo Arlt. Aprendiz de ladrón, aprendiz de librero, aprendiz momentáneo de mecánica de aviación, al final corredor de papel para envolver, Silvio sufre casi masoquísticamente toda la gama de humillaciones posibles impuestas por la vida bonaerense al hijo de un inmigrante. Se insiste en la influencia de *Humillados y ofendidos* de Dostoyevski, pero algo hay también del Baroja de *Aventuras, inventos y mixtificaciones de Silvestre Paradox* y de los folletines de Pigault Lebrun.

Pero más que un Rocambole en ciernes, Astier es un Vautrin en pantalones cortos que sueña con afirmarse como un individuo excepcional, capaz de conquistar una gran posición social por medio del crimen. El libro tiene un fuerte elemento de crítica social. Buenos Aires aparece como una gran máquina fría que devora a los pobres y como el escenario de una «lucha por la vida» feroz donde el individuo inevitablemente se hunde y termina en la abyección. La crítica izquierdista ha pregonado hasta la saciedad este aspecto de la obra. En realidad, la actitud de Arlt era, como poco, ambigua. No olvidemos que en vez de participar en un robo con su amigo el Rengo, Astier lo delata, cumpliendo con lo que Diana Guerrero llama desdeñosamente «la concepción espiritualista del hombre sustentado por la pequeña burguesía» [23]. En un contexto más amplio J. M. Flint interpreta los proyectos estrafalarios de cambiar la sociedad descritos

[22] N. Jitrik, *Escritores argentinos, dependencia o libertad,* Buenos Aires, 1967, página 90.
[23] D. Guerrero, *Roberto Arlt,* Buenos Aires, 1972, pág. 43.

en las dos novelas siguientes de Arlt, *Los siete locos* (1929) y *Los lanzallamas* (1931), como una serie de hallazgos irónicos con los que Arlt parodia eficazmente la ideología excesivamente simplista de la extrema izquierda [24]. Es significativo también que en *Los lanzallamas* se llega hasta el punto de proponer la revolución como un medio para «crear sobre la tierra un infierno transitorio, hasta que los hombres enloquecidos clamen por Dios... para salvarse» [25]. La frase revela la verdadera preocupación de Arlt. González Lanuza, Flint y en general la crítica más objetiva, reconoce que lo que más le importaba era «busca[r] a través del dislate un sentido, sea el que fuere, a la vida» [26]. Hay unas frases de un artículo periodístico de Arlt que se podrían aplicar a todos sus protagonistas:

> Estos individuos, canallas y tristes, viles y soñadores simultáneamente, están atados o ligados entre sí por la desesperación. La desesperación en ellos está originada, más que por pobreza material, por otro factor: la desorientación que después de la gran guerra ha revolucionado la conciencia de los hombres, dejándoles vacíos de ideales y esperanzas [27].

Es decir, que, en última instancia, las novelas de Arlt son más bien metafísicas y sus temas tienen que ver con la condición humana más que con la realidad social. El Erdosain humillado por su mujer que va a confesarse con el Astrólogo y recibe una inesperada lección sobre la situación del hombre moderno angustiado por su falta de creencias, recuerda curiosamente al Apolodoro de Unamuno en *Amor y pedagogía* que, igualmente humillado, escuchaba palabras semejantes del no menos estrambótico Fulgencio de Entrambasmares. Lo fundamental en *Los siete locos* es, pues, la actitud existencial de Erdosain. Éste está atrapado entre un sueño de felicidad absoluta que es como la raíz de su ser, y la angustia de saber «que las almas se morían en la tierra como los peces prisioneros en un acuario. Al otro lado de los verdinosos muros de vidrio estaba la hermosa vida cantante y altísima, donde todo sería distinto» [28]. Es este contraste insoluble el que llena la vida de Erdosain en parte con ironía y en parte con desesperación, hasta tal punto que, como el Augusto Pérez de Unamuno, llega a dudar de su propia existencia, excluido como

[24] J. M. Flint, «Politics and Society in the novels of Arlt», *IAr*, 2, 1976, páginas 155-63.
[25] R. Arlt, *Novelas completas y cuentos*, Buenos Aires, II, 1963, pág. 55*.
[26] E. González Lanuza, *Roberto Arlt*, Buenos Aires, 1971, pág. 38.
[27] Cit. R. Larra, *Roberto Arlt el torturado*, Buenos Aires, 1956, pág. 54.
[28] R. Arlt, *ob. cit.*, I, pág. 238.

está de «la nueva vida», esa otra vida más auténtica fuera del «acuario».

Erdosain vacila entre tres posibles modos de actuar. Primero, hundirse cada vez más en su propia humillación, gozando masoquísticamente —y sobre todo con plena conciencia— de encontrarse como si «lo hubieran pasado por entre los rodillos de un laminador», o como si fuera uno de «los sapos que sobre la huella trincaba la rueda de la carreta, aplastados y ardientes» (pág. 210). Segundo, «violar la ley del sentido común» (pág. 237) identificándose, también conscientemente, con la irracionalidad absurda de la existencia. Tercero, afirmar su personalidad, dejar de ser «la negación de la vida» (página 222) mediante un dramático crimen. Lo patético de *Los siete locos* y *Los lanzallamas* está relacionado con la primera solución; el suspense, bastante mediocre, con la tercera. Lo que predomina y lo que da a estas novelas su tono originalísimo dentro de la narrativa latinoamericana de la época (que era mucho más solemne que la española —basta pensar, por ejemplo, en Valle-Inclán, en Pérez de Ayala o en Gómez de la Serna) es su fabuloso humorismo. ¿Quién sino Arlt, es capaz de hacer soñar a uno de sus personajes con tiburones tuertos, furiosos porque sufrían de almorranas? Pero importa subrayar que en Arlt, mucho más que en Borges, en Marechal o en Biov Casares posteriormente, el humorismo funciona como frágil refugio contra la angustia interior, es decir, como válvula de escape psicológica.

Hay indudablemente, en *Los lanzallamas* quizás más que en *Los siete locos,* un fuerte alegato contra la realidad social de la Argentina y de Hispanoamérica en los años 20. Valga como ejemplo el diálogo entre el astrólogo y el abogado en la primera parte de *Los lanzallamas.* Abarca tanto el tema de la opresión del proletariado por el sistema industrial capitalista, como el de la colonización económica de Hispanoamérica por parte de los Estados Unidos y Europa. El trozo entero es digno de una antología de la literatura comprometida, sobre todo porque el acento está puesto ahora, casi por primera vez, sobre lo urbano y no ya sobre la vida rural americana. Pero no hay que olvidar nunca que el astrólogo, por cuya boca habla Arlt, es un eunuco mixtificador que termina fugándose con los fondos de la grotesca sociedad secreta dedicada a preparar la revolución social. Más aún, hay que tener presente que la revolución con que sueñan el astrólogo y Erdosain no es más que un medio para aterrorizar a las masas y obligarlas a aceptar de nuevo una [falsa] creencia religiosa.

En efecto, todo intento de interpretar la obra de Arlt exclusivamente en términos socio-políticos, sea como escritor militante, sea como traidor pequeño-burgués (nos referimos en el segundo caso, claro está, al libro de Diana Guerrero) se estrella contra el hecho incontrovertible de que los personajes arltianos están obsesionados no por la necesidad de solidarizarse con el proletariado, ni por su compromiso con la revolución, sino por la angustia metafísica. En el fondo de la presentación de estos personajes está la búsqueda de alguna solución: darse a la religiosidad y al misticismo (Ergueta), hacerse comediante, con todo lo que eso implica (Barsut), refugiarse en la locura (Bromberg) o en el delirio revolucionario (el Astrólogo). Hasta el «Rufián melancólico» es un macró metafísico que se atormenta con problemas existenciales. Aún si aceptásemos que el origen de la angustia del hombre moderno ha de buscarse en el desmoronamiento del sistema capitalista y en la desintegración de su sistema de valores, faltaría demostrar que Arlt viese el problema en esos términos.

En realidad la posición ideológica de Arlt es confusa. Si bien, por una parte, él reconoce la injusticia y la opresión que pesaban y pesan sobre los habitantes de los grandes centros urbanos, la degradación del proletariado, la hipocresía y el egoísmo de la burguesía, la indiferencia de los ricos, nunca toma realmente en serio la ideología progresista. Al revés, cae en el error de los escritores de la Generación del 98 en España, muy imitado en América latina, de buscar una solución individualista, moral o espiritual, a lo que es esencialmente un problema colectivo y material. Por eso, si es verdad, como sostiene Jitrik [29], que «de algún modo proceden de Arlt narradores como Onetti, el Cortázar de *Rayuela,* Cerretani, Vanasco, el Viñas de *Los años despiadados* y otros», no es por motivos ideológicos.

En *El amor brujo* (1932) «la búsqueda irracional y absurda de la dicha junto con la necesidad romántica de la evasión», que según su hija Mirta [30] da la nota característica a los personajes de Arlt, degenera hasta producir una parodia de una novela rosa de amores pequeño-burgueses. Sólo que, en vez de ser rosa, es gris. Más interesantes son los cuentos de *El jorobadito* (1933), la mayor parte de ellos cuentos de canalladas, y las «aguafuertes porteñas» de la colección póstuma *Entre crotos y sabihondos* (1969), que hicieron duplicar la venta del diario *El mundo* de Buenos Aires los días en que salían.

La originalidad de Arlt estriba en su extraña habilidad de amal-

---

[29] N. Jitrik, *ob. cit.,* pág. 94.
[30] Mirta Arlt, prólogo a R. Arlt, *Novelas completas y cuentos,* Buenos Aires, 1963, pág. 11.

gamar humorismo con auténtico dolor de alma, la fantasía irónica con la percepción clarísima de los monstruos que existen en el fondo de la psique humana. Quítese el humorismo, y añádanse algunos elementos de incesto y profanación de lo sagrado, y el mundo de Srdosain linda ya con el mundo de Fernando en *Sobre héroes y tumbas,* o el de Sábato mismo (y de «R») en *Abaddón el exterminador.* Con Arlt, pues, entramos en el periodo auténticamente contemporáneo de la narrativa argentina.

## *Macedonio Fernández* (La Argentina, 1874-1952)

Si bien encontramos en Arévalo Martínez un temprano y aislado precursor del movimiento que iba a cambiar el rumbo de la novela hispanoamericana, llevándola hacia la fantasía y la imaginación creadora, no cabe duda de que el mayor impulso vino más tarde de la Argentina. Borges, en una entrevista de 1972, subrayó la aportación de Buenos Aires:

> pensemos, dijo a Sorrentino, que somos acaso la primera nación de América latina que está ensayando, ensayando con felicidad, la literatura fantástica: pensemos que en casi toda la América latina la literatura no es otra cosa que un alegato político, un pasatiempo folklórico o una descripción de las circunstancias económicas de tal o cual clase de población, y que aquí, en Buenos Aires, ya estamos inventando y soñando con plena libertad [31].

Ahora bien, sólo se puede inventar y soñar con plena libertad a condición de destruir las trabas de la realidad. Por eso hemos insistido en que se advierte en gran parte de la nueva novela una reacción cada vez más radical contra el arte de lo verosímil, contra el arte que cifra su ideal en copiar fielmente lo observado.

Ya hemos visto cómo en Arévalo Martínez y en Arlt este proceso de liberación de la novela, este rechazo del realismo tradicional, avanza y conquista nuevos territorios. Pero importa tener presente que la fantasía de ambos autores funciona siempre dentro de un contexto realista. El primer auténtico cuestionamiento de la realidad misma, y por ende de la novela mimética, se debe en Hispanoamérica

---

[31] F. Sorrentino, *Siete conversaciones con J. L. Borges,* Buenos Aires, 1973, página 120.

a Macedonio Fernández. Antes de él un poeta, Huidobro, había definido el poema ideal como «algo que no puede existir sino en la cabeza del poeta. Y no es hermoso porque recuerda algo, no es bello porque nos recuerde cosas vistas a su vez hermosas, ni porque describa hermosas cosas que podamos llegar a ver. Es hermoso en sí y no admite términos de comparación». Las mismas palabras aplicadas a la novela definen el ideal de Macedonio: el «belarte». Belarte es el exacto contrario del arte realista, puesto que en éste «en el ánimo del lector hay alucinación de la realidad del suceso: la verdad de vida, a copia de vida, es mi abominación» [32].

Está claro que la familiaridad de Macedonio, como poeta, con las doctrinas del creacionismo y del ultraísmo hubiese reforzado su deseo de romper con el realismo. Pero la clave de la comprensión de sus teorías estéticas se halla en su actitud filosófica, magistralmente analizada por Engelbert [33]. Macedonio es, por lo menos en su prosa (el tema de la muerte en algunas de sus poesías quizá abre otra perspectiva), un idealista filosófico de los más intransigentes. Para él, ser es literalmente ser percibido. Fuera de la percepción no existe nada, ni siquiera el sujeto individual que percibe. Desaparecen tanto la identidad personal como la «cosa en sí». No quedan más que «estados» de una sola conciencia que incluye «sujeto» y «objeto» en un todo indivisible, un infinito fenómeno psíquico. Para entendernos de una vez: el mundo de Macedonio es *grosso modo* el mundo borgiano de Tlön, «una serie de procesos mentales que no se desenvuelven en el espacio, sino de modo sucesivo en el tiempo», el mundo interpretado según «el monismo o idealismo total». Pero hay una importante diferencia entre la cosmovisión de Borges y la de Macedonio. Para Borges, al fin y al cabo, «El mundo, desgraciadamente, es real; yo, desgraciadamente, soy Borges». Se insinúa la sospecha de que todo postulado que en Borges tiende a contradecir la noción de la realidad convencional se funda en un deseo de evasión del mundo real angustioso. Por eso, quizás, Borges le comentó a Milleret la *consolación* que ofrece la hipótesis de un mundo irreal» [34].

En cambio, Macedonio, para quien «El ser es siempre pleno», aceptaría gozosamente la idea de «vivir sin noción de identidad personal». Si el ser es único y eterno y la conciencia no está «dada»

[32] M. Fernández, *Museo de la novela de la eterna,* Buenos Aires, 1967, página 41.
[33] M. J. Engelbert, *Macedonio Fernández and the Spanish American Novel,* Nueva York, 1978.
[34] J. de Milleret, *Entretiens avec J. L. Borges,* París, 1967, pág. 102.

(ya que, en tal caso, habríamos de aceptar una dualidad; un Dador y lo dado), no hay nacimiento ni muerte:

> Todo cuanto es y hay es un sentir y es lo que cada uno de nosotros ha sido siempre y continuadamente. ¿De dónde puede un sentir, una sensibilidad, tomar noción alguna de lo que pueda ser un no-sentir, un tiempo sin sucesos, pues sólo hay, sólo existe lo que es suceso, nuestro estado en nuestra sensibilidad? Nuestra eternidad, un infinito soñar igual al presente, es certísimo [35].

Es decir, el idealismo total lleva a Macedonio hacia un concepto casi místico: la superación de la idea de la personalidad individual. Y aquí precisamente su actitud metafísica enlaza con su teoría estética.

Enunciadas por primera vez sistemáticamente en «Doctrina estética de la novela», las ideas sobre la novela de Macedonio cuajaron más tarde en *Museo de la novela de la eterna* (obra póstuma, 1967), sobre todo en los prólogos 12 y 13 de los 56 que hay. Aquí *Museo* se presenta como «una provocación a la escuela realista, un programa total de desacreditamiento de la verdad o realidad de lo que cuenta la novela» (pág. 38). En la novela tradicional todo el goce del lector consiste en la «suspensión voluntaria de la incredulidad» y en la autoidentificación con los personajes y las situaciones. Todo eso Macedonio lo llama, con el máximo desdén, «la alucinación». Lo que él busca, en cambio, es algo muy distinto: «la conmoción de la certeza del ser» [36], o lo que llama en *Museo* «un choque de inexistencia» (pág. 41). Resulta patente la influencia del famoso capítulo XXX de *Niebla* de Unamuno, en el que se afirma que «el lector de la nivola llega a dudar, siquiera fuese un fugitivo momento, de su propia realidad de bulto». Compárese con Macedonio:

> Sólo he logrado en toda mi obra escrita ocho o diez momentos en que, creo, dos o tres renglones conmueven la estabilidad, unidad de alguien, a veces, creo, la mismidad del lector. Y, sin embargo, pienso que la literatura no existe porque no se ha dedicado únicamente a este Efecto de desidentificación [37].

Ahora bien, mientras Unamuno administra el «choque» para estimular al lector y empujarle hacia un estado espiritual agónico, en Macedonio el efecto deseado es todo lo contrario. Para éste, perder, aún momentáneamente, la certidumbre del ser equivale a una total libe-

---

[35] M. Fernández, *ob. cit.,* pág. 35.
[36] M. Fernández, *Papeles de recienvenido,* Buenos Aires, 1944, pág. 128.
[37] M. Fernández, *Museo...,* pág. 35.

ración ontológica, una repentina inutición de la inmortalidad dentro de la Conciencia infinita.

Todo el esfuerzo de Macedonio, entonces, se concentra en la tarea de desintegrar la confianza del lector en su propia identidad. De tal modo éste «experimenta por un momento el estado de creencia de no existir» y pierde el temor —tan unamuniano— del no ser; pues «no se puede creer que no se existe sin existir». No sorprende que Macedonio se llamara alguna vez «Ningunamuno». Su método narrativo consiste en la explotación sistemática de la discontinuidad, de la incongruencia y del desorden. Sabido es que los elementos ordenadores en una narrativa normal son, ante todo, dos: la existencia de una trama, es decir, una serie de episodios unidos por un hilo conductor (a veces, en *Pedro Páramo, Rayuela* o *La casa verde,* difícil de seguir, pero siempre existente), y la existencia de personajes que tienen un mínimo de coherencia psicológica. Al seguir la trayectoria literaria de Macedonio desde *Papeles de recienvenido* (1929), a través de *Una novela que comienza* (1941) y *Continuación de la nada* (1944) hasta su obra más importante, *Museo de la novela de la eterna,* echamos de ver cómo se va apartando cada vez más de todo hilo conductor y de toda coherencia psicológica. Y eso muy deliberadamente, pues, como él escribió, «hay buen y mal modo de no seguir un cuento» [38], y el suyo es el bueno.

En *Museo* Macedonio se propone atacar de frente todas las presuposiciones acerca de la novela que nosotros abrigamos como lectores. Lo único coherente en el libro es la doctrina estética afirmada repetidas veces en varios de los 56 prólogos. Citamos lo esencial:

> Un arte es tanto más belarte: 1) cuanto más consciente, es decir, menos hijo del entusiasmo por un «asunto»; 2) cuanto más técnico e indirecto: debe ser versión, nunca enunciado; 3) cuanto menos abultado en asunto, menos grueso en motivación...; 4) una belarte no existe si no tiene una técnica imposible a todo otro arte...; 5) un arte es tanto más puro cuanto menos grato a los sentidos es su órgano medio de comunicación...; 6) lo sensorial nunca es belarte (página 255).

> No me parece belarte la literatura de comunicación al lector de los sentimientos del autor o de los personajes (pág. 256).

> En suma, una novela es un relato que interesa sin que se crea en él, y retenga al lector distraído para que opere sobre él, de tiempo en tiempo, la técnica literaria, intentando el mareo de su sentimiento de certidumbre de ser, el mareo de su yo (pág. 258).

---

[38] M. Fernández, *Papeles...,* pág. 128.

En el resto de *Museo,* el deseo psicológico, arraigadísimo en todo lector, de descubrir un diseño un principio de organización en el texto, o bien los rudimentos de verisimilitud convencional en los personajes, se halla sistemáticamente traicionado mediante una larga serie de tretas y artificios por lo general humorísticos. Ante todo Macedonio evita todo tipo de asunto, porque (ya lo sabemos) «Esto es ley para toda belarte, y significa que el 'asunto' de arte carece de valor artístico o la ejecución es todo el valor del arte» (*Museo,* página 107). En lugar del asunto Macedonio nos ofrece los 56 prólogos y los 20 capítulos de la «novela». En éstos la ausencia misma de todo encadenamiento lógico obliga al lector, no a fijarse en el contenido, sino a preguntarse por qué no hay contenido y cómo se evita todo contenido; dicho de otra manera, le obliga a fijarse en la técnica del autor y en sus propias reacciones. Cobramos clara conciencia de «lo difícil que es evitar la alucinación de realidad, mácula del arte» (*Museo,* pág. 41). Y no sólo con respecto a la trama; forzosamente han de faltar también los personajes cómodamente provistos de motivaciones psicológicas, pensamientos y emociones con los que podríamos identificarnos. Por eso Macedonio se jacta de haber creado «el único personaje hasta hoy nacido, cuya consistente fantasía es garantía de firme irrealidad en esta novela indegradable a real» (*Museo,* págs. 41-2). Los personajes: Deunamor, El Presidente, Quizagenio, la Eterna, etc., son pura superficie, sin psicología, sin fisiología y sobre todo resistentes a toda tentación «inartística» de parecerse a personas con vida: «Lo que no quiero y veinte veces he acudido a evitarlo en mis páginas es que el personaje parezca vivir» (*Museo,* pág. 41).

En *Museo,* pues, Macedonio acomete la hazaña de crear una novela cuya esencia consiste en quedar reducida a una sucesión de «estados», de experiencias mentales yuxtapuestas. Es una novela que resulta perfectamente incongruente con la realidad recibida, pero en perfecta congruencia con la visión metafísica que Macedonio tenía de lo real. Su importancia reside en el modo en que nos obliga a cuestionar no sólo la relación existente entre novela y realidad, sino también nuestro modo habitual de leer novelas. Macedonio Fernández se coloca al final de una línea de pensamiento que en las letras hispánicas empieza con el rechazo del realismo decimonónico por parte de algunos escritores de la Generación del 98, y pasa por las *Ideas sobre la novela* y la teoría de la deshumanización de Ortega y el perspectivismo de Pérez de Ayala y de Valle-Inclán. Es difícil documentar su influencia directa en otros escritores fuera de Borges y Marechal, si bien hay una notoria semejanza entre ciertos aspectos de *Museo* y de *Rayuela* de Cortázar. Incluso cabe sospechar que la mayor parte de la influencia de Macedonio esté todavía por revelarse, dado su inmenso prestigio entre la *inteligencia* argentina de los años 70.

Como quiera que sea, si bien es verdad que, como afirma Lafforgue [39], con *El juguete rabioso* de Arlt se da el gran salto de la novela argentina (y latinoamericana) después del modernismo, es Macedonio Fernández quien abre el camino hacia la más definitiva renovación de las estructuras narrativas. Según Emir Rodríguez Monegal [40], «Macedonio Fernández... crea la primera novela [*Museo*] lúcidamente vuelta sobre su propio discurso narrativo, la primera antinovela latinoamericana. De Macedonio Fernández arranca, pues, toda esa corriente de la antinovela que habrá de convertirse, en los años 60, en lo que he llamado la novela del lenguaje».

---

[39] J. Lafforgue, *La nueva novela latinoamericana*, Buenos Aires, II, 1972, página 16.
[40] E. Rodríguez Monegal, *ob. cit.*, pág. 81.

## Capítulo II

# Una década de transición, 1940-50

## I. Los rioplatenses

*Borges* (La Argentina, 1899)

La publicación en 1942 de *El jardín de senderos que se bifurcan* (luego incorporado a *Ficciones,* 1944), marca un hito en el proceso que conducía a la nueva novela. «Si de algo soy rico —afirmó Borges en el prólogo a sus conversaciones con Burgin—, es de perplejidades y no de certezas.» Su padre fue ateo; su madre católica practicante. Él mantiene una actitud de agnosticismo total. Pero una atenta lectura de su obra descubre numerosos casos en los cuales rechaza con suave ironía el concepto convencional de Dios; también se registran no pocas referencias críticas al Catolicismo. De hecho, Borges ha declarado categóricamente que toda referencia a Dios o a lo divino en sus obras ha de interpretarse como un puro recurso formal. De tal escepticismo resulta que, una vez aceptada «la imposibilidad de penetrar el esquema divino del universo» *(OI, 143)* \*, se impone la conclusión de que «Es dudoso que el mundo tenga sentido» *(OI, 175).* En segundo lugar, apenas se postula el escepticismo integral, es forzoso incluir en el sistema al que lo postula. Borges no retrocede ante esta condición; para él somos nosotros mismos entes sumamente mis-

---

\* Citamos por las *Obras completas* de Borges, Buenos Aires, 1964, para *Ficciones* (F), *El Aleph* (A) y *Otras Inquisiciones* (OI), y *Discusión* (D). También nos referimos a *El Informe de Brodie* (1970) (IB) y a *El libro de arena* (1975) (L).

3

teriosos: «Los hombres gozan de poca información acerca de los móviles profundos de su conducta» *(OI,* 184). Tercero, no nos es dado comprender la realidad. Si no existe un Dios que garantice la veracidad de las impresiones que recibimos a través de los sentidos, y si la razón se confiesa incapaz de explicar tanto el mecanismo del universo, como el de nuestra mente, se sigue que está desprovista de todo fundamento cualquier confianza en nuestro poder de reconocer y de explicarnos lo verdaderamente real.

Ahora bien, si no comprendemos ni el sentido de la existencia, ni el mundo que habitamos, ni a nosotros mismos, ¿qué es lo que podemos afirmar? Primero: «toda estrafalaria cosa es posible» *(D,* 102). Nada queda negado, dado que carecemos de todo criterio fijo. Todo —lógico o ilógico— puede suceder; toda explicación —creíble o increíble— puede ser la verdadera. O bien, todo puede nacer del puro azar, en un proceso arbitrario e inexplicable. Puede ser que todo sea una vasta ilusión; igualmente, todo podría formar parte de una vasta unidad escondida. Tampoco es imposible que el mundo contenga un sistema infinito de símbolos cuya clave nunca poseímos o que hemos olvidado. Queda, en fin, la hipótesis de que a veces se nos ofrecen vagos indicios de un diseño que rige el universo entero. Sin embargo, todo es conjetural. El mundo y la realidad funcionan misteriosamente, quizás según reglas que estamos acostumbrados a rechazar como absurdas. Nuestras experiencias, por caóticas que parezcan, posiblemente contienen elementos recurrentes susceptibles de interpretarse como reflejos de un orden, pero de un orden que daría a la vida un sentido totalmente distinto del que normalmente aceptamos.

En sus cuentos más originales Borges explora tales conceptos. Estos cuentos son de alguna manera parábolas o apólogos que ilustran el desmoronamiento de las viejas certezas racionales o fideístas, y que examinan las posibilidades que así quedan al descubierto. Borges contempla la realidad como si fuera un extraño y a veces aterrador rompecabezas, que, sin embargo, podría quizás contener indicios de posibles explicaciones, aunque fuesen de un tipo que nuestra mente está condicionada a resistir. Lo que mantiene el equilibrio de muchos cuentos es el humorismo. Pero no es el «bufo-trágico» de Unamuno, el humorismo nacido del sufrimiento espiritual, sino la expresión de la conciencia serena y casi juguetona que tiene Borges del absurdo como parte integral de la condición humana.

No sorprende que la crítica se haya ocupado predominantemente de cuestiones que más tienen que ver con la ideología de Borges que con su práctica de la ficción. De eso Borges se ha quejado en muchas ocasiones. Pero resultaría más fácil aceptar sus protestas si él mismo se hubiera mostrado menos inconsecuente en sus afirmaciones. Mientras, por ejemplo, en el prólogo al *Informe de Brodie* insiste de nuevo:

> No soy, ni he sido jamás, lo que antes se llamaba un fabulista o un predicador de parábolas y ahora un escritor comprometido. No aspiro a ser Esopo. Mis cuentos, como los de las «Mil y Una Noches», quieren distraer o conmover, no persuadir,

al hablar con Georges Charbonnier en 1965 había dicho (de modo más convincente) que:

> dans tous mes contes il y a une partie intelectuelle et une autre partie —plus importante, je pense— le sentiment de la solitude, de l'angoisse, du l'inutilité, du caractère mistérieux de l'univers, du temps, ce qui est plus important: de nous-mêmes, je dirai de moi-même [1].

En todo caso, donde mejor se define Borges es, a nuestro parecer, en la tercera sección de «El acercamiento a Amostásim» (F). Dentro de la estructura del relato, cuya forma es la de una reseña, esta sección corresponde a la discusión y valoración crítica de la novela de Mir Bahadur Alí. Cabe leerla como una alusión, por parte de Borges, a cómo deberíamos enjuiciar sus cuentos. Advertimos que distingue entre «la variada invención de rasgos proféticos» (o lo que *grosso modo* corresponde a la trama) y el simbolismo del héroe. Mientras aquélla prevalece sobre éste, Borges se complace en elogiar «la buena conducta literaria» del presunto autor. Por el contrario, cuando en una edición ulterior «la novela decae en alegoría» y su significado (es decir, su significado *no ambiguo*) prevalece a la inventiva, Borges avanza un juicio negativo. Así vemos bastante claramente cuáles son sus prioridades. Sus cuentos encierran, en efecto, un significado, una visión de la existencia humana, si bien ésta se manifiesta en términos sibilinos que se prestan a diversas explicaciones. Sería ocioso subrayar todo eso, si no fuese que un crítico tan autorizado como di Giovanni, ex colaborador de Borges, insiste en que Borges es tan sólo un gran escritor cómico, o que otros críticos interpretan su obra exclusivamente en términos literarios.

Con todo, un defecto fundamental de la crítica de los cuentos de

---

[1] G. Charbonnier, *Entretiens avec Jorge Luis Borges,* París, 1967, pág. 20.

Borges es atribuible al hecho de que ésta es, en su mayor parte, interpretativa. Se tiende a pasar por alto no sólo las prioridades propugnadas por Borges mismo, sino también el hecho de que sus cuentos son cuentos y no ensayos. Su ritmo de producción, muy lento aún en los mejores años, indica el cuidado obsesivo con el que escribe. Deja madurar sus cuentos en la mente a veces durante años, los discute con sus amigos, los planifica minuciosamente y por fin los compone, frase por frase, a través de una infinidad de borradores. El cuento, una vez concluido, se nos presenta como un artefacto perfecto en que cada elemento desempeña una calculada función.

Así, para leer debidamente un cuento de Borges hace falta, en primer lugar, separar la trama de sus implicaciones (las más de las veces metafísicas y sutilmente intranquilizadores); esto es, *interpretarlo;* y, en segundo lugar, examinar detenidamente su estructura interna y su técnica narrativa (incluso lo que Borges llama los «inlaid details»: pequeños detalles de especial significado); es decir, *analizarlo.* Tal análisis siempre revela cómo los mejores cuentos de Borges deben su eficacia no sólo a la maravillosa capacidad inventiva del autor, sino también al laborioso y lento montaje de los componentes que, como vemos en «La lotería en Babilonia» (F) o «La muerte y la brújula» (F), por ejemplo, suelen estar sabiamente interconectados, de modo que formen una unidad intrincada a la vez que armoniosa. Hasta el estilo ostenta, a veces, lo que Irby ha llamado «el reflejo de elementos de la trama en los elementos verbales mismos del cuento»[2].

Tema esencial de los mejores cuentos de Borges es, pues, la ambigüedad misteriosa, incluso la ininteligibilidad de la realidad que nos circunda y en la que nos sentimos tan cómodamente instalados. Figuran entre tales cuentos «La Biblioteca de Babel» (F), «Tlön, Uqbar, Orbis tertius» (F) y «La lotería en Babilonia» (F). Tlön es «el planeta que sería la tierra si la doctrina idealista fuera la verdadera descripción de la realidad»[3]; es también, como la Biblioteca de Babel, una metáfora de nuestro mundo. Al comparar implícitamente nuestro mundo «concreto» con un mundo en el que es la percepción misma la que crea los objetos, pero en el que hay tanta o más coherencia que en el nuestro, Borges sugiere que nuestro modo de ver la realidad, lejos de ser objetivo, está condicionado por nuestras categorías mentales innatas. A continuación, cuando resulta que la

[2] J. R. Irby, en *The Cardinal Points of Borges,* ed. L. Dunham e I. Ivask, Norman, Oklahoma, 1971, pág. 41.
[3] J. Alazraki, *La prosa narrativa de Jorge Luis Borges,* Madrid, 1968, página 50.

enciclopedia de Tlön no es más que un producto de la imaginación humana, Borges avanza la idea de que toda tentativa de ordenar (=explicar) el mundo no produce sino ficciones. La Biblioteca de Babel, con la distribución invariable de sus galerías y anaqueles, parece simbolizar el orden impuesto al universo por una inteligencia divina. Pero en el momento de abrir un libro todo se disuelve en un caos grotesco. Lo mismo ocurre en «La lotería de Babilonia». Una lotería es, por definición, algo organizado, y se ditingue de las ciegas operaciones del azar por eso mismo. Pero conforme se desarrolla el cuento, la lotería va involucrando toda la vida de todos los hombres, y, por fin, se identifica con la existencia humana misma. En este punto se vislumbra la hipótesis de que la misteriosa «Compañía» que dirige la lotería (léase: Dios) no existe fuera de la imaginación de sus víctimas. Pero éstas prefieren seguir creyendo en la existencia de una fuerza ordenadora, antes que aceptar el imperio absoluto del azar.

Estrechamente relacionado con el tema de estos cuentos está el símbolo del laberinto [4] (que en Borges debe imaginarse siempre como circular y sin salida). Un laberinto es algo hecho por el hombre, que combina una engañosa apariencia de orden con una realidad caótica. También la idea del laberinto encierra la idea de una búsqueda (la del centro del laberinto). Muchos de los cuentos de Borges tienen su punto de partida aquí. Sus temas son o la búsqueda frustrada o bien la búsqueda irónicamente afortunada. Ejemplos de esto los tenemos en «El acercamiento a Almotásim» (F), en el que el estudiante, después de un largo viaje simbólicamente circular, termina reencontrándose a sí mismo, o sea, reconociendo que «el universo es una proyección de nuestra alma» (OI, 86); y en «El Sur» (F), en el que Dahlman —que podría ser Borges, o el hombre argentino o incuso un símbolo de la humanidad entera— busca su autenticidad y la encuentra sólo en el momento de la muerte. Otros protagonistas, como los de «Funes el memorioso» (F), «El Aleph» (A), «El zahir» (A), «La escritura del Dios» (A) y «El inmortal» (A), por ejemplo, logran el objeto de sus anhelos: la visión total del mundo, la inmortalidad, la posesión de la clave de los misterios, para luego morir congestionados o locos, o bien rechazar el don. Otros cuentos importantísimos son «La casa de Asterión» (A) y «Deutsches Requiem» (A) que ilustran la tendencia humana a encontrar un falso centro en el laberinto existencial al construir un orden artificial (el nazismo, las simetrías del laberinto personal de Asterión que lo protejen del mundo temi-

---

[4] Véase E. Rodríguez Monegal, «Símbolos en la obra de Borges», en El cuento hispanoamericano ante la crítica, ed. E. Pupo-Walker, Madrid, 1973, páginas 92-109.

ble de afuera) y encerrarse dentro de él. Sólo el valor físico parece a veces aproximar a ciertos hombres al centro de su laberinto personal. Así, se explica la curiosa atracción que ejerce sobre Borges el tema gauchesco y el de la riña entre compadritos de barrio.

A di Giovanni, Borges le confesó: «me ha obsesionado siempre el tiempo»[5]. Es lógico; poner las cosas en orden cronológico es ya de por sí un método elemental de organizar (y como consecuencia convencerse de «comprender») la realidad. Por tanto, todo intento de expresar la idea de la ambigüedad de lo real tiene forzosamente que incluir el tiempo. En «El jardín de los senderos que se bifurcan» (F) Borges imagina una multiplicidad de secuencias de tiempo, «una red creciente y vertiginosa de tiempos divergentes, convergentes y paralelos». En «El milagro secreto» (F) el tiempo se para. En «Tema del traidor y del héroe» (F) y «Guayaquil» (B) el tiempo es de algún modo circular, y los personajes parecen revivir ciertos episodios históricos (hasta —en «El evangelio según Marcos»— la crucifixión). La preocupación por el tiempo es fundamental en toda la novela moderna. La volveremos a encontrar en Carpentier *(Los pasos perdidos* y sobre todo en *Viaje a la semilla),* en Rulfo, en García Márquez, etc. Había surgido antes (señaladamente en *Orlando* de Virginia Woolf, que Borges tradujo), pero fue Borges quien la puso a circular en la América latina.

Quizás sea con respecto a nosotros mismos como más tenazmente nos aferramos a un concepto confortante de la realidad. Ya Unamuno, en *Niebla,* había declarado que uno de los propósitos que tenía al escribir sus nivolas era minar la confianza de los lectores, al hacer decir a Victor Goti que «el lector de la nivola llega a dudar de su propia realidad». Prosiguiendo en la misma línea, Borges nos propone la idea de la no existencia de la personalidad individual, la identidad de diferentes personas («Los teólogos» (A) y «El duelo» (B)) o la diversidad de la misma persona en el tiempo («El otro» (L)). Se exploran en tales cuentos «la noción panteísta de que un hombre es los otros, de que un hombre es todos los hombres» *(OI, 78),* o la idea, grata a los idealistas y a Schopenhauer —quien con Berkeley ejerce la máxima influencia filosófica en Borges—, de que «el universo es una proyección de nuestra alma y de que la historia universal está en cada hombre» *(OI, 86).*

La estructura de algunos cuentos a veces también expresa su fondo metafísico. La forma de «El acercamiento a Almotásim», por ejemplo, es la de una reseña; «Funes el memorioso» aparenta ofrecer

---

[5] N. T. di Giovanni, *Borges on Writing,* Nueva York, 1973, pág. 57.

un «testimonio imparcial» de lo acaecido que formará parte de un libro documental. En ambos casos, la decisión de Borges de revestir su relato de una forma no ficcional implica, una vez más, la idea de que todo intento de describir la realidad con palabras produce tan sólo la ficción. Alazraki, en uno de los pocos trabajos críticos que se enfrentan directamente con la técnica literaria de Borges [6], insiste en el espejo como modelo estructural de sus cuentos. Así, Pedro Damián en «La otra muerte» (A) muere dos muertes: una de cobarde y otra de héroe, que en cierto modo «corrige» la anterior. Igualmente en «Historia del guerrero y la cautiva» (A) hay un exacto paralelismo entre la elección de la civilización en tiempos de barbarie, y la elección de la barbarie en una época civilizada. Otra vez estamos enfrentados con la fundamental ambigüedad de todo. No sólo, como subraya Alazraki, «casi todos los cuentos de Borges presentan un doble plano, casi un doble fondo, y el segundo de esos planos, como un espejo, devuelve la imagen del primero, pero invertida» (op. cit., página 41), sino también, y más importante aún, «la estructura funciona como una metacomentario, modificando o reforzando los significados que el texto propone» (pág. 25).

Después de Ficciones y El Aleph (1949) Borges, harto de su «repertorio de juegos con el tiempo, de espejos, de laberintos, de máscaras», ha ido simplificando —aparentemente al menos— su técnica. «¿Por qué no suponer —sugirió en 1972— que cansado de todo eso, yo haya querido escribir cuentos un poco a la manera de todos?» [7] Sin embargo, en «El espejo y la máscara» (L) y «Undr» (L) reaparece el tema de la búsqueda del absoluto, esta vez de la palabra que contiene todas las palabras, y en «El Congreso» (L) la idea de todo-dentro-de-todo. El libro de arena, en el cuento homónimo, es el libro infinito del tiempo. Nada básico ha cambiado. Tanto en los últimos cuentos de Borges como en los primeros el tema es siempre la realidad ambigua en torno nuestro. Vale para todos lo que escribió el autor en el prólogo de El Informe de Brodie: «No me atrevo a afirmar que son sencillos; no hay en la tierra una sola página, una sola palabra que lo sea, ya que todas postulan el universo, cuyo más notorio atributo es la complejidad.»

Cabe argüir que la obra narrativa de Borges, por lo mismo que tiende a negar o a subvertir la realidad, es puramente escapista y hasta reaccionaria en el contexto latinoamericano. También cabe criticar el cerebralismo, la falta de emoción auténticamente humana, el

---

[6] J. Alazraki, Versiones, inversiones, reversiones, Madrid, 1977.
[7] F. Sorrentino, Siete conversaciones con J. L. Borges, Buenos Aires, 1973, página 77.

interés casi exclusivo por el «frisson métafisique» en sus cuentos. Pero lo que es innegable es que después de *Ficciones* la narrativa hispanoamericana entra de lleno en un mundo totalmente distinto al mundo de Azuela, de Gallegos o de Rivera.

El impacto de Borges en la novela latinoamericana ha sido revolucionario. El largo y laborioso proceso de renovación de temas y técnicas a que hemos aludido en el primer capítulo, que ya empezaba a hacerse reconocible en obras de Macedonio Fernández, de Arlt, de Asturias y de Onetti, culmina en Borges. Con él se libra definitivamente la ficción en Latinoamérica de lo que Unamuno llamó «el engañoso realismo de lo aparencial»; con él aparecen triunfalmente la fantasía y el humorismo; con él se renuevan las influencias filosóficas. Es él, finalmente, quien conquista al gran público internacional y atrae la atención de lectores y editores a la prosa latinoamericana. Con Borges la narrativa en la América latina alcanza su madurez; de Tlön sale el camino que llevará a Comala y a Macondo.


*Leopoldo Marechal* (La Argentina, 1900-1970)


Aunque en 1967 hiciera su viaje a Cuba y se medioconvirtiera al socialismo, difícilmente, dada la politización de gran parte de la crítica hispanoamericana, se puede perdonar a Marechal su militancia, durante más de veinte años, en las filas del peronismo. Por eso sufrió la excomunión por parte del grupo de la revista *Sur*, y murió sin ver justamente reconocida la importancia de su obra y, sobre todo, la de su novela *Adán Buenosayres* (1948). Publicada en el mismo año que *El túnel* de Sábato, y en la década importantísima que vio el afirmarse de Onetti como novelista particularmente original e innovador, pasó casi inadvertida por el gran público. Quince años más tarde, todavía quedaban sin vender centenares de ejemplares de la primera edición. Luego el éxito-relámpago de *El banquete de Severo Arcángelo* (1965), la segunda novela de Marechal (hasta entonces principalmente conocido como poeta perteneciente al grupo martinfierrista de los años 20) sacó del olvido tanto a la novela anterior como a su autor. Desde entonces éste figura incontestablemente entre los nuevos novelistas.

Con todo, no se le ha dado a Marechal el lugar que merece dentro de la primera fase de la nueva novela, donde *Adán Buenosayres* ocupa un lugar importante por dos razones. Primero, porque es la única novela explícitamente cristiana, y más aún, católica de categoría que hay dentro de la nueva novela. Segundo, porque con el «humorismo angélico» de que habla Marechal en el prólogo, abre la senda hacia los recursos humorísticos tan típicos y nuevos dentro de la narrativa novísima en Hispanoamérica.

Claramente ha hecho comprender Marechal que *Adán Buenosayres,* reconocida por todos los críticos como obra autobiográfica, es la historia de una conversación, fruto de una crisis espiritual que venía madurando desde el segundo viaje del autor a Europa en 1929 [8]. La novela empieza con un «despertar metafísico» del héroe, Adán, y transcurre durante un jueves, 28 de abril de cierto año de la segunda década de este siglo (¿1927?) y el viernes y sábado siguientes. En este lapso de tiempo Adán sigue un itinerario de ida y vuelta a través de la zona Villa Crespo de Buenos Aires, itinerario que simboliza un movimiento espiritual primero centrífugo y luego centrípeto. Ese movimiento termina con el encuentro entre Adán y el «linyera» (=Cristo) que remata el «proceso de alma» que subyace a toda la trama del libro.

Nada más falso, pues, que presentar la novela (como han hecho Cortázar, Harrs y otros) como incoherente y confusa. Al contrario, tal como afirma acertadamente Prieto [9], «la novela sigue una línea coherente y cerrada en sí misma, presenta el mundo desde una escala de valores perfectamente matizada». Alentado por Macedonio Fernández, Marechal se propuso escribir una epopeya en prosa, inspirándose como Joyce directamente en Homero. Intentó construir un viaje simbólico en el que el héroe, tras superar una serie de riesgos y pruebas, incluso un descenso al Purgatorio, arriba felizmente de nuevo a su punto de partida (y, en este caso, alcanza su salvación personal). En este sentido, *Adán Buenosayres* viene a agregarse a una larga serie de novelas modernas, cuyo tema fundamental es la búsqueda, mediante un viaje, de una respuesta a la angustia existencial. En especial cabe compararla al «ciclo de Alberto de Guzmán», las cuatro primeras novelas de Pérez de Avala (residente en Buenos Aires en los años 40) que contienen la misma mezcla de episodios chuscos y preocupaciones espirituales, y donde también aparece un artista angustiado en medio de compañeros bohemios. Por otra parte, basta leer las palabras de Ángela Dellepiane acerca del tema de

---

[8] Véanse sus aclaraciones en A. Andrés, *Palabras con Leopoldo Marechal,* Buenos Aires, 1968, pág. 38.

[9] A. Prieto, «Los dos mundos de *Adán Buenosayres*», en *Estudios de literatura argentina,* Buenos Aires, 1969, págs. 107-29.

la búsqueda del «cielo» por parte de Oliveira en *Rayuela* [10], para darse cuenta de la honda semejanza de esta gran novela con la de Marechal. Ambos atestiguan la desorientación y las aspiraciones espirituales del hombre moderno.

Quienes han analizado mejor el aspecto central de *Adán Buenosayres* han sido el grupo de investigadores, cuyo trabajo colectivo «Pruebas y hazañas de Adán Buenosayres» figura en la tantas veces citada compilación de Lafforgue. Estos críticos han destacado los siguientes temas en la novela:

Tema central: Adán Buenosayres en su búsqueda religiosa.

Subtemas: la Argentina, lo argentino y lo telúrico;
Buenos Aires, el barrio y el suburbio;

la sociedad a través de determinados ámbitos y tipos —su formulación como crítica, sátira y parodia en «Viaje a la oscura ciudad de Cacodelphia»; las ideologías— el nacionalismo;

la cultura, especialmente el ambiente literario en la década de los treinta; y la teoría poética de Adán Buenosayres.

Desarrollando las indicaciones del mismo Marechal en sus *Claves de Adán Buenosayres,* el grupo demuestra que el origen del desasosiego espiritual de Adán ha de encontrarse en las confesiones del «Cuaderno de tapas azules», que figura como el libro sexto de la novela. Allí se documenta, con bastante claridad, la crisis de adolescencia del autor-narrador, la caída de su alma en «el vértigo del abismo» (página 372) [11] y su tendencia a buscar refugio en ciertos «engaños» poéticos y metafísicos. De gran importancia en el «Cuaderno» es la visión mística otorgada a Adán de una especie de globo o esfera celestial, conteniendo el cuerpo desnudo de una mujer; algo después, esta visión está sublimada en otra más angelical que le llena el alma de amor. Conforme avanzamos en la lectura de la novela, nos percatamos de que esta noble visión corresponde a la amada del narrador, Solveig Amundsen, primero en su forma humana terrestre y luego como símbolo divino, en lo que se parece a la Beatrice de Dante Alighieri. De modo que una de las pruebas a que se debe someter Adán es la de convertir su amor terrenal en un amor celestial «libre

---

[10] A. B. Dellepiane, «Julio Cortázar», en *Narrativa y crítica de nuestra América,* ed. J. Roy, Madrid, 1978, págs. 237-8.
[11] L. Marechal, *Adán Buenosayres,* 5.ª ed., Buenos Aires, 1970*.

de toda contingencia y emancipado de todo llanto» (pág. 400). Ya se da cuenta Adán de que su alma está «misteriosamente cautiva, tal como si, al azar, hubiese mordido el anzuelo invisible de un invisible pescador que tironease desde las alturas» (pág. 381), y está pronto para iniciar su peregrinación por la calle Gurruchaga y por el suburbio.

Ésta la realiza en compañía de un estrafalario filósofo, Tessler [12], y en el libro tercero en la de un alegre grupo de compañeros que representan a algunos de los martinfierristas, es decir, el grupo artístico-literario que en los años 20 había intentado revitalizar las artes y letras argentinas. Huelga decir que el camino que sigue Adán no es otro que un camino de perfección, o, como le explican sus ex voes del pasado, «el camino de la angustia que recorres aún y cuyo término acaso no sea de este mundo» (pág. 331). Es también, en cierto modo, el camino hacia su propia muerte, ya que en el prólogo de la novela se describe su entierro y que en una de las primeras páginas el autor nos informa que «nuestro personaje ya está herido de muerte, y su agonía es la hebra sutil que irá hilvanando los episodios de mi novela» (pág. 13). Durante su paseo Adán se somete a una serie de pruebas y tentaciones: encuentros con la Chacharola, con el mendigo Polifemo, con Flor del Barrio (pruebas de caridad) y con varias mujeres (tentaciones de lujuria), de las que sale con relativo éxito dando muestra de cierto espíritu franciscano. Esto se revela de nuevo al día siguiente en la escuela, donde Adán logra que los otros chicos de la clase que él dirige acepten a «Cara de Fierro», un niño marginado que sufre de una forma de parálisis. Allí también cumple con su deber social trabajando con amor y entusiasmo como profesor.

Los libros tres y cuatro de *Adán Buenosayres* forman una especie de paréntesis o interludio en que la atención del lector recae sólo esporádicamente en el itinerario espiritual de Adán, siendo atraída más por la descripción costumbrista del viaje de los martinfierristas a Saavedra, del entierro de Juan Robles, de los «malevos» del arrabal y de la visita al burdel. A pesar del tono zumbón que Marechal emplea, las conversaciones intercaladas sobre cuestiones literarias (en especial sobre la poesía durante el banquete improvisado en la glorieta Ciro) resultan importantísimas para la comprensión de las doctrinas literarias del mismo Marechal y para la historia del martinfierrismo en la Argentina. Es más, el resuelto rechazo del nacionalismo o neo-

---

[12] Tessler imita muchos rasgos del poeta martinfierrista Jacobo Fijmann. Se ha visto en Pereda una contrafigura de Borges; en Titania, Victoria Ocampo; en Schultz, Xul Solar; en Bernini, Scalabrini Ortiz; etc.

criollismo entonces en boga indica claramente la transición de la novela tradicional a la nueva novela. Mientras tanto, la evolución de Adán sigue adelante a pesar de sus esfuerzos por ignorar el «brumoso y triste despertar de su conciencia» (pág. 247) que le llevará por fin, después de algunos intervalos de «vacío del alma, soledad y hielo» (pág. 340), al momento supremo delante de la iglesia de San Bernardo, cuando le pide un signo inteligible a Dios. Este signo se lo ofrecerá el linyera, o peón rural, que Adán socorre en la puerta de su casa. Con este acto de caridad resuelve finalmente la dualidad espíritu-cuerpo, vence la enajenación y recobra «la gozosa unidad». Como señala Coulson: «Por oposición a la caótica y fragmentada visión del hombre y del mundo tan común en la narrativa del siglo xx, Marechal parte de un paradigma, una imagen integral del hombre» [13].

Reducido a lo que Marechal llama «la sustancia poética y metafísica de mi relato» [14], *Adán Buenosayres* resultaría un libro excesivamente esquemático y monocorde. Por eso el autor rodea la peregrinación de Adán del costumbrismo arrabalero y urbano en los libros 1 al 5, y añade en el libro 7 el «Viaje a la oscura ciudad de Cacodelphia» (una contrafigura, ésta, de la Buenos Aires real, como en seguida explica el autor). Todo queda, sin embargo, perfectamente integrado, ya que la presentación de la ciudad y sus afueras está organizada en torno a las pruebas a que se somete Adán, y que hay una precisa correlación entre los círculos de Cacodelphia y los episodios de los primeros cinco libros [15]. No menos digna de atención es la gran comicidad de la novela, verdadero «humorismo trascendente» como lo calificó Cortázar, ya que nace de la expresa intención de Marechal de «camuflar el itinerario metafísico de la obra con las guirnaldas humorísticas de Rabelais» [16].

A esta «verdadera summa cómico-metafísico-poética» siguieron a una cierta distancia *El banquete de Severo Arcángelo* (1965) y la obra póstuma *Megafón o la guerra* (1970). De la primera dicen Guillermo y Hernández que «cae dentro de la llamada utopía negativa que... nos muestra el cuadro de una sociedad mecanizada, materializada, sometida a gobiernos dictatoriales [con] la visión anticipada de una sociedad futura de hombres-robots» [17]. De nuevo nos encon-

---

[13] G. Coulson, *Marechal, la pasión metafísica*, Buenos Aires, 1974, pág. 14.
[14] L. Marechal en A. Andrés, *ob. cit.*, pág. 130.
[15] Véase A. de la Fuente, «La estructura interna de *Adán Buenosayres* de Leopoldo Marechal», *HBalt*, 58, 1975, págs. 260-66.
[16] L. Marechal en A. Andrés, *ob. cit.*, pág. 130.
[17] E. Guillermo y J. A. Hernández, *Quince novelas hispanoamericanas*, Nueva York, 1971, págs. 163-4.

tramos ante una alegoría metafísica que el propio Marechal define como «una salida el infierno» (en la dedicatoria) y «una liberación por lo absurdo» (pág. 37)[18]. Los 33 capítulos de la novela (el número simboliza la vida de Cristo) narran los preparativos de un banquete que Arcángelo, un industrialista, quiere ofrecer a un grupo de invitados, los cuales, como él, acaban de sufrir una honda crisis espiritual. Se trata de rescatar a estos «hombres de la frontera» de la moderna «metafísica de la nada», convirtiéndoles en «intronautas», es decir, viajeros hacia el centro de su propio laberinto existencial. A través de los episodios desconcertantes y estrafalarios de la novela, vamos dándonos cuenta de una lucha entre la «Vida ordinaria» del hombre moderno, cada vez más «robotizado», y la «Vida extraordinaria» que por fin lleva a Lisandro Farías, el personaje central, a una crucifixión simbólica. Entonces descubre que Cristo es el «Hombre de Sangre» capaz de convertir al «Hombre de Hierro» (el hombre-robot de hoy abrumado por su «vacío espiritual casi absoluto») en el «Hombre de Oro» (el hombre redimido de mañana). Más claramente que en *Adán Buenosayres,* se revelan en *El banquete* los dos rasgos fundamentales de la obra de Marechal: su magistral empleo del absurdo humorístico como «instrumento para reorientar la existencia terrestre hacia planos metafísicos» (que ofrece un contraste muy interesante con el humorismo de Borges), y al mismo tiempo, la falta de ambigüedad que hace parecer un poco anacrónica su visión religiosa de la existencia.

Alarmado por las crisis periódicas que siguieron la caída de Perón en 1956, Marechal volvió en su última novela, *Megafón,* al tema del destino de la Argentina, tan traído y llevado por Mallea, Martínez Estrada y otros. Aplicando su técnica de sainetero trágico a la realidad del país en los años 60, hilvanó una serie de episodios satíricos —El asedio al Intendente, el Psicoanálisis del General, la invasión al Gran Oligarca, la biopsia del estúpido Creso— que ridiculizaban a los nuevos dirigentes del país. Para Marechal representaban «una Paleoargentina que se muere de muerte natural ante una Neoargentina en despunte y crecimiento»[19]. Marechal concebía la historia de su país como una vasta espiral en la que los valores del pasado (es decir, los valores cristianos y espirituales) reaparecen a intervalos regulares. Por eso la tarea de Megafón, «un hombre de anteayer y un hombre de pasado mañana» (pág. 305) consistía en llevar a cabo «en cierto paralelismo interior o en una simetría no fácil de alcanzar» (pág. 163),

---

[18] L. Marechal, *El banquete de Severo Arcángelo,* 5.ª ed., Buenos Aires, 1971*
[19] L. Marechal, *Megafón o la guerra,* 2.ª ed., Buenos Aires, 1970, pág. 161*.

una «batalla terrestre» (contra los dirigentes ineptos del día) y una «batalla celeste» (contra el menosprecio de los valores tradicionales). Tal paralelismo domina la estructuración de la novela y culmina con la muerte de Megafón en el centro de un vasto burdel simbólico, tras descubrir a Lucía Febrero, una nueva Solveig Amundsen transfigurada. «Esa enigmática mujer —aclara Marechal— es la Amorosa Madonna Intelligenza, o el Intelecto de Amor, y es evidente que si la humanidad la recobrara, solucionaría 'por el amor' todos sus problemas contemporáneos» [20].

Tal ingenuidad deja un poco asombrado al lector acostumbrado a las actitudes existenciales negativas típicas de la mayoría de los novelistas contemporáneos, y, sin duda, contribuye al relativo aislamiento que rodea la obra de Marechal. Pero cualesquiera que sean nuestras opiniones acerca de su idealismo religioso, es forzoso colocar a su mejor novela, *Adán Buenosayres,* entre las pocas obras que en la década crucial de los 40 testimoniaron la voluntad de unos cuantos autores (Borges, Onetti, Asturias, Sábato y algunos más) de cambiar radicalmente el rumbo que hasta entonces siguiera la narrativa hispanoamericana.

## Eduardo Mallea (La Argentina, 1903)

Desde sus obras más tempranas Mallea se ha enfrentado con el doble imperativo de incorporar a la temática novelística la crisis espiritual de nuestros días, tema fundamental de la nueva novela (ya anunciado por Arlt), y de modernizar, al mismo tiempo, la técnica narrativa para adecuarla al nuevo contenido. Que Mallea estaba perfectamente consciente de la doble tarea por cumplir lo prueban sus propias observaciones acerca de la novela contemporánea. «¿No hemos llegado acaso al fin de una retórica y al comienzo de otra nueva?», se pregunta en el capítulo 32 de *La bahía de silencio* (1940). Sigue la observación: «Hoy el mundo está desquiciado..., todo gran arte tendrá entonces la misión actual de descubrir los elementos para la acomodación de este quicio.» Pocos años más tarde, en *La torre* (1951), aboga de nuevo por lo que actualmente se nos presenta como una de las características sobresalientes de la nueva novela: «el planteo permanente de cuestiones veraces» susceptibles de despertar en el lector una comprensión más honda de la condición humana.

---

[20] Cit. Elbia R. Marechal, *Mi vida con Leopoldo Marechal,* Buenos Aires, 1973, pág. 200.

Dos de sus temas preferidos adquieren aquí una relevancia particular. El aspecto quizás menos evidente de *La bahía de silencio* es la búsqueda, por parte del héroe, Tregua, de un sistema de ideas y creencias que pudiera imponer una dirección definida a su existir. Esta búsqueda, que al cabo resulta vana, condiciona las tres etapas de la narración y lleva a Tregua, poco antes de la página final, a un estado de auténtica angustia. ¿Cómo no pensar en la odisea espiritual de Martín del Castillo en *Sobre héroes y tumbas* de Sábato? Martín pasa igualmente por una fase de amor simbólico y estéril, que desemboca en una crisis de valores cuyas implicaciones Sábato evita cuidadosamente subrayar, tal como Mallea había dejado apenas esbozada la crisis de Tregua veintiún años antes. No sugerimos, claro está, que el *motif* de la búsqueda de valores que hoy es (después de *Los pasos perdidos* de Carpentier y *Rayuela* de Cortázar) un lugar común de la narrativa hispanoamericana, fuese invención de Mallea. Existe ya en *Un perdido* de Eduardo Barrios, por ejemplo, y su origen se remonta a los principios mismos de la moderna crisis de confianza vital. Lo que sí quisiéramos sugerir es lo siguiente: mientras probablemente nadie tomaría muy en serio la idea de que Barrios fuese un precursor de la actual novela de ideas en Hispanoamérica, la filiación de este tipo de narrativa con la obra de Mallea es mucho más obvia de lo que haría creer la relativa impopularidad de este escritor entre algunos autores y críticos más jóvenes.

Huelga, quizás, subrayar cómo pasa lo mismo con respecto a la obsesión de Mallea con el tema del aislamiento y la incomunicación, obsesión que aparece ya en su primera obra, *Cuentos para una inglesa desesperada* (1926), y que en los años 50 hubo de revelarse como el tema preferido de la nueva novela. Una vez más no fue Mallea quien lo descubrió. Para nombrar sólo a escritores hispánicos, Baroja se interesó por la incomunicación desde su juventud, y en *Laura, o la soledad sin remedio* la empleó como tema central; otro tanto hizo Manuel Gálvez en *Hombres en la soledad*. Pero ninguna de estas obras puede rivalizar con *Todo verdor perecerá* (1941). La exploración de la soledad, por parte de Mallea, en el contexto de las grandes interrogaciones de la existencia moderna, creó, sin la menor duda, un nuevo punto de partida para los novelistas posteriores.

Pero Mallea no sólo contribuyó como renovador del contenido a la renovación de la novela en América latina. En 1940 publicó también algunas observaciones acerca de la técnica narrativa que nos parecen mucho más apropiadas a las novelas más importantes de los años 50 y posteriores que a *La vida inútil de Pito Pérez* de Romero, o a *El mundo es ancho y ajeno* de Ciro Alegría, entonces

47

próximas a aparecer. «La complejidad de nuestro mundo exije una literatura compleja», afirmó, con palabras que ahora parecen proféticas: «el viejo sistema de notación narrativa y unilateral de episodios es un medio necesariamente abolido... El actual tormentoso otoño humano reclama ser representado por un hombre en el que viva, parejamente a esa atmósfera, una multitud de fuerzas divergentes y contradictorias cuya coexistencia esté trasladada a la obra sin haber sido desnaturalizada en una fórmula artificial y sintética» [21]. Tales afirmaciones son claramente aplicables al método narrativo y a los personajes principales de *Pedro Páramo* de Rulfo, *Cambio de piel* de Fuentes o *Yo el Supremo* de Roa Bastos. Del mismo modo, cuando más tarde Mallea declara que una novela debe interesar a varios aspectos de la personalidad del lector y no sólo a uno, se nos viene a la memoria la doctrina de la *intersubjetividad,* que desempeña un papel tan importante en *El escritor y sus fantasmas* de Sábato. Efectivamente, la teoría de la novela que Sábato expone en el libro revela más de una curiosa semejanza con la de Mallea en *Notas de un novelista, Poderío de la novela, Las travesías,* etc.

El aspecto de la obra de Mallea que ha llamado más la atención de la crítica es el relacionado con «el problema de la Argentina» (también analizado por otros escritores argentinos como Scalabrini Ortiz, Martínez Estrada y Mafud). Como varios de los noventayochistas españoles, Mallea sufrió durante y después de sus años universitarios una larga crisis espiritual. Al mismo tiempo se iba convenciendo de que el marasmo de la Argentina moderna provenía de que la clase burguesa argentina no había pasado por ninguna crisis colectiva de valores, y, por tanto, no había alcanzado ninguna toma de conciencia colectiva. Desde entonces toda una sección de su obra se dirige a provocar en sus lectores el anhelo de la regeneración espiritual del país. Es decir: la «creciente angustia metafísica» de Mallea pide imperiosamente no sólo una respuesta privada, un sistema de creencias personales, sino también una respuesta en términos del destino de su país. Como él mismo escribe en el capítulo 8 de *Historia de una pasión argentina:* «Necesitaba entonces revitalizar mi fe no tan sólo en mi propia existencia, como también frente a la existencia de mi paisaje natural. Así pues, esta revitalización no podía producirse sino provocando un acto de afirmación.»

En una larga serie de novelas que va desde *Fiesta en noviembre* (1938) a *Simbad* (1957), con *La bahía de silencio* (1940) como la más importante, Mallea explora el contraste entre un grupo de

---

[21] E. Mallea, *La bahía de silencio,* Buenos Aires, 1945, págs. 298-9.

personajes centrales, representativos de «la Argentina profunda», y su medio ambiente, «la Argentina visible». Esta última está poblada de gente satisfecha, sumergida en el bienestar material hasta haber olvidado toda preocupación por los fines últimos de la nación y todo ensueño creador. Viven una vida ficticia, de puro gesto, y mientras tanto el edificio nacional se derrumba. Lo que echan de menos los representantes de la Argentina profunda —el poeta Lintas en *Fiesta en noviembre,* Tregua y sus amigos en *La bahía de silencio,* Roberto Ricarte en *La torre,* por ejemplo— es «el espíritu de construir. Y el trasunto, en las almas, de esa rara y dura voluntad» [22].

¿Cómo colocar los cimientos morales para la construcción de una nueva Argentina?, éste es le problema para los «preocupados» de Mallea. Aquí nos encontramos con el otro aspecto fundamental de su obra: el tema de la soledad y la incomunicación. Precisamente el defecto del libro de Rivelli, la mejor de las recientes obras críticas dedicadas a Mallea, es su casi desconocimiento de la importancia de este tema. El que más lo ha estudiado, Flint [23], distingue dos clases de solitarios en la vasta obra de Mallea. En la primera su aislamiento es involuntario y normalmente destructivo. Quizá simbólicamente, las víctimas sufren en su juventud la ausencia del amor materno sin encontrar apoyo psicológico en el padre. Ejemplos típicos son Ágata Cruz en *Todo verdor perecerá,* y Chávez en la novela homónima. Al casarse tienden a elegir mal (Ágata, Consuelo Ortigosa en *Los enemigos del alma,* 1950); los matrimonios son estériles, salvo en el caso de *Chaves* (1953), donde la muerte del hijo aumenta la soledad del protagonista. El medio ambiente, tanto urbano (en *La ciudad junto al río inmóvil,* 1936, por ejemplo) como rural (la inolvidable pampa reseca de las primeras páginas magistrales de *Todo verdor perecerá* es arquetípica), sumerge a los personajes aún más en el aislamiento, hasta ahogarlos.

Las mejores novelas de Mallea en sentido absoluto, las más universales, cuyo tema reaparece bajo otras formas en Onetti, en Sábato, en García Márquez, en Fuentes, en Rulfo, son *Todo verdor perecerá* y *Chaves,* novelas que tratan no ya de algo esencialmente argentino, sino de algo hondamente humano: «este viaje del hombre a su abismo, al yacimiento casi inhumano del ser, ese viaje de vuelta a la soledad original de la que todos venimos» [24].

---

[22] E. Mallea, *La torre,* Buenos Aires, 1951, pág. 308.
[23] J. M. Flint, «The Expresion of Isolation. Notes on Mallea's Stylistic Technique», *BHS,* 44, 1967, págs. 20-39. Véase también su «Rasgos comunes en algunos de los personajes de Eduardo Mallea», *IRom,* 4, 1969, págs. 340-45.
[24] E. Mallea, *Todo verdor perecerá,* Buenos Aires, 1945, pág. 61.

Es curioso notar, junto con Flint, que esta categoría de solitarios tiene sus raíces esencialmente en la pequeña burguesía empobrecida o en la clase obrera, mientras el otro grupo, los que buscan intencionadamente la soledad, tienden a pertenecer a la clase dirigente. Para éstos, la soledad templa el alma y produce un despertar, un nuevo modo de encarar la vida. Podríamos denominarlo «vitalismo ético»; la fórmula de Mallea es «la exaltación severa de la vida». En *Rodeada está de sueño* (1944) y *El retorno* (1946) podemos seguir desde cerca el proceso de autodefinición, de descubrimiento de la propia autenticidad, facilitado, en el caso del segundo grupo de personajes, por su experiencia de la soledad. Esta vez el «viaje interior» lleva, no al abismo, sino a «la donación de sí», a la superación del muro de incomunicación que separa a los hombres, y en especial a los que, como Roberto Ricarte en *La torre* o Fernando en *Simbad,* tienen la posibilidad de participar, mediante una suerte de empatía con otros individuos semejantes, en la tarea de la regeneración moral del país. De este modo se enlazan los dos temas principales de la obra de Mallea: la Argentina como país que duele, y la incomunicación.

Huelga decir cuán poco significaba para la generación «parricida» de los años 60 y 70 en la Argentina este mito oracular de un país «invisible», hecho de pocos individuos auténticos que se comunican entre sí y se solidarizan misteriosamente. En realidad, como Arlt, Mallea cae en el error de buscar la solución de un problema colectivo al nivel individual y de reducirlo a una cuestión de actitudes morales. Sin embargo, no deja de llamar la atención que en tiempos más recientes García Márquez también ha asociado en *Cien años de soledad* el tema de la soledad con los del destino nacional y del hombre en general.

Lo que importa tener presente es que detrás de lo que Mallea llama en el prefacio a *Historia de una pasión argentina* «mi angustia a causa de mi tierra», existe otra angustia más general y moderna: la angustia espiritual. Detrás de sus personajes centrales hay siempre una alarma ante la hostilidad de la vida misma con su «acoso metafísico». La soledad de los personajes de Mallea es, en cierto modo, la soledad del hombre, huérfano de Dios en un mundo sin sentido, y no basta para encubrirlo el noble optimismo ético del autor. La búsqueda de una «Argentina profunda» no es sino un modo de eludir la búsqueda de algo más hondo todavía: la base de una renovada confianza vital. Por eso en las últimas novelas y relatos de Mallea, a partir de *Posesión* (1958) y *La razón humana* (1959), el desasosiego de los protagonistas parece cada vez mayor y menos relacionado con su país. En los relatos «Posesión» y «Ceilán» *(Posesión)* y «Los otros mundos» *(La razón humana)* —este último de los más típicos— el autor vuelve a sus temas preferidos: el amor frustrado; la soledad; el hombre austero que persigue «la ilusión de su responsabilidad en un mundo terrible y misterioso»; la lucha del individuo por «completarse, superar su esencial deficiencia». Ventura, en *Los ensimismados* (1966), los narradores en *El resentimiento* (1966) y *Triste piel del universo* (1971), Augusto en *La falacia* (1966) son personajes que se encuentran atrapados entre la reiterada pregunta: «¿Por qué nos han enseñado así, a ser inocuos o inoperantes en la órbita general, casi muertos entre vivos, insólitos los unos entre los otros, ignorantes o ignorados, recíprocamente extraños, y sólo familiares a las soledades y a la muerte?», y la necesidad visceral de «una idea consoladora del hombre». Su íntima desesperación comunica al lector una auténtica inquietud existencial. Todo eso merecería un estudio detenido, no ofuscado por los presupuestos ideológicos de Rivelli y los otros críticos obsesionados con la primera fase de la obra de Mallea. Valdría la pena aclarar de una vez lo que realmente enlaza a este novelista —el único gran cultivador de la novela psicológica en América latina— con Arlt, por una parte, y con la novela de los años 60 y 70, por otra. No es el mito de la regeneración nacional, sino el constante ahondamiento en la condición humana.

## *Ernesto Sábato* (La Argentina, 1911)

El aspecto más original e inquietante de la personalidad literaria de Sábato es éste: en un mundo en que las nociones del bien y del mal han llegado a ser algo borrosas —véase como prueba la desaparición en la literatura moderna del «malvado» y la aparición en su lugar del «antihéroe»—, Sábato esta literalmente, casi patológicamente, obsesionado con el problema del mal. No ya como Arlt, quien, conviene recordarlo, había escrito en *Los siete locos* frases como las siguientes:

> Sólo el mal afirma la presencia del hombre sobre la tierra.

> Quizá buscando en lo más vil y hundido [encontraría uno] cierta certidumbre de pureza que lo salvará definitivamente.

> Usted sabe que lleva en su interior un monstruo que en cualquier momento se desatará y no sabe en qué dirección

que prefiguran ideas de Sábato, sino mucho más fría y apocalípticamente.

Para Sábato existen sólo dos categorías de novela: las de puro entretenimiento (policiacas, de vaqueros, etc.) y las que se escriben «para bucear la condición del hombre» [25]. Estas últimas serán forzosamente metafísicas y psicológicas: metafísicas, porque la crisis actual de la humanidad es para Sábato una crisis espiritual, producto del predominio de la ciencia y la tecnología en la civilización moderna, y psicológicas, porque la infelicidad del hombre es un estado mental surgido de «los abismos y cuevas de su propia alma» (pág. 99). Entre los temas esenciales de tales novelas figurarán: el sexo («el magno problema del sexo en relación con el espíritu», pág. 170); la incomunicación («uno de los más profundos y angustiosos problemas del hombre: el de su soledad y su comunicación», pág. 84); y sobre todo el mal («La tarea central de la novelística de hoy es la indagación del mal. El hombre real existe desde la caída», pág. 205). En una entrevista de 1977 Sábato afirmó:

> Mala o buena mi narrativa se propone el examen de los dilemas últimos de la condición humana: la soledad y la muerte, la esperanza o la desesperación, el ansia de poder, la búsqueda de lo absoluto, el sentido de la existencia, la presencia o ausencia de Dios. No sé si he logrado expresar cabalmente esos dramas metafísicos, pero en todo caso es lo que me propuse [26].

La tarea esencial del novelista moderno es abrir el camino hacia una nueva síntesis de valores:

> la novela, que por su misma hibridez, a medio camino entre las ideas y las pasiones, está destinada a dar la integración del hombre escindido por el pensamiento puro, a convertir aquella entelequia de los iluministas, de nuevo, a un ser de carne y hueso [27].

En unas páginas de cierta trascendencia para toda la nueva novela, Sábato explica cómo será la «novela metafísica». En ella sucederán muy pocas cosas, pero los sucesos reflejarán la «confusa realidad», la ilogicidad del «universo caótico y contingente» en que vivimos. Lógicamente, ya que ese caos caracteriza no sólo la realidad

---

[25] E. Sábato, *El escritor y sus fantasmas*, Buenos Aires, 1967, pág. 89*.
[26] E. Sábato, entrevista en *Cuadernos para el Diálogo*, 195, enero de 1977, página 53.
[27] E. Sábato, entrevista en *La Estafeta Literaria*, 379/80, septiembre-octubre, 1967, pág. 11. Véase también su famoso artículo «Para una novela novelesca y metafísica», *MN*, 5, 1966, págs. 5-21.

exterior, sino también (y aún más) la realidad interna psicológica, la novela hará hincapié en los aspectos no racionales de la personalidad. Desaparecerá el autor omnisciente y seudoobjetivo, dando lugar a «una descripción de la realidad total desde los diferentes yos». No se respetará el tiempo cronológico. Finalmente, el tono de la novela será más bien triste y su estilo sencillo y límpido [28].

Tales palabras nos proponen un método de lectura para las novelas de Sábato mismo: *El túnel* (1948), *Sobre héroes y tumbas* (1961) y *Abaddón el exterminador* (1974). *El túnel* narra la historia de un pintor desequilibrado, Castel, que mata a su amante. El título está explicado en el capítulo 36: el túnel, oscuro y solitario, es la vida. A veces el amor ofrece la ilusión de que dos túneles, dos existencias, se pueden unir; pero luego se advierte que el amor sólo convierte el muro de piedra en un muro de vidrio, tras del cual la persona amada sigue separada para siempre por su esencial otredad. Peor aún, posiblemente las otras personas están en libertad, y sólo unas pocas, que han alcanzado la plena conciencia, están condenadas a vivir angustiosamente en túneles. En unas declaraciones hechas al principio de *El escritor y sus fatasmas*, Sábato sugiere que los episodios de sexo, crimen y celos expresan las angustias metafísicas de Castel (que no se pueden representar en una novela en forma de puras ideas) y que la locura de Castel expresa simbólicamente el caos de la existencia, ya que «el demente vive en el desorden total» (pág. 13). Resulta evidente que la enajenación mental de Castel tiene no poco que ver con la enajenación espiritual del hombre de hoy; sus largas e inútiles racionalizaciones parodian el racionalismo científico al que Sábato atribuye gran parte de nuestros males; finalmente, su búsqueda de la posesión total de María simboliza nuestras tentativas desesperadas de recuperar un sentido de lo absoluto. De hecho, Sábato opina que Castel representa «el lado adolescente y absolutista» de sí mismo.

A otro nivel, *El túnel* ofrece un estudio originalísimo de un caso de locura, contado desde dentro. Aquí lo fundamental no es el aspecto freudiano de la relación entre Castel y María. Lo esencial es el *motivo* por el cual Castel mata a la mujer, que representa su única esperanza de reconciliarse con la vida. Ese motivo nace de su sospecha de que ella también (como él) abrigaba en el fondo de sí misma una fuente de ignominia, de «bajas pasiones», de repelente abyección. Su acto, al matarla, es un acto de rebelión contra el abusrdo de una existencia que crea en nosotros hondas aspiraciones espirituales a la vez que quita toda posibilidad de cumplirlas. Sábato, pues,

---

[28] E. Sábato, *El escritor...*, págs. 81-85.

como Arlt, asocia la angustia, en última instancia, no con el problema de la finalidad, el sentido o sin sentido de la vida, sino con el mal. Es más, con la malignidad humana. Habría que decir que no se advierte fácilmente la conexión; no hay por qué partir de la crisis moderna de valores para arribar a una interpretación del comportamiento humano basado principalmente en irracionalismo y perversidad.

Sea como sea, la próxima novela de Sábato, *Sobre héroes y tumbas,* que le dio una notoriedad arrolladora (200.000 ejemplares vendidos entre 1961 y 1973), sigue indagando en «las verdades últimas (y muchas veces atroces) que hay en el subsuelo del hombre»[29]. De su gran complejidad temática podemos extraer dos grupos de episodios que, aunque interconectados, funcionan hasta cierto punto independientemente. El primer grupo tiene que ver con la evolución de Martín del Castillo. De un estado angustioso inicial (obsesión con la crueldad e ignominia de su madre y con la debilidad de su padre), pasa a través de graves sufrimientos (amores con Alejandra, la «dragónprincesa»; el trauma de reconocer la relación incestuosa entre Alejandra y su padre), para más tarde llegar a formular una especie de apuesta con Dios para evitar la tentación de suicidarse. Finalmente, recobra la esperanza y empieza una nueva vida. Esta serie de episodios, narrados de acuerdo con un realismo relativamente convencional, se corta bruscamente al entrar Martín en el mirador de la casa de Alejandra. Recuérdese que Sábato se ha pronunciado a favor de una novela *novelesca* a la vez que metafísica: al traspasar Martín el umbral del mirador surge de repente lo novelesco; entramos con él en un mundo tan extraño y sorprendente como la psicología de sus habitantes.

El segundo grupo de episodios gravita en torno a Fernando, el padre de Alejandra. Para Sábato, éste, y no Martín, es «el personaje central y decisivo de la novela». Como Castel, Fernando sufre de fuertes perturbaciones mentales y, por tanto, su caso puede interpretarse como un caso psicológico: la exploración, por parte de Sábato, de lo que él llama «mi lado negativo de la existencia, mi lado negro y desesperado»[30]. En este sentido «El Informe sobre Ciegos» cumple una importante función dentro de la estructura de la novela como manifestación del estado mental de uno de sus protagonistas, y no debe considerarse de ningún modo un *adéndum* o apéndice. Se trata de una enorme pesadilla sufrida por un hombre culpable de un crimen (el incesto) que le ha alejado irremediablemente de la esperanza y de la fe en Dios. Es un *tour de force* narrativo en el que

---

[29] *Ibíd.,* pág. 203.
[30] *Ibíd.,* pág. 22.

se combinan elementos surrealistas y otros derivados de Nietzsche, Freud y Jung. También la situación de Fernando (y quizás más aún la de Alejandro, a quien Martín compara directamente con la patria) refleja la preocupación de Sábato por la situación de la Argentina misma.

Pero más importante que los conflictos psicológicos intrínsecos a Fernando en su función de personaje novelesco, o que la simbología que parece conectarle a él y a Alejandra con la Argentina, es el aspecto simbólico universal. Como en *Cien años de soledad,* el incesto, conocimiento carnal prohibido, puede significar vagamente la búsqueda, por parte del hombre, de un saber que, alejándolo de Dios, puede convertirse en una culpa o maldición. De hecho, tanto la familia de Alejandra como la de los Buendía parece sufrir de una maldición. En otros aspectos el «Informe» relaciona estrechamente *Sobre héroes y tumbas* con *El Señor Presidente* de Asturias y con *Pedro Páramo* de Rulfo. Como Cara de Ángel, Fernando se rebela satánicamente contra un Dios injusto y curel, un Dios/Tohil. Como el de Juan Preciado a Comala, el viaje de Fernando a través de las cloacas de Buenos Aires constituye un descenso al infierno. Su cópula monstruosa con la Ciega no es otra cosa que una unión mística al revés. Se trata de nuevo de una deliberada inversión de los valores cristianos.

Ahora bien, si por su lucha, su aceptación de la tremenda prueba que significan las experiencias narradas en el «Informe», Fernando es (como sostienen Souza y Hotzapfel)[31] uno de los héroes a los que se refiere el título de la novela, un «Sigfrido de la tinieblas», lo heroico de su empresa consiste en su empeño en llegar a comprender, mediante un gigantesco esfuerzo de autoanálisis, algo acerca de la situación de la humanidad en un mundo simbólicamente dominado por la secta de los ciegos (=agentes del mal). En cambio, por sus sufrimientos, su atroz sentido de culpa y su muerte a manos de su hija, Fernando es una víctima. En última instancia lo que ofrece su «Informe» es un mensaje negativo. La secta de los ciegos, lo diabólico, la maldad, dominan el mundo, no desde fuera de nosotros, sino desde dentro. El mal, los ciegos, forman parte de nosotros mismos y obran con la fuerza de la fatalidad. Por eso la cópula final de Fernando con la Ciega (que al nivel psicológico de él corresponde a la última cópula con las tres mujeres hacia las que ha experimentado una atrac-

---

[31] R. D. Souza, «Fernando as Hero in Sábato's *Sobre héroes y tumbas*», *HBalt,* 55, 1972, págs. 241-6, y T. Holzapfel, «El Informe sobre ciegos», en *Homenaje a Ernesto Sábato,* ed. H. F. Giacoman, Nueva York, 1973, páginas 143-56.

ción incestuosa: Ana María, su madre; Georgina, su prima; y Alejandra, su hija: y que al nivel simbólico representa un enfrentamiento con el espíritu mismo del mal), es una cópula con la Muerte. También Alejandra fracasa en su lucha por exorcizar los demonios interiores que la tienen encadenada a su pasión incestuosa, y se suicida. Con su muerte triunfa la incomunicación sobre el amor, y se cierra otra posible salida hacia la felicidad.

Es lógico, pues, que en el sexto capítulo de la Cuarta Parte se agudice la crisis espiritual de Martín. Pero existen ya en la novela elementos que preanuncian el final sereno. Para algunos críticos (Dellepiane, Oberhelman, Souza) figuran entre éstos la épica marcha de Lavalle hacia el Norte. Para otros (Coddou, Foster) el significado de la marcha es ambiguo. Como quiera que sea, el sentido del deber de Lavalle, la fidelidad del sargento Sosa, sobre todo la visión del alférez Olmos, insinúan que no todo en el mundo es abyección y angustia. Así que, cuando Martín reacciona después de su crisis y emprende el viaje hacia el Sur, asistimos a un acto que simboliza lo que Sábato ha llamado «una absurda metafísica de la esperanza», absurda porque arbitraria: la parte final de la novela coexiste con el resto como la esperanza coexiste con la angustia. No hay intento de conciliación ni de síntesis. Discrepamos en absoluto de la interpretación de Strout[32], según la cual la novela «entraña una promesa de armonía y reconciliación» y resulta «un milagro de síntesis». Todo lo contrario: «En la novela —afirma Sábato mismo— hay algo tan esencialmente contradictorio como en la vida»[33]. Comenta acertadamente Barrenechea, «Todo en *Sobre héroes y tumbas* es dual y opuesto —Fernando y Bruno, Alejandra y Georgina, la marcha de Lavalle hacia el Norte, la de Martín hacia el Sur, el oligarca y el proletario, la locura y la cordura, el amor y el odio—, y sobre estas oposiciones está estructurado el libro y sus personajes»[34].

Otro tanto ocurre con *Abaddón el exterminador*. Es un libro semiautobiográfico en el que el autor figura no sólo como personaje con su propio nombre, sino también como Bruno y Fernando de *Sobre héroes y tumbas* y como el misterioso R. Otra vez el tema básico es «ese desgarramiento entre su mundo conceptual [de Sábato] y su mundo subterráneo»[35]. Sólo que esta vez ha incorporado el autor sus estudios de ocultismo y parapsicología. La novela es un auténtico

[32] L. D. Strout, «Sobre héroes y tumbas», en *Novelistas hispanoamericanos de hoy*, ed. J. Loveluck, Madrid, 1976, págs. 197-235.
[33] E. Sábato, *El escritor...*, pág. 17.
[34] A. M. Barrenechea, *Sábato, un análisis de su narrativa*, Buenos Aires, 1970, página 193.
[35] E. Sábato, *Abaddón el exterminador*, Buenos Aires, 1974, pág. 43*.

cajón de sastre: recuerdos y confesiones personales, trozos de entrevistas y artículos, sátira de la sociedad burguesa de Buenos Aires, manifiesto literario, protesta política y largas secuencias de introspección, todo yuxtapuesto sin orden aparente. Lo medular del libro es una vez más el intento de interpretar «este tiempo de apocalipsis» (pág. 137). Uno de los apartados-clave (la novela no tiene capítulos) es el titulado «Seguía su mala suerte, es evidente» (páginas 143-57), donde Sábato reitera su convicción de la existencia del infierno, basándose en las pesadillas y las visiones de la locura. El apartado culmina con la afirmación de que los grandes creadores, los grandes videntes, están «condenados a revelar los infiernos» (página 156). Por eso, una larga serie de diálogos y episodios extraños (sacados éstos a veces de la experiencia personal directa de Sábato) replantean la hipótesis de Fernando en el *Informe* de un mundo diabólico entregado por completo a «potencias tenebrosas», «potencias negativas». Frente a ellas se erige la heroica búsqueda del absoluto por parte de un grupo de adolescentes, de los cuales uno, Marcelo, es capturado por la policía secreta y muere después de atroces torturas. En otro apartado de la novela se cuenta, con gran riqueza de detalles, la muerte de Ché Guevara. De algún modo, pues, como Sábato mismo aclara, el libro es una larga metáfora de la lucha entre el Bien y el Mal, «la metáfora de lo que puede suceder con la humanidad toda en un tiempo como éste» (pág. 21). En este sentido, como ha demostrado Bacarisse en el curso de su utilísimo análisis [36], *Abaddón el exterminador* sintetiza y profundiza todo lo que Sábato había escrito anteriormente.

## *Juan Carlos Onetti* (Uruguay, 1909)

La publicación en 1970 de las *Obras completas* de Onetti permitió, por primera vez, seguir con relativa facilidad la parábola creadora de este pionero de la nueva novela. Recordemos que su primera obra importante, *El pozo,* se publicó en 1939. En esta novela corta, que Rodríguez Monegal considera con razón «cifra de toda su obra posterior», existe una página fundamental —la penúltima— que nos introduce directamente a lo esencial del mundo onettiano. El protagonista, Linacero, cree haber alcanzado ya «un escepticismo casi ab-

[36] S. Bacarisse, «Abaddón el exterminador», en *Contemporary Latin American Fiction,* Edimburgo, 1980, págs. 88-109.

soluto» y un rechazo no menos total de sus prójimos: una especie de ataraxia, digamos, una pseudoserenidad. Pero de pronto descubre, debajo de este aparente desasimiento de todo, una gran angustia:

> ... siento que mi vida no es más que el paso de fracciones de tiempo, una y otra, como el ruido de un reloj, el agua que corre... Yo estoy tirado y el tiempo se arrastra, indiferente, a mi derecha y a mi izquierda..., estamos ciegos en la noche, atentos y sin comprender *(O. C.,* pág. 73) [37].

En el momento cumbre de *El astillero* (1961), la novela más importante de Onetti, otro protagonista, Larsen, hace un descubrimiento semejante:

> Yo haré porque sí... el acto número uno, el número dos y el tres, y así hasta que tenga que detenerme, por conformidad o cansancio, y admitir que algo incomprensible, tal vez útil para otro, ha sido cumplido por mi mediación (pág. 1131).

Tanto Larsen como Linacero experimentan el mismo asco y cansancio ante el espectáculo de una vida sin sentido que están como obligados a contemplar. No sólo sufren; están *conscientes* de sufrir, y de sufrir más que nada por algo abstracto: en Linacero, un desconcierto ante la vida no exento de curiosidad; en Lorca, el presentimiento de «el hueco voraz de una trampa indefinible» (pág. 1066) de la que no se puede escapar. La única salida posible sería un retorno a algún tipo de fe. Por eso Linacero admite varias veces su carencia fundamental: «Es cierto que nunca tuve fe» (pág. 70); «Hay posibilidades para una fe en Alemania» (pág. 71) [la Alemania de Hitler]; «Lázaro es un cretino pero tiene fe, cree en algo» (pág. 74). Sin la fe sólo queda la conciencia de la condenación al absurdo existencial y el recurso a tristes sucedáneos. El sucedáneo elegido por Linacero es la ensoñación. Vive —simbólicamente— en un tugurio mugriento, pero se refugia en sueños compensatorios de amor y de aventuras. Tales sueños lo enajenan aún más del mundo cotidiano y de los hombres; la incomprensión de éstos le hiere en lo más íntimo de su ser, y le convence cada vez más de la radical incomunicación que aparta a cada individuo de todos los demás. Sin embargo, no sólo cuenta sus sueños a otras personas, e incluso trata de realizar uno de ellos con su mujer, sino que, al final y casi inexplicablemente, los escribe, refugiándose en la creación literaria. Ahora, decimos inexplicablemente porque si la vida es absurda y la gente no comprende,

---

[37] J. C. Onetti, *Obras completas,* Méjico, 1970*.

¿para qué escribirlos y a quiénes dirigirlos? Onetti, como Borges, hallándose delante de un mundo confuso e incomprensible, crea obras de arte rigurosamente estructuradas y, en última instancia, comprensibles, cuya intención es —paradójicamente— revelar el caos existencial.

De las dos novelas de Onetti publicadas en los años 40, *Tierra de nadie* (1941) y *Para esta noche* (1943), la crítica tiende a prescindir casi por completo. Son obras mucho menos logradas que las posteriores, pero empiezan a definirse en ellas algunos de los temas y técnicas de la «Saga de Santa María». Aránzuru y Ossorio, sus personajes centrales, pertenecen a los que en obras posteriores «parten ya —como escribe Moreno Aliste— desde una moderada desesperanza para llegar a la noche o a la nada» [38]. Sin energías, sin ideales, sin compromiso con nada ni con nadie, se sienten condenados al fracaso y a la falsedad. Casi sádicamente Onetti manipula las situaciones— Aránzuru que busca en Katty un escuálido sucedáneo de su amor perdido por Mabel; Ossorio que, a regañadientes, procura salvar a la hija de Barcala y muerte inútilmente— de modo que todo (amor, heroismo) se converte en una triste farsa absurda. Además, como señala Jaime Concha, la «decisión voluntaria de creer en lo inventado» (el sueño de la isla compartido por Num, su hija y Aránzuru) prefigura el comportamiento de Brausen en *La vida breve*.

Una y otra vez, en el curso de este estudio, nos tropezamos con la inversión de los valores cristianos. En el mundo de la fe tradicional un camino posible para encontrar la propia identidad es el de apartarse del mundo corrompido y de las tentaciones carnales para buscar el autocumplimiento en la austeridad y la mortificación. En *La vida breve* (1950) Brausen elige otro camino, el de la autodegradación consciente o, si se quiere, el de la rebelión contra los valores morales de una sociedad burguesa absurda, para ir de este modo hacia el encuentro de sí mismo. En medio de su vida gris y mediocre de marido hastiado y de empleado mal pagado, y sobre todo de hombre espiritualmente frustrado, conscientemente dedicado a «la tarea de construir eternidades con elementos hechos de fugacidad, tránsito y olvido» (pág 499), descubre «que es posible vivir sin memoria ni previsión» (pág. 503). Desde ese momento su vida como Brausen «hombre pequeño y tímido» termina, dando lugar a dos sueños paralelos. En uno Brausen es Arce, el amante cínico y borracho de una mujerzuela. En el otro es Díaz Grey, el médico de una aburrida ciudad provinciana, Santa María, viejo, desapasionado, casi resignado

---

[38] X. Moreno Aliste, *Origen y sentido de la farsa en la obra de J. C. Onetti*, Poitiers, 1973, pág. 19.

a la inutilidad de todo. Son dos actitudes diversas ante la vida; una en cierto modo activa, la otra pasiva. Son, asimismo, dos tentativas de alcanzar lo que anhelan todos los protagonistas de Onetti: «la salvación», «la aceptación de la vida» (pág. 1334). Pero las dos actitudes no son igualmente ficticias, puesto que la vida de Díaz Grey nace de la fantasía de Brausen/Arce. Lo que Onetti quiere indicar quizá es que el tipo de «salvación» representado por el doctor Díaz Grey, ser espectador de la vida absurda con «el impreciso prestigio de la caballerosidad» (pág. 1286) en medio de la decrepitud moral de los demás, resulta mucho más ilusorio que las momentáneas irresponsabilidades de Arce.

Aparece visiblemente la influencia de Borges cuando el mundo de Brausen/Arce (presentado como real), después del asesinato de la Queca y la huida del protagonista con el asesino, entra en contacto con el mundo de Díaz Grey (presentado como imaginario). Hasta este momento ni Brausen ni Díaz Grey han logrado más que un muy parcial y precario estado de «salvación». Pero, en cierto modo, sus experiencias han desembocado en algo más positivo que la rutina anterior. Es lo más que admite Onetti. Pero quizás más importante que el «mensaje» existencial de la novela es el énfasis que pone Onetti en lo ficticio de todo, hasta el punto de introducirse fugazmente a sí mismo como personaje. *La vida breve* ocupa un lugar importante en la nueva novela, precisamente por la clara intención de Onetti de recordarnos, a cada paso, que se trata de un sueño dentro de un sueño, y que incluso el despertar de los personajes no es más que un despertar a otro nivel de sueño.

Con *La vida breve,* sobre todo la parte última, nace la «Saga de Santa María», que según se ha insinuado insistentemente es la fase faulkneriana de la obra de Onetti. Pero no hay que exagerar, porque Onetti sólo toma de Faulkner lo que Galdós toma de Balzac: unas técnicas narrativas. Convenimos con Turton que «Hay algo, sin embargo, que distancia a Onetti de su maestro: una ironía exacerbada, desengañada y burlona, una displicencia muy rioplatense, que hacen resaltar la insustancialidad de lo acontecido» [39]. A Santa María, triste lugar provinciano, con habitantes «tímidos y engreídos, obligados a juzgar para ayudarse, juzgando siempre por envidia o miedo», gente «desprovista de espontaneidad y de alegría» (pág. 1262), llega Larsen, descendiente directo del macró metafísico de Roberto Arlt. Llega, como Brausen cuando entra por primera vez en la habitación de la Queca, a realizar (sin gran entusiasmo) un sueño, a cumplir su íntima

---

[39] P. Turton, «Para una interpretación de *El astillero*», *Reflexión* (Ottawa), 2, 1974/5, pág. 292.

y humana «necesidad de luchar por un propósito, sin tener verdadera fe en él y sin considerarlo un fin» (pág. 821). Su propósito es fundar y regentar un prostíbulo, símbolo paródico (como más tarde será la gerencia del astillero arruinado de Petrus) de los ensueños del hombre.

*Juntacadáveres* (1964) y *El astillero* (1961), escritas más o menos paralelamente, desarrollan el único tema de Onetti: el del hombre que persigue una ilusión a sabiendas de que es una ilusión, y además una ilusión absurda, un «creer en fantasmas» (pág. 831). «Junta» Larsen es, por tanto, un amargo símbolo del hombre: un ente despreciable que pretende imponer una dirección a su vida inútil y sin finalidad, abrazando un ideal condenado de antemano a un fracaso ridículo. Constituyen lo medular de la novela las páginas en que Onetti, con evidente ironía, presenta a Larsen, «filatelista de putas pobres» (pág. 822) con su sueño de un burdel perfecto, como un hombre casi heroico, un hombre de auténtica vocación, quien es capaz de sacrificios para «vivir, seriamente, de acuerdo con sus convicciones» (pág. 872). En torno a él gravitan los siguientes: el joven Jorge Malabia, quien al final de la novela renuncia, con un definitivo y no tan doloroso, «Mierda», a su juvenil «ansia de cosa definitiva y universal» (pág. 856), el confuso y patético Marcos; el P. Bergner y la Liga de la Decencia (integrada por caballeros católicos y colegialas fanáticas); y el inevitable Díaz Grey, con su desengañado «afán de anulación» (pág. 912). Todos, a excepción de Jorge que ingresa en él al final, son habitantes de ese «tenebroso y maloliente mundo» (página 1227) que es, según Onetti, nuestra existencia, y que se resiste furiosamente a verse reflejado en el simbólico burdel de Larsen. En nombre de ideales igualmente mezquinos, por cobardía o por resentimiento, desbaratan el pobre ideal de éste y lo expulsan de Santa María.

*Juntacadáveres* es una novela que deja al lector un sabor amargo en la boca, un sabor de hipocresía y de estupidez. Pero a pesar de terminar con un suicidio (el de la cuñada de Jorge) no es una novela trágica. Sólo un momento preludia el tono de *El astillero;* es el momento en que Larsen, envejecido y derrotado, se da cuenta de que su auténtica personalidad, y con ella su ensueño, ha muerto y que ya no le queda por cumplir, «sino una serie de actos reflejos, visibles desde esta muerte a la otra» (pág. 894). En *El astillero,* sin embargo, como ha desmostrado Turton, Larsen intenta un último absurdo «regreso a la fe»: «comete el error de creer que él mismo (el Hombre) puede inventarle un sentido a la vida»[40]. Al asumir la gerencia del astillero

---

[40] *Ibíd.,* pág. 281.

arruinado de Petrus y cortejar a la hija semiloca de éste, Larsen remeda tristemente el papel de los que todavía creen en la acción social o en el amor. Dentro de él operan dos fuerzas contradictorias, «el espanto de la lucidez» (pág. 1105) y la creencia desesperada de que «no nació para morir, sino parà ganar e imponerse» (pág. 1114). Durante el curso de la novela la primera de estas fuerzas lentamente gana la partida sobre la segunda. En el episodio final, Larsen se reconoce a sí mismo tal como era en su juventud, en el mozo de servicio de su pensión: acanallado, pero todavía confiado en las posibilidades que ofrece la vida. Enloquece y muere, no tanto de pulmonía, cuanto de miedo y asco. En el fondo, todo eso lo contempla Díaz Grey «de pronto alegre, estremecido por un sentimiento desacostumbrado y cálido, humilde, feliz y reconocido porque la vida de los hombres continuaba siendo absurda e inútil, y de alguna manera u otra continuaba también enviándole emisarios, gratuitamente, para confirmar su absurdo y su inutilidad» (pág. 1113). Todo el helado pesimismo de Onetti sale a la superficie en el coloquio Larsen-Díaz-Grey y en el reconocimiento por parte de Larsen, un poco más tarde, de que el médico tenía razón. Onetti dota a Larsen de las tres cualidades que él admira más: la dureza, el coraje y el humor (página 1115); pero le condena inexorablemente al descubrimiento de que no sirven contra la inutilidad de todo, contra la soledad y contra la muerte. No hay esperanza sino para el escritor, quien encuentra en su tarea creadora «algo de deber, algo de salvación» (pág. 910).

*La muerte y la niña* (1973) lleva a su último extremo la ambigüedad típica de las novelas de Onetti. Aparece un nuevo personaje sanmariano, el repugnante Goerdel, hijo de pobres suizos de la colonia, a quien proteje el P. Bergner. Los dos se enredan en un juego de hipocresías recíprocas hasta que Goerdel abandona su improbable vocación eclesiástica y se convierte en el representante de los intereses económicos de la Iglesia en Santa María. El episodio central empieza a perfilarse cuando se descubre que un nuevo embarazo para la mujer de Goerdel significaría la muerte de ésta, mientras el marido no puede aceptar ni la continencia ni el uso de anticonceptivos. Por fin, Helge Goerldel muere, pero su marido se proclama inocente del 'crimen' implícito.

Una vez más Díaz Grey, como apunta Ludmer [41], funciona como receptor de la información que le aportan los demás. Procura, sin mucha ilusión, organizar los datos recibidos y llegar a cierto nivel de comprensión de lo que ha pasado; es decir, penetrar los designios

---

[41] J. Ludmer, *Onetti, los procesos de construcción del relato*, Buenos Aires, 1977, pág. 184.

misteriosos de Brausen, que simbolía un Dios o demiurgo cruel o decrépito. Terry [42] insinúa que el tema escondido de la novela es la paternidad y que la forma de la obra corresponde a la de un relato policíaco sistemáticamente vaciado de significado. Estamos de acuerdo, con tal de que se acepte la existencia de una relación metafórica entre los varios tipos de paternidad (siempre enfocados negativamente) que aparecen en *La muerte y la niña* y la orfandad espiritual del hombre. También la resignación de Díaz Grey ante el enigma que circunda la muerte de Helga Goerdel refleja el deseo de Onetti de lograr una actitud de resignada indiferencia ante la confusa realidad que se ve obligado a observar. Finalmente, el modo en que Goerdel, Bergner y Díaz Grey se engañan mutuamente o se autoengañan, siempre a sabiendas del proceso en que están involucrados y de las barreras que impiden la comprensión entre ellos, refleja el modo en que Onetti, al contar su historia, baraja ficciones que el lector comprenderá sólo a medias.

El tema de la paternidad, implícito en *La muerte y la niña,* se hace explícito en *Dejemos hablar al viento* (1979). El protagonista esta vez es Medina, el comisario de policía de Santa María, si bien con un pasado criminal, pintor a ratos, y amante de una tal Frieda, cantante y lesbiana. Aparentemente el argumento central de la novela tiene que ver con la seducción del hijo putativo de Medina, Seoane, por Frieda y la muerte de ésta a manos del joven, que luego se mata. Pero nos revela el tema auténtico de la obra el símbolo más importante, la ola que Medina simpre quiso pintar, y que al final aparece en un cuadro que él guarda bajo llave en su casa:

> Era una ola borrosa, con la cresta de un blanco sucio (agregar, por modestia, como dijo otro) de ópalo: inmunda mezcla de orines, ojos reventados. Elementos: vendas con sangres y pus, pero ya desteñidas; corchos con las marcas borradas; gargajos que podían confundirse con almejas; saliva de epiléptico, pedazos sin filo de yeso, restos de vómitos, bordes de muebles viejos y molestos, toallitas higiénicas semidesechas —pero, cualquier playa nuestra: todo absorbido por la ola y formando su espuma, su altura, su respetable blancura dudosa [43].

Más aún que Garmendia en *La mala vida,* más que Donoso en *El obsceno pájaro de la noche,* Onetti insiste en el horror y la repugnancia que inspira la vida. En dos capítulos (El Camino I y II), es-

[42] A. Terry, «Notes on *La muerte y la niña*», en *Contemporary Latin American Fiction,* ed. S. Bacarisse, Edimburgo, 1980, págs. 54-72.
[43] J. C. Onetti, *Dejemos hablar al viento,* Barcelona, 1979, pág. 99*.

tratégicamente colocados, comenta con palabras casi idénticas el viaje de la gran masa de los hombres «seguros, comunes, callados, recitadores, imbéciles» hacia la muerte que les espera «sin verdadera esperanza ni interés». Son los ilusos. Medina y Seoane, en cambio, comparten «Esta seguridad de haber llegado al fin» (pág. 174). Para ellos «Nada importa y nada se comprende. Y se sigue viviendo o se hace algo parecido» (pág. 179). Un poco trágicos, un poco burlones, buscan un estado de indiferencia cínica que la vida se empeña en negarles. Encarnan una desolación espiritual tan intensa que sólo puede expresarse en términos de inmundicia, de podredumbre y de abominación. Como Macondo, Santa María, con su creador Brausen, cruel y quizá impotente, equivale a una metáfora del mundo. Y como García Márquez, Onetti, mientras elabora la metáfora a través de 41 capítulos, insiste en su ficcionalidad, llamándonos la atención, una y otra vez, al hecho de que ésta es una novela. Hasta el punto de que el espectro de Larsen aparece (en un burdel, desde luego) para entregarle a Medina una página de otra novela de Onetti como si fuera un pasaporte que le permitiría a éste el regreso a Santa María después de un periodo de exilio. Como en Borges, el mundo se nos presenta como a la vez horroroso e irreal.

## Capítulo III

# Una década de transición, 1940-50

## II. Neoindigenismo y realismo mágico

*José María Arguedas* (El Perú, 1911)

Si bien es verdad, como apuntamos arriba, que después de *Doña Bárbara* de Gallegos (1929) la «novela de la tierra» entró en definitiva decadencia, no por eso desapareció de la narrativa hispanoamericana el escenario rural. Al contrario, por una de esas casualidades de la historia literaria, apenas la vieja fórmula de la novela criolla empezó a desprestigiarse, el tema rural cobró nuevo vigor bajo la forma de la novela indigenista, primero con Icaza y Ciro Alegría entre otros, y luego triunfalmente con Asturias y Arguedas. Varios son, en efecto, los puntos de contacto entre la obra de Arguedas y la de Asturias. Sus respectivos periodos productivos coinciden cronológicamente, y en ambos escritores un indigenismo renovado y más auténtico respecto al de Icaza y Alegría se amalgama con la nota de protesta contra el imperialismo económico y la consecuente explotación y opresión de los trabajadores.

Muerta su madre cuando Arguedas tenía sólo tres años, su madrastra le relegó a la cocina entre los siervos indios, y entre indios creció, hablando quechua, hasta que, adolescente ya, ingresó en una escuela religiosa en Abancay. Más tarde, a poco de ingresar en la Universidad de San Marcos, leyó «de un tirón» *Tungsteno* de Vallejo y *Don Segundo Sombra* de Güiraldes, que luego recordará como fundamentalmente importantes para su formación literaria. También, leyendo primero a Mariátegui y luego a Lenin, descubrió «un orden

65

permanente en las cosas»: el socialismo, que, según sus propias palabras al recibir el premio Inca Garcilaso en 1968, «dio un cauce a lo que había en mí de energía... Pero no mató en mí lo mágico».

Así preparado inició la redacción en 1933 de sus primeros cuentos. Estaba resuelto a superar el falso indigenismo sentimental y exótico (lo que hoy llamamos *indianismo*) de escritores peruanos como López Albujar y Ventura García Calderón, pero tropezaba con un problema técnico, quizá el único problema técnico que llegó a preocuparle de veras: ¿cómo iba a traducir al castellano la mentalidad y el modo de expresarse de indios que sólo hablan quechua? Escribió el cuento «Agua» empleando el lenguaje literario tradicional. Pero según su propia confesión: «me pareció que había *disfrazado* el mundo tanto casi como las personas contra quienes intentaba escribir»; así que por fin no tuvo más remedio que volver a escribirlo «en una forma completamente distinta, mezclando un poco la sintaxis quechua dentro del castellano en una pelea verdaderamente infernal con la lengua» [1].

Los tres cuentos de la primera edición de *Agua* (1933), que después reaparecen en *Diamantes y pedernales* (1954) y *Amor mundo y todos los cuentos* (1967), son casi autobiográficos. Muy homogéneos entre sí, relatan episodios de la vida de un niño blanco que quiso convertirse en indio. No quedan totalmente exentos del esquematismo en el tratamiento del conflicto entre terrateniente feudal e indios que caracteriza al indigenismo anterior. Todavía domina en los cuentos una visión algo estática de lo que Arguedas llamará «la dualidad trágica de lo indio y lo occidental» en el Perú. Pero hay algo nuevo: no sólo la aparición del indio que ha estado en la costa y vuelve ya concienciado (el Pantaleón de «Agua», a quien mata el terrateniente don Braulio), ni la rebelión simbólica del personaje-narrador en «Agua» y en «Los escoleros», sino también —y más importante— la comprensión de los valores de la comunidad india y la autoidentificación con sus creencias por parte del niño blanco. Es eso lo que constituye la nota de auténtica originalidad en estos relatos.

En «Agua» predomina una suerte de equilibrio: «equilibrio de entraña horrible», como lo llama Arguedas, entre «dos mundos irreductibles, implacables y esencialmente distintos: el terrateniente convencido hasta la medula, por la acción de los siglos, de su superioridad humana sobre los indios, y los indios, que han conservado con más ahinco la unidad de su cultura [2]. Pero en *Yawar fiesta* (1941),

---

[1] J. M. Arguedas, en *Primer encuentro de narradores peruanos,* Lima, 1969, página 41.
[2] J. M. Arguedas, «La novela y el problema de la expresión literaria en el

la primera novela de Arguedas, este equilibrio está ya a punto de ceder. El escenario de la novela es Puquio, pequeña ciudad de la sierra, en donde Arguedas había pasado parte de su adolescencia. La fiesta a la que se refiere el título es la corrida criolla, sin torero, en que el toro es muerto a dinamitazos por indios que se exponen no sólo a morir corneados, sino también a matarse con el estallido del explosivo. Es, como subraya acertadamente Cornejo Polar [3], una fiesta simbólica en la que lo hispano se enfrenta con lo indio, quedando destruido lo primero.

En efecto, la construcción de la carretera, la captura del toro el Misitu y finalmente la corrida misma, constituyen un trío de episodios cuya función es exaltar la capacidad de los indios, ya de llevar a cabo fenomenales tareas colectivas, ya de llegar a extremos de heroismo individual. En cambio la tentativa de impedir la celebración de la corrida por parte del subprefecto costeño y la mayoría de los terratenientes serviles y adulones, le permite a Arguedas analizar las pequeñas rivalidades y conflictos entre los patrones. Técnicamente *Yawar fiesta* resulta bastante defectuosa: el argumento se mueve episódicamente; los personajes aparecen en función de su posición dentro de la jerarquía social; sin degenerar por completo en figuras estereotipadas (don Pando y sobre todo don Julián —prefiguración este último de don Bruno Aragón en *Todas las sangres*— se redimen por su ruda sinceridad frente a la hipocresía de los demás patrones), no convencen plenamente como tipos psicológicos de interés. No hay héroe ni personaje central, y el punto de vista del narrador oscila peligrosamente entre la omnisciencia y un punto de vista parcial de los acontecimientos [4]. Sin embargo, *Yawar fiesta* se destaca como la primera novela importante que reivindica la validez del modo de ser del indio sin caer en el racismo al revés. Al revelar el resquebrajamiento del mundo de los blancos y la confusión ideológica de los mestizos, evita también el maniqueísmo típico de la novela indigenista anterior.

En *Los ríos profundos* (1961) reaparece el niño Ernesto, protagonista de «Agua», ahora estudiante en un colegio religioso de Abancay. Sacado de su «querencia», el *ayllu* indio donde había pasado su infancia, se encuentra de pronto encerrado en un ambiente hostil y malsano, como Gabriel Osborne en *El Sexto*. En medio de la violen-

---

Perú», en *Recopilación de textos sobre J. M. Arguedas*, ed. J. Larco, Buenos Aires, 1973, pág. 42.

[3] A. Cornejo Polar, *Los universos narrativos de J. M. Arguedas*, La Habana, 1976, pág. 400.

[4] Véase A. Castro Klaren, *El mundo mágico de J. M. Arguedas*, Lima, 1973, capítulo 3, «Realismo y retórica narrativa».

cia, la sexualidad reprimida y la atmósfera de culpa que rodean el colegio, sólo le quedan como refugio sus recuerdos de la vida india: sus valores, sus creencias, su visión mágica de la naturaleza, su música; todo esto está simbolizado por el *zumbayllu*, el trompo con el que Ernesto cree comunicar con su padre ausente y con el mundo del que se siente desarraigado. Lo medular de la novela es el proceso mediante el cual Ernesto, a través de una serie de experiencias negativas dentro y fuera del colegio, va cobrando conciencia de la vida como un perpetuo conflicto entre sol y sombra, entre bien y mal, en el que «el hombre contempla indeciso el mundo así disputado, sacudido por el sol y las nubes tenebrosas que se precipitan» [5].

Por medio de Ernesto, Arguedas se propone cumplir tres propósitos no del todo compatibles: seguir la evolución del muchacho desde su plena aceptación de un mundo en que «la armonía de Dios existe», hasta el momento en que empieza a cuestionar la existencia de tal armonía; expresar, mediante la exploración de la vida interior del niño, su asimilación de la mentalidad india; y, mediante sus experiencias en Abancay, introducir importantes elementos de crítica social. Contribuyen a la creciente enajenación de Ernesto del mundo de Abancay las repetidas violaciones de la Opa, la pobre demente blanca, por los colegiales; la malograda amistad con Antero, ya a punto de convertirse en un hacendado opresor; e fracaso del motín de las indias por el reparto de la sal; la humillación sufrida por el hermano Miguel, el sacerdote negro, y la alianza entre el director de la escuela, el P. Linares, y los militares que llegan para castigar a las indias y cazar a su jefa, doña Felipa. Tales episodios manifiestan «la corriente poderosa y triste que golpea a los niños cuando deben enfrentarse solos a un mundo cargado de monstruos de fuego» [6]. Refuerzan la fidelidad de Ernesto al mundo indio, nostálgicamente evocado a lo largo de todo el texto y presente sobre todo en su música. Hasta los grandes ríos que simbolizan las fuerzas vitales del mundo cantan. Su voz domina la conclusión de la novela; canta a esperanza, la victoria sobre el mal.

Al aparecer *Los ríos profundos* por primera vez, su conclusión no fue comprendida y le tocó a Arguedas explicarla. En la novela casi todo resulta ambiguo, incluso la presentación de la convivencia de blancos e indios. Arguedas se esfuerza por expresar la atracción y repulsa simultánea de las dos razas. Pero la conclusión ya no es ambigua. Así como en *Yawar fiesta* hay dos clases de indios: los comuneros inteligentes y fuertes, y los k'oñanis degenerados, en *Los ríos*

---

[5] J. M. Arguedas, *Los ríos profundos,* Buenos Aires, 1978, pág. 118.
[6] *Ibíd.,* pág. 42.

*profundos* se yuxtaponen las chicheras y los colonos. Son éstos, los siervos de hacienda, quienes por fin toman la ciudad, desafiando fusiles y ametralladoras para imponer su voluntad a los patrones. «Si los indios toman una ciudad... por una causa de orden religioso y mágico —escribió Arguedas en 1968— [7], ¿no sería posible que tomaran el mismo valor y aun mucho más si fueran compulsados por una razón de tipo social mucho más violenta?»

*El Sexto* (1961) es, sin duda, la novela más sensacional de Arguedas. Fue inspirada por la propia experiencia del autor, que estuvo preso en esa horrorosa cárcel limeña entre 1937 y 1938. Hay en el libro, como siempre en las obras de Arguedas, una fuerte simbología. Mucho más que la escuela de Abancay, el Sexto (como la escuela militar Leoncio Prado en *La ciudad y los perros* de Vargas Llosa) funciona como un microcosmos del Perú. Hay el mismo predominio de la violencia, la crueldad y la explotación. Hay también dos partidos políticos, el aprista y el comunista, que se enfrentan. El protagonista, Gabriel Osborne, rechaza la rigidez de principios de ambos grupos y, considerado ya francotirador, ya pequeño-burgués sentimental, aboga por una mayor comprensión de «el alma del pueblo [indio]». Lo que malogra hasta cierto punto *El Sexto* es, de nuevo, el papel representativo de todos los personajes y el peso del comentario directo e indirecto, que confiere a la novela un tono panfletario. Notamos, sin embargo, que *El Sexto* marca un paso adelante en el proceso de ensanchamiento de la visión de Arguedas, visión que ya abarca no sólo la sierra, sino también la capital, y que además incluye ahora en la problemática del país el avasallamiento que el imperialismo económico extranjero ejerce sobre el mismo.

Ya hemos indicado que Arguedas en *Yawar fiesta* había empezado a superar el concepto estático y dualista de sus primeros cuentos, pasando a documentar el mundo cada vez más ambiguo y complejo del Perú moderno. Donde más claramente se evidencia la evolución de sus actitudes es en *Todas las sangres* (1964). La novela, según Cornejo Polar, «relata la destrucción de un universo y sólo las primeras instancias de la construcción de otro» [8]. Castro Klaren ha identificado hasta once focos de conflicto en la novela, pero *grosso modo* pueden reducirse a tres, que forman como tres círculos concéntricos. Al círculo más pequeño corresponde el mundo de San Padro, un pueblo de la sierra. Protagonistas de este conflicto son los dos hermanos terratenientes don Bruno y don Fermín. Don Bruno, en cuya

---

[7] J. M. Arguedas, «La narrativa en el Perú contemporáneo», en *Recopilación...*, pág. 416.
[8] A. Cornejo Polar, *ob. cit.*, pág. 251.

personalidad compleja y contradictoria la crítica ha reconocido unánimemente la huella de Dostoyevski, representa inicialmente el pasado: es el amo absoluto y despótico por «mandato supremo de Dios». Por el contrario, su hermano, don Fermín, dueño de una mina de plata que quiere explotar con métodos modernos, tiene ya una mentalidad burdamente capitalista. Ya en *El Sexto* Arguedas había arremetido contra los que «se empeñan ahora en corromper al indio, en infundirle el veneno del lucro y arrancarle ... su modo de ser». Tal es, precisamente, el plan de don Fermín: «Agucemos primero en quienes es posible de esa gente, el estímulo de la ambición; unos contra otros; y luego el del predominio del individuo... y los manejaremos y aprovecharemos.» Frente a la amenaza reaccionan tanto don Bruno como Rendón Wilka, el cabecilla indio, quien, como Pantaleón en «Agua», ha adquirido otros hábitos mentales en Lima. En torno a este núcleo, el segundo círculo encierra el conflicto costa-sierra: poder central contra poder local. De hecho la novela termina (de modo ya tradicional) con la llegada del ejército y el fusilamiento de Rendón. Finalmente, en el círculo exterior habría que inscribir la lucha para impedir que el país entero sucumba al poder de los grandes Consorcios Internacionales.

El acierto de Arguedas en «este gran mural» (Castro Klaren) estriba en su capacidad de presentar las fuerzas principales que luchan entre sí como fuerzas que evolucionan a la vez que pugnan por sobrevivir o por imponerse. Es lo que da a la novela no sólo riqueza y complejidad, sino también una suerte de efervescencia interna que matiza, y a veces transforma radicalmente, las dicotomías iniciales. Los desaciertos técnicos: el abuso de diálogos, el afán por explicarse que tienen todos los personajes principales, la supeditación frecuente de la acción a la tesis, la intromisión del narrador, han sido largamente analizados por Castro Klaren. Aceptamos su conclusión, según la que «Se trata de una obra cuya concepción marca la cumbre de la imaginación creadora del novelista, pero cuya ejecución está invadida de deslices y descuidos propios de un novelista de poca experiencia» [9]. Añadamos que, como Asturias en su trilogía bananera, también muy anti-Consorcio e igualmente permeada por un humanismo vagamente socialista, Arguedas tiende a interpretar un proceso objetivo esencialmente económico-social en términos subjetivos de una lucha entre «alma» y «ambición», enturbiando así el mensaje ideológico del libro (ya bastante confuso) con la inserción de conceptos inverificables

---

[9] S. Castro Klaren, *ob. cit.*, pág. 186.

sacados de una tradición religiosa que él mismo había rechazado explícitamente.

En otro momento de su análisis Castro Klaren apunta certeramente que en *Todas las sangres*, «El mundo costeño parece funcionar eficientemente, mientras que el serrano está en crisis»[10]. La última, e incompleta, novela de Arguedas revela el envés de la «eficiencia» costeña. Ambientada en el puerto de Chimbote, *El zorro de arriba y el zorro de abajo* (obra póstuma, 1971), fue anunciada por el autor como «una novela acaso más difícil aún que *Todas las sangres*. A través del hervidero humano que es el puerto pesquero más grande del mundo, Chimbote [quería] interpretar mi experiencia del hervidero que es el Perú actual, y bastante, nuestro tiempo»[11]. Así como en *Los ríos profundos* había seguido la evolución de Ernesto hacia una visión cada vez más clara de «las sombras» de la vida, hasta que al final el P. Linares constata que el niño desea la muerte, en los cuatro diarios de *El zorro*... Arguedas documenta fríamente su propia evolución hacia el suicidio a finales de 1969. En los capítulos de la novela intercalados entre los diarios, el Perú mismo parece ir aproximándose a un suicidio colectivo. El *yawar maya* andino que venció al final de *Todas las sangres* parece haber cedido a los burdos sueños capitalistas de don Fermín, y peor aún, al triunfo del gringuismo. Las barriadas de Chimbote crecen vertiginosamente, llenándose de indios que bajan de la sierra para vivir como sapos en el lodo (por ejemplo, don Esteban), o para enriquecerse momentáneamente con la pesca, despilfarrando luego las ganancias en bares y burdeles organizados por la mafia con el propósito preciso de hacer regresar el dinero a las manos de Braschi, el gran empresario y agente del imperialismo económico extranjero (por ejemplo, Asto). La mayor parte de esta novela caótica refleja la vida laberíntica del puerto monstruoso, insistiendo, una y otra vez, en la destrucción moral de sus habitantes y (por la boca del más importante personaje-comentador, el loco Moncada), en que éstos no son, al fin y al cabo, más que «sirvientes de extranjeros».

No es ésta una novela de victoria (de lo auténticamente peruano) sino, como apunta Cornejo Polar, de resistencia contra la contaminación moral. Pero no todo en ella es pesimista. Entre peruanos (Ramírez, Caullama, Balazar) y gringos (Maxwell y hasta cierto punto el P. Cardozo) se encuentra gente de buena voluntad que se esfuerza por mantener la dignidad de sus conciudadanos y del país. Al nivel simbólico los dos zorros (el de la sierra y el de la costa) van acer-

---

[10] *Ibíd.*, pág. 163.
[11] Cit. E. Westphalen, en *Recopilación...*, pág. 301.

cándose. Se vislumbra, aunque lejana, la posibilidad de que nazca de este gran fermento una nueva patria. Lo que le obsesionaba a Arguedas era el temor de que mientras tanto se destruyera la cultura india. Según Vargas Llosa

> es la noción misma de «desarrollo», de modernización, de adelanto tecnológico, lo que es demoníacamente representado y exorcizado en el libro. La razón secreta de este rechazo es la intuición que nunca abandonó a Arguedas, de que este género de sociedad (aun cuando fuera de distinto signo ideológico) sólo puede surgir sobre las cenizas de esa sociedad rural, tradicional, mágica, en la que Arguedas veía lo mejor del Perú [12].

Son palabras que encierran la esencia del dilema intelectual de Arguedas.

## Miguel Ángel Asturias (Guatemala, 1899-1974)

Mientras en la Argentina, en torno al año 1926, se anunciaba un cambio de rumbo en la novela hispanoamericana, en Europa Miguel Ángel Asturias preparaba, entre 1923 y 1928, sus *Leyendas de Guatemala*. Se trata del libro que abre el camino hacia lo que más tarde iba a denominarse el realismo mágico. Una vez más el surrealismo fue la gran fuerza libertadora. «Para nosotros —afirma Asturias en 1973— el surrealismo representó... el encontrar en nosotros mismos, no lo europeo, sino lo indígena y lo americano, ...lo que nos proporcionó la posibilidad de escribir, por ejemplo, en el caso mío, no tanto las *Leyendas de Guatemala,* que son muy talladas a lo occidental, pero sí el *Cuculcán* que va en las leyendas y que ya es un tema absolutamente indígena» [13]. Sobre un fondo de tradiciones orales escuchadas en su infancia, con la aportación del *Popul Vuh* y los *Anales de los Xahil* que estudiaba y traducía en la Sorbona, y con el estímulo del surrealismo, Asturias crea estas leyendas poemáticas, con su amalgama de realidad nostálgicamente evocada, de sueño y de mito, que llamarán la atención de Paul Valéry, el prologuista de la edición francesa.

Pero Alejo Carpentier, quien pocos años más tarde iba a iniciar una trayectoria en cierto modo paralela a la de Asturias (París —surrealismo— *Ecue-Yamba O),* nos advierte en su ensayo «De lo real

---

[12] M. Vargas Llosa, *La utopía arcaica,* Cambridge, 1978, pág. 28.
[13] M. A. Asturias en L. López Álvarez, *Conversaciones con M. A. Asturias,* Madrid, 1974, pág. 80.

maravilloso americano» en *Tientos y diferencias,* que «lo maravilloso comienza a serlo de manera inequívoca cuando surge de una inesperada alteración de la realidad (el milagro) de una revelación privilegiada favorecedora de las inadvertidas riquezas de la realidad», o sea, cuando la fantasía nos descubre una nueva dimensión de significado. Sólo más tarde, con *Hombres de maíz,* Asturias logrará hermanar armoniosamente lo mítico-maravilloso con la dura realidad de la vida indígena.

Mientras tanto, ampliando un corto relato, «Los mendigos políticos», Asturias escribió su más famosa y más discutida novela, *El Señor Presidente.* Empezada en 1923, sólo se publicó en 1946. Himelblau [14], tras analizar los artículos periodísticos publicados por Asturias en la década de los años 20, concluye que a raíz de la caída de Estrada Cabrera («El señor Presidente» de la novela) y el encumbramiento sucesivo de Orellana (no menos siniestro y traidor a los intereses del país), Asturias sufrió una honda desilusión política. Hay que tenerla en cuenta al interpretar *El Señor Presidente.* Es, desde luego, un libro de protesta militante. Tal es, de hecho, el aspecto destacado casi unánimamente por la crítica: la descripción de un régimen dictatorial en términos de terror, maldad y muerte. En las cuatro cadenas de episodios que integran la trama predominan el miedo y la crueldad. Es más, la crueldad *arbitraria* se erige en sistema político. Como dice el Auditor de Guerra: «La regla de conducta del Señor Presidente es no dar esperanzas y pisotearlos y zurrarse en todos porque sí.» De forma que la afirmación de Asturias que «El elemento característico es el miedo; no es un producto literario sino humano, real» [15], resulta plenamente justificada. La novela transmite magistralmente lo aterrador de tales regímenes. En ese sentido, pertenece a la gran tradición que se remonta hasta *Amalia* del argentino Mármol, aunque su antecedente más directo sea *Tirano Banderas* de Valle-Inclán. Pero puntualiza también Asturias que «lo más importante en mi libro es el estudio de la degradación de los valores morales de todas las capas de la sociedad de arriba abajo» [16]. Y cabe sospechar, mientras se lee la novela, que tal degradación es *anterior* al encumbramiento del Presidente. Aquí no se nos ofrece (como en el drama del puertorriqueño René Marqués *La muerte no entrará en Palacio)* el espectáculo de un pueblo fundamentalmente sano oprimi-

---

[14] J. Himelblau, «The Sociopolitical Views of M. A. Asturias, 1920-30», *HispI,* 61, 1977, págs. 61-80.

[15] M. A. Asturias en una entrevista con C. J. Cela, *PSA,* 57, núms. 185-6, 1971, pág. 125.

[16] *Ibíd.*

do por un tirano a quien aborrece, pero al cual no puede derrocar (recordemos que Estrada Cabrera por fin tuvo que dimitir). Se trata, en cambio, de un pueblo corrompido y abyecto, de blancos y mestizos que explotan y oprimen no sólo a los indios, sino también a sus semejantes, a la vez que adoran masoquísticamente al hombre que los pisotea y desdeña. No menos importante que las escenas de torturas resulta la autojustificación del Presidente mismo, quien se refiere en el capítulo 37 a «un pueblo de gente de voy... que por falta de voluntad no hace ni deshace nada..., nadie hace nada, y, naturalmente, soy yo, es el Presidente de la República el que lo tiene que hacer todo». Las palabras del estudiante: «Tratemos de romper esta puerta y de ir a la revolución» suenan irónicas dentro del calabozo. Representan un sueño. La realidad la encontramos en el pueblo de «cómplices de iniquidad» y en los amargos párrafos que cierran la novela.

Sería erróneo, pues, interpretar *El Señor Presidente* exclusivamente como novela de protesta, relacionando el cuadro de la putrefacción social que nos ofrece (analizado en profundidad por Carlos Navarro)[17] sólo con el régimen dictatorial. Ya varios críticos habían vislumbrado detrás del tema aprente de la novela una metáfora de la condición humana. Pero le tocó a Yepes Boscán[18] señalar, por primera vez, la importancia fundamental de la inversión del mito cristiano como estructura de fondo de *El Señor Presidente*. El presidente, omnipresente, omnisciente, todopoderoso, es un Tohil, un Dios del mal. Símbolo degradado de lo cristiano es el Pelele (=idiota). La rebelión de Cara de Ángel parodia la rebelión de Lucifer: esta vez triunfa el mal. Escribe Yepes Boscán:

> La novela simplemente subvierte los términos... Miguel Cara de Ángel, el favorito, comete un acto de soberbia y desobediencia contra el *Señor* Presidente (el novelista trastoca la identidad Dios-Bien), al poner en libertad y enamorarse de Camila. Ella origina su caída y muerte (inversión positiva de la identidad Rebelión satánica-Mal). De esta manera, alterado el mito, trastoca todos los valores... La temporalidad de esta obra que aparenta ser lineal y dinámica al máximo, resulta, por el contrario, mítica, circular, reiterativa del mal (página 111).

En efecto si, como resulta evidente, las dos fuerzas opuestas en *El Señor Presidente* son el amor y la muerte, y si el Presidente emplea

---

[17] C. Navarro, «La desintegración social en *El Señor Presidente*», *RevIb*, número 67, 1969, págs. 59-76.
[18] G. Yepes Boscán, «Asturias, un pretexto del mito», *Aportes*, París, número 8, 1968, págs. 99-116.

el amor mismo para destrozar sucesivamente a Niña Fedina, a Canales y a Cara de Ángel, ¿cómo no reconocer que el mensaje del libro es el del triunfo inevitable del mal? Es forzoso aceptar la conclusión de Verdugo [19] de que el mundo de *El Señor Presidente* es un mundo «en que los hombres terminan por aceptar como culpa la vida verdadera, lo que al desquiciar el sentido de la existencia hace de la novela un cuestionario irresoluble».

El interés que ofrece *El Señor Presidente* no se limita a su temática. De igual importancia es su técnica narrativa. No se trata sólo de innovaciones aisladas como los monólogos interiores de Cara de Angel con los que el *stream-of-thought* entra a formar parte del arsenal expresivo del novelista hispanoamericano, o el uso sistemático de elementos surrealistas. Las novedades fundamentales son dos: una nueva concepción de la novela como «una hazaña verbal», y una nueva actitud ante la realidad. En 1966, al reconocer explícitamente en Asturias «uno de los grandes renovadores de la novela latinoamericana», Carlos Fuentes subrayó estos dos elementos dentro de su obra: el lenguaje y lo mágico [20]. Si Fuentes mismo hubo de declarar luego que lo que predomina en la nueva novela es la exporación del lenguaje, se debe a la influencia directa de Asturias. No es exagerado afirmar que la preocupación por el lenguaje que caracteriza a todos los nuevos novelistas, y que culmina en cierto modo en *Tres tristes tigres* de Cabrera Infante, por ejemplo, empezó a manifestarse en la obra de Asturias.

Aún más importante resulta la rotunda afirmación de Asturias en *El Señor Presidente* (cap. 26), de que «Entre la realidad y el sueño la diferencia es puramente mecánica». Su gran novela no es un documento histórico o social; todo en ella ha sido «ficcionalizado» hasta producir una descripción artística y artificiosa de la realidad. En el realismo tradicional el proceso «ficcionalizante» fue deliberadamente encubierto por el novelista, convencido como estaba de la primacía de lo objetivo. Pero ya hemos visto que en el siglo xx se va mermando progresivamente la confianza del escritor en su capacidad de comprender la realidad objetiva, y hasta su fe en la existencia de tal realidad. Nos vamos quedando únicamente con la realidad de la psique. En todo caso el modo en que el arte refleja la vida es siempre «simbólico». No puede jamás ser «verdadero». Es imposible

---

[19] I. H. Verdugo, «*El Señor Presidente,* una lectura estructuralista», en M. A. Asturias, *El Señor Presidente,* Obras completas, III, París, 1978, clvii-ccviii.

[20] Carlos Fuentes y E. Rodríguez Monegal, «Situación del escritor en América latina», *MN*, 1, 1966, págs. 19-20.

verificar lo que está representado, ya que nos refleja a nosotros, al hombre, y no hay otro reflejo que ofrezca puntos de comparación.

He aquí por qué, de Asturias (y, como veremos, de Carpentier) en adelante, gran parte de la nueva novela se caracteriza por lo que se llama el realismo mágico o fantástico. En el realismo mágico ya no se ocultan los elementos de ficción añadidos a lo observado, sino que se presentan bajo la forma de una subestructura «mítica» que subraya el significado de lo no-mítico. No se trata de simple fantasía, sino de la adición a la narrativa de una dimensión más honda que enlaza, e incluso aúna, lo «subjetivo» y lo «objetivo». No cabe duda de que El Señor Presidente, en la que G. M. Martin acertadamente reconoce «la primera novela totalizadora» de América latina [21], sea ya un ejemplo de realismo mágico. La mitificación del Presidente, su identificación con Tohil, la inversión del mito de Lucifer, todos son «elementos añadidos» no-realistas, que, sin embargo, expresan, de una manera particularmente eficaz, la realidad de un régimen opresor. Por eso es falso hablar, con Rodríguez Monegal, de dos Asturias: el de El Señor Presidente y Week-end in Guatemala, y el de Hombres de maíz y Mulata de tal.

En Hombres de maíz (1949) se intensifican los procedimientos de El Señor Presidente sin cambiarse mayormente. Se trata, como aclaró el mismo Asturias, de una novela «en que se confunden, sin límite alguno, la irrealidad real, como diría Unamuno, de lo legendario con la vida misma de los personajes» [22]. En uno de sus niveles de lectura Hombres de maíz es una novela social, en la línea de El mundo es ancho y ajeno de Ciro Alegría. Sólo que, en este caso, la lucha se entabla no entre indios y latifundistas blancos, sino entre indios de mentalidad tradicional, para quienes el maíz es algo sagrado que no debe cultivarse por puro lucro, y los maiceros ladinos que cultivan el maíz únicamente para enriquecerse. En la primera parte de la novela Asturias contrasta la mentalidad de los indios (vista a través del cacique Gaspar Ilóm, su mujer la Piojosa y su hijo Martín, identificados, respectivamente, con la tierra, la lluvia y el maíz) con la de los ladinos capitaneados por el coronel Chalo Godoy. Más tarde se precipita el conflicto, que termina con la masacre de los hombres de Gaspar por envenenamiento y la muerte de Gaspar mismo. Su lucha y su muerte son transformadas por la imaginación de los indios en leyenda. En las partes 2, 3 y 4 se des-

[21] G. M. Martin, «El Señor Presidente, una lectura contextual», en M. A. Asturias, El Señor Presidente, Obras completas, III, París, 1978, lxxxiii-cxxxix.

[22] M. A. Asturias en R. Trigueros de León, «M. A. Asturias», Cultura, San Salvador, 1, 1955, pág. 108.

cribe el castigo de los asesinos de Gaspar Ilóm y su banda, visto por los indios como la venganza de la tierra llevada a cabo por «los brujos de las luciérnagas».

El problema de la novela para el crítico estriba en la dificultad de enlazar este aspecto de *Hombres de maíz* con la parte final, «María Tecún» y «Correo-Coyote», sobre todo teniendo en cuenta que esta última sección de la novela resulta en sí tan larga como todo lo demás junto: en efecto, constituye la mitad de la novela. Una atenta lectura revela aquí tres líneas de episodios, en realidad, tres búsquedas. Goyo Yic busca a su mujer María Tecún; Hilario busca a Nicho; Nicho también busca a su mujer desaparecida, y por fin encuentra a María Tecún. Cada búsqueda termina con una revelación. Hilario, el escéptico, al encontrar el coyote (el nahual de Nicho) se convence simbólicamente del fondo de verdad que tienen las leyendas y desaparece de golpe de la novela. Goyo, al reencontrar a su mujer, vuelve con ella y con sus hijos al cultivo de la tierra, reintegrándose a la vida tradicional del indio amenazada por los maiceros al principio de la novela. Nicho, el personaje central, tras una larga odisea en la que va guiado por el curandero (el «sabio» de los cuentos folklóricos), llega a entrever confusamente que las dualidades tierra-lluvia, hombre-mujer inasequible, simbolizan la incapacidad del hombre de reconciliar la realidad con sus sueños y aspiraciones. Este sentimiento, no trágico sino inarmónico, de la vida, contrasta con el pesimismo de *El Señor Presidente*.

Hablando de *Hombres de maíz* (en que uno de los subtemas es precisamente el proceso de creación de las leyendas populares), Ariel Dorfman afirma que «El desarrollo arbitrario de la leyenda es en realidad un movimiento hacia lo humano perdurable»[23]. En efecto, a lo largo de su trilogía bananera: *Viento fuerte* (1950), *El Papa Verde* (1954) y *Los ojos de los enterrados* (1960), a la que habría que agregar los relatos de *Weekend in Guatemala* (1954) y —siempre en la línea revolucionaria— *Viernes de dolores* (1972) y *Dos veces bastardo* (1974), Asturias utiliza cada vez más los mitos guatemaltecos hasta convertirlos, como ha señalado Dessau[24], en la expresión de una esperanza. Con la trilogía mencionada Asturias renueva la vieja novela antiimperialista que había tenido cierto auge entre 1925 y 1950. Nos referimos, por ejemplo, a *La sombra de la Casa Blanca* de M. Soto Hall (1927), *Canal Zone* de D. Aguilera Malta (1935) y

[23] A. Dorfman, «Hombres de maíz», en *Homenaje a M. A. Asturias,* ed. H. F. Giacoman, Nueva York, 1971, págs. 233-59.
[24] A. Dessau, «Mito y realidad en *Los ojos de los enterrados*», en Giacoman, *Homenaje...*, págs. 219-29.

*Mamita Yunai* de Carlos Luis Fallas (1941), entre muchas otras novelas dedicadas al tema. La trilogía adolece de todos los defectos típicos de las novelas de protesta; división de los personajes en simpáticos y antipáticos, simplificación del proceso histórico, y falta de distanciamiento psicológico por parte del autor. Sobre todo en este caso advertimos lo poco convincente que resulta la alternativa propuesta por Asturias, quien, frente a la industrialización de la producción bananera, aboga por un anacrónico sistema de cooperativas. Una y otra vez en la trilogía descubrimos lo paradójico de la actitud de Asturias: autor revolucionario (en *Los ojos de los enterrados* sobre todo), quien, sin embargo, tiende íntimamente hacia el rechazo de todo lo moderno. A pesar de los esfuerzos de Castelpoggi y Bellini por presentar la trilogía bananera como una obra lograda, en última instancia lo que demuestra esta fase de la obra de Asturias es que (como escribe Vargas Llosa) [25] los escritores para quienes la actualidad es una obligación moral «entienden la literatura como un periodismo mejor escrito».

La última fase narrativa de Asturias comprende cuatro obras: *El ahijadito* (1961), *Mulata de tal* (1963), los relatos de *El espejo de Lida Sal* (1967) y la novela histórica *Malandrón* (1969). En las tres primeras y señaladamente en *Mulata de tal* (con mucho la más lograda), Asturias, ya superado el momento traumático de su exilio y de la intervención yanqui en Guatemala que refleja la trilogía bananera y sus apéndices, vuelve nostálgicamente a la tarea de «expresar el sentir y el pensar de las gentes de mi raza..., revivir todos los mitos, revivir todas las creencias, recrear todas las leyendas» [26]. El resultado es a veces desconcertante. Asturias ahora da rienda suelta a su incomparable dominio de la plasticidad verbal; y a veces parece que este inmenso derroche de fantasía está dirigido nada más que a fijar lo perecedero de la mitología india. Pero tanto Bellini como Olazagasti y Leon Hill [27] insisten en que, por debajo del aspecto «arqueológico» de esas obras y su evocación nostálgica de lo folklórico, laten preocupaciones más hondas. «Yo soy mestizo y tengo la parte indígena —afirmó Asturias a López Álvarez— [28], y esa parte lucha con mi parte española.» Si identificamos con «la parte española» no sólo

[25] M. Vargas Llosa, «Sartre, veinte años después», *Cambio,* Madrid, 372, 21 de enero de 1979, pág. 57.

[26] M. A. Asturias, en L. López Álvarez, *ob. cit.,* pág. 163.

[27] G. Bellini, *La narrativa de M. A. Asturias,* Buenos Aires, 1969, página 196; A. Lorand de Olazagasti, «*Mulata de tal*» en Giacoman, *Homenaje...,* página 270; E. Leon Hill, *M. A. A. lo ancestral en su obra literaria,* Nueva York, 1972, pág. 182.

[28] M. A. Asturias, en L. López Álvarez, *ob. cit.,* pág. 163.

el cristianismo, sino también muchas actitudes propias del mundo europeo progresista, podemos descubrir sin esfuerzo esa lucha íntima a la que se refiere Asturias en los episodios de *Mulata de tal*. Es decir, que hay en la novela no sólo una evocación de la cultura tradicional guatemalteca, sino también una defensa de la misma.

En cierto modo el tema de *Mulata de tal* es la dinámica del cambio cultural. La mulata simboliza el mito lunar, las fuerzas del mal. El personaje central, Celestino Yumi, la encuentra después de haber vendido a su mujer Catalina al diablo Tazol. Se trata, como cuando se cultiva el maíz por puro lucro en *Hombres de maíz*, de un acto que rompe el ritmo del universo y desencadena el mal. Al recobrar a su mujer, Celestino no escarmienta y los dos salen para Tierrapaulita, «la ciudad universitaria de la brujería», para salir de pobres «jugando el todo por el todo». En esta segunda fase de la novela, que termina como la primera con un horrendo terremoto y la destrucción apocalíptica de todo, luchan por apoderarse del alma de los hombres los demonios mayas contra los demonios cristianos. El hombre, habitante de un mundo por el que Dios (el «Rumiante Divino») ya no se interesa, se encuentran en el centro de un conflicto de fuerzas inexplicables del mal y termina como Yumi, aplastado física y espiritualmente tras haber perdido toda noción de «la verdad de las cosas». Su culpa es «pretender existir aislado, ajeno a los millones de destinos que se tejen y se destejen alrededor suyo» [29]. Al perder la idea de la «comunidad» (idea-clave de la ideología de Asturias) se convierte en un ser ficticio a la merced de fuerzas diabólicas. En la integración con la colectiviadd encuentra su única, frágil defensa contra la enajenación total. Así el humanismo socialista de Asturias, para llamarlo de algún modo, que le valió el premio Lenin (1966) antes del Premio Nobel, queda arraigado en las creencias antiguas de su pueblo.

*Alejo Carpentier* (Cuba, 1904-80)

Ya hemos visto que en la «trilogía bananera» de Asturias, y más aún en *Todas las sangres* y *El zorro*... de Arguedas, predomina un doble imperativo: reivindicar la cultura indígena y denunciar el imperialismo económico de las grandes compañías internacionales. *Ecue-Yamba 0* (1933), la primera novela de Carpentier (escrita en la cárcel

---

[29] M. A. Asturias, *Mulata de tal*, Buenos Aires, 1963, pág. 162.

de La Habana estando preso el autor por haber firmado en 1927 un manifiesto contra el imperialismo y contra el dictador Machado), cumple el mismo imperativo. La fábrica azucarera que destruye el mundo natural y sencillo en donde naciera el héroe Monogildo tiene una función idéntica a la de la mina de don Fermín en *Todas las sangres,* o a la hacienda bananera industrializada en *Viento fuerte.* Los ritos y las ceremonias «vudú» a que se entrega Monogildo en La Habana tienen el mismo significado entre protector y comunitario que el sistema de compadrazgos, de clubs y de cofradías que existe en el Chimbote de *El zorro...* El propósito de la novela es, pues, contraponer dos mentalidades, la negra y la blanca, y protestar contra todo lo que injustamente aplasta los valores primitivos, arcanos pero profundamente humanos, que están asociados con la primera. Parte del interés de la obra de Carpentier, desde el punto de vista de la historia de la novela en Hispanoamérica, estriba en constatar cómo el autor supera esta temática y avanza hacia nuevos derroteros.

Entre 1933 y 1944 (fecha de «Oficio de tinieblas» y *Viaje a la semilla)* Carpentier guarda silencio. Primero en París (1928-39) y luego de regreso a Cuba (1939-45) trabaja en la radiodifusión, pero queda siempre en estrecho contacto con el mundo literario. En París frecuenta, con Asturias, el círculo de poetas y pintores surrealistas, y, como ocurre con Asturias, el toque mágico del surrealismo le ayuda a descubrir lo real maravilloso de América. Nunca se hará demasiado hincapié en la importancia del surrealismo en el despegue de la nueva novela. De hecho Carpentier confiesa: «el surrealismo significó mucho para mí. Me enseñó a ver texturas, aspectos de la vida americana que no había advertido»[30]. Pero faltaba otro elemento: el contacto con el mundo mágico del Caribe fuera de la misma Cuba. En 1943 Carpentier realiza un viaje a Haití y confirma su convicción de que «En América el surrealismo resulta cotidiano, corriente, habitual»[31]. A raíz de este viaje escribe *El reino de este mundo* (1949).

Es el año de *Hombres de maíz.* Y así como la novela de Asturias presenta el conflicto entre maiceros y comuneros desde la perspectiva de la visión mágica y mítica propia de la mentalidad india, así Carpentier presenta una serie de episodios conflictivos de la historia de

---

[30] A. Carpentier, «Confesiones sencillas de un escritor barroco», en *Homenaje a Alejo Carpentier,* ed. H. F. Giacoman, Nueva York, 1970, pág. 21.

[31] Cit. R. González Echevarría, «Notas para una cronología de la obra narrativa de A. Carpentier, 1944-54», en *Estudios en honor de J. J. Arrom,* ed. A. Debicki y E. Pupo-Walker, Chapel Hill, Estados Unidos, 1974, páginas 201-214.

Haití a finales del siglo XVIII y principios del XIX, vistos por el esclavo negro Ti Noel, el único personaje de ficción de la novela. En ambas obras el tema fundamental es el choque de dos culturas, visto no de forma realista (aunque en *El reino de este mundo* todo es rigurosamente histórico), sino «dejando que *lo maravilloso* fluya libremente de una realidad estrictamente seguida en todos sus detalles[32]. También cabría sostener que el tema de *El reino de este mundo* es la supervivencia invencible del espíritu libertario del hombre; tema manoseado si los hay, pero rejuvenecido en este caso por un hallazgo genial: el identificar el anhelo de libertad de los esclavos con el vudú. De este modo, como puntualiza Volek[33], la novela viene a ser todo lo contrario de una mera «sucesión de hechos extraordinarios ocurridos en la isla de Santo Domingo» (como afirma Carpentier, en el prólogo). Los episodios están organizados dialécticamente en torno a dos conceptos antagónicos que vuelven a aparecer en *El siglo de las luces:* la circularidad de la historia y el imperativo vital que empuja al hombre a rebelarse contra este movimiento en círculo. El primer rebelde es Mackendal, brujo negro, quien, al ser derrotado y ejecutado, se convierte, como el Gaspar Ilóm de Asturias, en un mito. Bouckman, el segundo rebelde, es otro *haungán*, otro mago vudú, que dirige la rebelión en nombre del dios de la guerra, Ogún; pero ya con una rudimentaria conciencia política. También fracasa su insurrección, pero el poder de los blancos se tambalea; es el momento de solicitar el apoyo de la Francia revolucionaria. Llega Paulina Bonaparte, quien, a su vez, durante la agonía de su marido se entrega a las secretas potencias del Radá. El vudú libertador ha vencido lo criollo y lo europeo. Finalmente, surge la figura de Henri Christophe, el fabuloso rey negro, quien cae por haber querido ignorar el vudú, cuya voz, mientras tanto, se ha hecho escuchar hasta en Roma, capital del Catolicismo.

Característicos de *Ecue-Yamba 0,* según Sommers[34], son el tono fatalista y la ausencia de protesta, debidos ambos a «una visión de la existencia como ciclo preordenado». Al final de *El reino de este mundo,* en cambio, Ti Noel, en un momento de iluminación, llega a comprender que «la grandeza del hombre está precisamente en querer mejorar lo que es»; en imponerse «Tareas», a sabiendas de que nunca saciará su sed de felicidad y justicia. Es también el mensaje de *El siglo de las luces.*

---

[32] A. Carpentier, prólogo a *El reino de este mundo.*
[33] E. Volek, «Análisis e interpretación de *El reino de este mundo*», en Giacoman, *Homenaje...,* pág. 173.
[34] J. Sommers, «*Ecue-Yamba 0*», en *Estudios en honor de J. J. Arrom,* página 237.

Esta novela, escrita después de que Carpentier conociera directamente la Revolución Cubana, ha puesto en serio apuro a ciertos críticos. No ha faltado quien la llamase abiertamente «antirrevolucionaria», atribuyendo a su contenido, tardíamente comprendido, la destitución de Carpentier en 1967 de su puesto de director de la Editorial Nacional de Cuba. Sin embargo, teniendo en cuenta los últimos párrafos de *El reino de este mundo* y el simbolismo del cuadro «Explosión en una catedral», de gran importancia para la verdadera comprensión de *El siglo de las luces,* resulta fácil interpretar el pensamiento del novelista. Esteban, uno de los tres personajes centrales, participa activamente en las actividades de los jacobinos durante la Revolución Francesa, sea en Francia, sea en las Antillas. Por fin, como Ti Noel, llega al desencanto, a la idea de «la inutilidad de toda rebeldía». Además la contemplación del cuadro le lleva a comprender que no todo se desmorona durante una revolución: hay «resistencia, perdurabilidad y reconstrucciones» de lo pasado. En suma, todo proceso revolucionario comprende mutaciones de rumbo, contradicciones y transigencias, hasta derrotas. Pero no por eso hay que desistir de la lucha contra la opresión. De la misma manera que Ti Noel lanza su declaración de guerra a los nuevos amos de Haití, así Esteban y Sofía se echan a la calle y mueren con los héroes del Dos de Mayo en Madrid, han quedado fieles a la «Tarea» de mejorar el orden existente de las cosas.

*El siglo de las luces* narra, pues, la vida de tres personajes arrastrados por el vendaval de la Revolución Francesa. Contagiados por las ideas de Víctor Hugues, Esteban y su prima Sofía se lanzan a la aventura revolucionaria. El escenario cambia de La Habana a París, Bayona, la Guadalupe, Cayena, Paramaribe, Madrid; ocurren con creciente rapidez los más variados sucesos. Pero el interés del lector se centra en la evolución —ideológica más que psicológica— de los tres protagonistas. Al principio el ritmo es ascendente. Hugues, entregado cuerpo y alma al jacobinismo de Robespierre, llega a ser comisario de la Convención, Acusador Público sanguinario en Rochefort. y gobernador de la Guadalupe. Durante esta fase de su carrera arrastra consigo a los dos jóvenes. En cambio, en la segunda mitad de la novela, Hugues se convierte primero en un dictador arbitrario, luego en un vulgar oportunista y, finalmente, en un abyecto reaccionario. Simbolia la Revolución traicionada. Mientras tanto, Esteban y Sofía, evolucionando paralelamente, recobran poco a poco su libertad de pensamiento y acción. Templados por sus experiencias, en 1808, aceptan de nuevo la necesidad del sacrificio heroico.

*El siglo de las luces* es, pues, mucho más que una novela histórica o una simple novela de ideas; es, como ha demostrado Dumas [35], una novela filosófica cabal. No es tampoco una novela pesimista. Vale la pena subrayar en este sentido el contraste entre Carpentier y Fuentes. Para este último (en *La muerte de Artemio Cruz*) la Revolución Mejicana fracasa también a causa de la mediocridad, el oportunismo y la traición de sus partidarios. Pero al final todo viene a ser parte de un vasto proceso de entropía cósmica en el que «un río de cambio» lo lleva todo hacia la destrucción y la nada. En cambio para Carpentier, «el furor y el estruendo, la turbamulta y el caos de las convulsiones colectivas» tiene, a pesar de todo, un sentido.

*Ecue-Yamba 0, El reino de este mundo* y *El siglo de las luces* forman un grupo aparte dentro de la producción novelística de Carpentier. Otro grupo está formado por las obras en que desempeña un papel preponderante el tema del tiempo. *Viaje a la semilla, El camino de Santiago* y *Los pasos perdidos* son novelas que tratan el regreso en el tiempo, la circularidad del tiempo y la evasión del tiempo. Con la primera dejamos atrás la prehistoria de la obra de Carpentier, ya que «Oficio de tinieblas» (1944) y «Los fugitivos» (1946) son cuentos más o menos tradicionales sin virtuosismos técnicos ni elementos de fantasía. *Viaje a la semilla* (1944) entronca, por una parte, con el mundo maravilloso afrocubano de *El reino de este mundo* mediante el personaje del negro viejo, cuyo gesto vuelve hacia atrás la marcha del tiempo. Por otra parte, entronca con un aspecto clave del cuestionamiento de la realidad típico de la novela moderna. Porque la realidad incluye el tiempo; y si ya no nos sentimos tan seguros de poder comprender la realidad exterior a nosotros (si es que existe), ni nuestra realidad interna psicológica, ¿por qué privilegiar el tiempo? Así, lógicamente, en la narrativa de Borges, de Rulfo, de Fuentes, de García Márquez y otros, el tiempo deja de ser lineal y cronológico y entra a formar parte de nuestro entorno enigmático. *Viaje a la semilla* narra la vida, bastante mediocre, de don Marcial, Marqués de Capellanías, pero en orden inverso de tiempo, o sea, desde su muerte hasta antes de su nacimiento. Es, aparentemente, un truco genial del autor. Pero mirando más de cerca notamos dos cosas: mientras la vida del marqués camina hacia atrás, el tiempo de la narración sigue caminando hacia adelante, ya que todo ocurre entre una tarde y la mañana siguiente. Es más, en el sexto capítulo el marqués mismo tiene una visión momentánea del tiempo que invierte su ruta: un regreso dentro del regreso. Esto es: a la yuxtaposición de dos líneas de tiempo se añade una alusión al misterio del tiempo. No menos «borgiano» es el relato «Semejante a la no-

[35] C. Dumas, «*El siglo de las luces*», en Giacoman, *Homenaje...*, págs. 327-63.

che» (1949), que con *El camino de Santiago* (1954?) y *El acoso* (1956) integran *Guerra del tiempo* (1958). Al interpretar los dos cuentos cortos la crítica no se ha fijado bastante ni en el final de *El reino de este mundo* ni en la declaración de Carpentier acerca del mensaje de *El siglo de las luces:* «Los hombres pueden flaquear, pero las ideas siguen su camino y encuentran al fin su aplicación» [36]. Una de las intuiciones más profundas de Carpentier enseña que el hombre nunca cumplirá integralmente sus propósitos, que sus ideales siempre sufren contaminaciones más o menos graves, pero que paulatinamente se logra un resultado positivo. Por eso hay que desechar como errónea la tendencia a insistir en las ideas de fatalidad, de Eterno Retorno y del trabajo interminable e inútil de Sísifo como claves de la obra de nuestro autor. Juan de Amberes, pese a sus caídas y desfallecimientos, parte otra vez, al final de *El camino de Santiago,* rumbo al Nuevo Mundo para asumir su «Tarea», y lleva consigo la aprobación del Santo. En «Semejante a la noche», el mejor de los relatos cortos de Carpentier, asistimos a cuatro momentos de la vida de un joven durante los preparativos para una gran expedición naval. A medida que se desarrolla el relato comprendemos que estos momentos abarcan un lapso de tiempo que va desde la expedición de Agamenón contra Troya hasta la salida de una flota norteamericana durante la segunda guerra mundial. La idea es que «el hombre es a veces el mismo en diferentes edades» [37], o sea, que de ordinario emprende su «Tarea» ya un poco decepcionado, sabiendo de antemano que «detrás de la empresa que se escudaba con tan elevados propósitos, había muchos negocios» (cap. 4), pero, sin embargo, la emprende, y contribuye con su pequeño esfuerzo al lentísimo progreso humano.

Una y otra vez en los ensayos «Problemática de la actual novela latinoamericana» y «Papel social del novelista» *(Tientos y diferencias, 1964)*, Carpentier aboga por una novela que llegue «más allá de la narración», que nos vincule con «lo universal sin tiempo» y que no sólo *exprese* su época, sino que la *interprete.* Donde más ambiciosamente ha intentado llevar a cabo esta personal «Tarea» de novelista es en *Los pasos perdidos* (1953), con razón considerada su obra maestra. Hasta ahora no se ha observado que el héroe-narrador que huye del caos enajenador de Nueva York para buscar su identidad perdida (como artista y como hombre) en la selva del Orinoco, simboliza explícitamente al hombre occidental. Hijo de padre suizo-alemán protestante y de madre latina católica, confluyen en él los dos

---

[36] A. Carpentier, «Autobiografía», *Bohemia,* La Habana, 28, julio de 1965.
[37] A. Carpentier, «Confesiones...», en *Giacoman, Homenaje...,* pág. 29.

grandes grupos occidentales. Nacido en Hispanoamérica, emigra a los Estados Unidos, y pasa dos largas temporadas en Europa. Su vida, pues, enlaza ambas partes del Nuevo Mundo con el Viejo Mundo. Es, además, un traumatizado por las dictaduras y por los horrores de la última guerra: un desarraigado; en suma, un representante de la humanidad moderna. Su alienación contagia hasta su actividad creadora: en vez de dedicarse a la música auténtica, se vende a Tin Pan Alley. De pronto, sin embargo, se le presenta la oportunidad de huir. Se marcha al Orinoco llevando a cuestas todo el peso de su inautenticidad.

En el mundo de lo real maravilloso descubre que su viaje no se hace sólo en el espacio, sino también en el tiempo, conforme pasa de la ciudad «romántica» al pueblo colonial, y, finalmente, a la selva ya casi medieval (y hasta con elementos prehistóricos). Mientras tanto, abandona a su amante Mouche, caricatura de la mujer moderna, enamorándose de Rosario, quien, como él, viene a ser una «viviente suma de razas». En Santa Mónica, en medio de la selva, recobra su capacidad creadora, pierde su temor al tiempo, y supera rápidamente su fase anterior de desencanto, angustia y degradación moral. Pero el ambiente edénico de la selva se revela ya contaminado. Aparecen en la comunidad del Adelantado los signos premonitorios de la civilización opresora. Además el narrador no logra integrarse por completo en la comunidad; le falta el valor moral necesario para matar a un criminal peligroso; necesita papel para ultimar su partitura musical. El sueño de evadirse de la vida de la gran metrópoli moderna se viene abajo. Se terminan «las vacaciones de Sísifo»; el artista tiene que volver a su propio siglo y emprender de nuevo (pero con una más clara visión de sus responsabilidades) la tarea de crear el futuro.

A primera vista, *Los pasos perdidos* roza peligrosamente con la novela de tesis. El cuadro de la vida en Nueva York resulta caricaturesco; los personajes femeninos no convencen; todo está subordinado a un contraste exagerado entre la vida moderna urbana y la vida «auténtica» de la selva: una especie de «civilización y barbarie» al revés. Lo que salva la novela son el genial hallazgo de un viaje a través del tiempo desde lo moderno a lo antiguo y el personaje del narrador. Éste, como el Artemio Cruz de Fuentes, es un antihéroe arquetípico. A medida que avanza la novela, va descubriendo en sí mismo la ignominia que hermana a todos los hombres, la tendencia a ocultar y a traicionar la parte más noble de su personalidad. Descubre también la inseguridad, la voluntad de autocrítica —¡tan fácilmente reprimida!— y ese mínimo de aspiración ética disimulado detrás de varias capas de autoengaño (no siempre eficaz), en que todo lector se reconoce. En este punto todo se hace de repente ambiguo. ¿Cómo no dudar de la versión de los hechos que nos ofrece semejante narrador? De repente la esquematización, lo caricaturesco y los contrastes exagerados, a los que ya hemos aludido, pasan a relacionarse no con el pensamiento de Carpentier, sino con aspectos de la personalidad del narrador, y la novela gana en profundidad psicológica, lo que pierde (pero la pérdida no es total) en impacto ideológico.

Hemos dejado aparte *El acoso* (1956) para trazar las dos grandes líneas de desarrollo dentro de la obra de Carpentier. Como *Pedro Páramo* de Rulfo, *El acoso,* a pesar de su brevedad, ocupa un lugar especial dentro del proceso de desarrollo de la narrativa moderna latinoamericana, y por dos razones. En primer lugar, por su sorprendente originalidad técnica, estudiada a fondo por Giacoman y Volek [38]. La novela sigue el modelo de la *Heroica* de Beethoven, que suena en el trasfondo de la obra. La sinfonía y la acción resultan sincronizadas: la exposición, temas, variaciones y coda de aquélla tienen su equivalente en ésta. Es un ejemplo único de virtuosismo; pero de un virtuosismo un poco gratuito. El lector no enterado no lo nota y, al enterarse, no ve fácilmente la relación entre la obra de Beethoven y la trama de la novela. El segundo aspecto importante de *El acoso* tiene que ver con la trama misma y más precisamente con su ambigüedad. La novela se centra en un estudiante que hacia 1933 se afilia en La Habana a un grupo terrorista. Al ver como el grupo deja instrumentalizar por otras fuerzas políticas, el joven traiciona sus propios ideales (no muy claramente entendidos), delata a sus compañeros y termina asesinado por dos de éstos al final de un concierto. A un nivel, magistralmente analizado por A. J. Carlos [39], se trata de la condena por parte de Carpentier de un muchacho débil e ideológicamente mal preparado, que vive y muere engañándose. La música de la *Heroica* viene a ser un comentario irónico a la muerte de este «títere hueco». Pero no se puede aceptar sin más la afirmación de Carlos, según la cual «Carpentier no escribe [*El acoso*] para revelarnos la tragedia de la condición humana, sino para mostrarnos una vida mal vivida» (pág. 383). Tanto Volek como Serra [40] dan por sentado que la novela tiene otra dimensión simbólica o alegórica en la que el acosado representa al Hombre que, a pesar de su flaqueza, es capaz de arrastrar sus propias deficiencias y quizás de superarlas

[38] H. F. Giacoman, «La Sinfonía Heroica y *El acoso*»: E. Volek, «Análisis e interpretación de *El acoso*», en Giacoman, *Homenaje...,* págs. 439-65 y 385-438.
[39] A. J. Carlos, «El antihéroe en *El acoso*», *ibíd.,* págs. 367-84.
[40] E. Serra, «Estructura y estilo en *El acoso*», en Z. Palermo y otros, *Historia y mito en la obra de A. Carpentier,* Buenos Aires, 1972, págs. 153-79.

mediante una suerte de catarsis espiritual antes de cumplir su condena.

*El recurso del método* (1974) y *La consagración de la primavera* (1978) son, en muchos aspectos, novelas complementarias. La primera, como apunta Bockus Aponte [41], «puede considerarse como la historia de la destrucción de un mundo»; en este caso del presidencialismo «sin rumbo ni doctrina» de los Estrada Cabrera, Juan Vicente Gómez, Gerardo Machado y compañía, representado aquí por el corpulento, cínico y afrancesado Primer Magistrado. El hallazgo técnico de la novela reside en su estructuración en torno a dos ambientes: París, en los capítulos 1, 3 y 7, y la capital del país centroamericano dominado por el dictador, en los capítulos 2, 4, 5 y 6. Gracias a este vaivén geográfico, Carpentier dispone de una arma de doble filo con la que puede atacar, por un lado, las reglas del juego (los «Recursos del Método», pág. 143) [42] del dictador: golpe de Estado, elecciones fraudulentas, gringuismos, represión militar, etc., y, por otro lado, el París de la «belle époque», acogedor refugio de dictadores de zarzuela. *El recurso del método* es la historia de un politicastro pícaro, no del todo antipático, muy criollo bajo su frac francés, sangriento a veces, pero sobre todo encerrado en el círculo mágico de un sistema político que se iba repitiendo desde hacía más de un siglo. Encarna el Primer Magistrado un mito: el mito del hombre de orden, garante de las jerarquías sociales establecidas y de las inversiones de las compañías internacionales. Pero «había algo nuevo en el país, imprevisible en sus manifestaciones, arcano en sus mecanismos, que el mandatario no acertaba a explicarse» (pág. 190). Es el nuevo mito marxista encarnado en el Estudiante, cuyo movimiento por fin derroca al dictador, relegándolo a una vida de nostálgicos recuerdos en un París que ya lo ha olvidado. La entrevista de los dos hombres es el punto cumbre de la novela.

Ahora bien, el Estudiante triunfa, pero no logra todavía asumir el gobierno del país, ya que, como subraya Carpentier en *La consagración...* (reasumiendo una vez más la esencia de su pensamiento), «Hay un inconciliable desajuste entre el tiempo del Hombre y el tiempo de la Historia. Entre los cortos días de la vida y los largos, larguísimos años del acontecer colectivo» (pág. 83) [43]. *La Consagración...* es una larga crónica del triunfo en Cuba de ese «algo nuevo» de *El recurso...* a través de fracasos y claudicaciones, sea por parte de

---

[41] B. Bokus Aponte, «La creación del espacio literario en *El recurso del método*», *RevIb.*, 96/7, 1976, págs. 567-72.

[42] A. Carpentier, *El recurso del método*, La Habana, 1974.

[43] A. Carpentier, *La consagración de la primavera*, 4.ª ed., Madrid, 1979.

los protagonistas (dos pequeños burgueses más o menos progresistas), sea por parte de los comunistas (tratados éstos, sin embargo, con muy evidente cautela). La división de la novela entre Vera, quien es rusa, y Enrique, hijo de cubanos ricos, concienciado por su participación en la guerra civil española, pero ideológicamente confuso, permite a Carpentier distanciarse de los acontecimientos, quedarse como espectador y evitar, muy inteligentemente, hasta cerca del final, una actitud abiertamente «comprometida». La descripción de la lenta transformación de los protagonistas y de la sociedad que habitan, está perfectamente lograda hasta el capítulo 39, cuando la llegada de Fidel Castro a La Habana anuncia el fin de la desorientación existencial de los dos personajes centrales. Luego, con la participación del cincuentón Enrique en la batalla de la Bahía de los Cochinos, la novela se convierte en una película de John Wayne, con heroismos, reconciliaciones y el *happy ending* inevitable. No porque exalta el triunfo de la Revolución Cubana resulta decepcionante el final de *La consagración...*, sino porque, empeñado en la tarea de expresar el talante épico de la victoria de Fidel y de aprobar por fin las realidades y los hechos de la Revolución, Carpentier parece olvidarse de su propio mensaje: en ningún momento histórico el hombre se exime de su trabajo de Sísifo.

CAPÍTULO IV

# El "boom" I

Después del año 50 resulta ya imposible respetar, siquiera aproximadamente, una cronología basada en la fecha de nacimiento de los escritores individuales o en la fecha de publicación de su primera obra importante. Como ejemplo ilustrativo podríamos citar el de Lezama Lima, que, aunque nacido en 1912, no publica su primera novela, *Paradiso,* hasta 1966. En cambio, Vargas Llosa, nacido veinticuatro años más tarde, alcanza la notoriedad con *La ciudad y los perros* en 1963.

No hay más remedio, entonces, que agrupar a los autores del *boom* más o menos arbitrariamente. Hemos optado por dedicar un capítulo a los cuatro novelistas indudablemente más importantes, de modo que el lector pueda formarse una idea de lo que constituye el fundamento del fenómeno literario que vamos estudiando, es decir, la línea de desarrollo que va de *Rayuela,* la primera novela de éxito y casi escandaloso del *boom,* a *Cien años de soledad,* la obra-cumbre de los años 60.

En un segundo capítulo incluimos a los demás novelistas que, según nuestro parecer, pertenecen al *boom* propiamente dicho, excluyendo a otros (como Puig, por ejemplo) que en realidad, como veremos, son los líderes del post-*boom* o del *boom* junior.

*Julio Cortázar* (La Argentina, 1914)

Dentro de la narrativa moderna argentina Arlt, Mallea, Sábato y Cortázar forman un grupo relativamente compacto, cuyos temas preferidos son esencialmente dos: la soledad y el desasosiego metafísico.

Frente a ellos Macedonio Fernández, Borges y Bioy Casares se diferencian por el papel más importante que desempaña en sus obras la fantasía y la importancia menor del tema de la soledad. El *trait d'union*, entre todos ellos, es la obsesión metafísica: Arlt y Cortázar se aproximan a Macedonio, Borges y Bioy Casares por su tendencia a asociar el humorismo con la inquietud existencial, lo que en el caso de Cortázar da la famosa «cachetada metafísica».

Como Sábato, Cortázar parte de la premisa de que se ha venido abajo «el optimismo filosófico y científico del siglo XVIII», con su concepción de «un mundo regido, más o menos armoniosamente, por un sistema de leyes, de principios, de relaciones de causa a efecto» (son palabras del mismo Cortázar en «Algunos aspectos del cuento»), dejando al hombre contemporáneo radicalmente desorientado. Como consecuencia surge la necesidad de buscar una nueva orientación (no es casual que las estrellas reaparezcan simbólicamente, una y otra vez, en la obra de Cortázar), sin apoyarse en las abstracciones tradicionales racionalistas o religiosas.

Una vez más el surrealismo parece haber abierto el necesario «resquicio», a través del cual se puede vislumbrar el «otro orden más secreto y menos comunicable». De hecho Cortázar se ha referido al movimiento surrealista como «la más alta empresa del hombre contemporáneo como previsión y tentativa de un humanismo integrado» [1]. En otras partes de su obra, Cortázar ha explicado que la búsqueda de la nueva orientación existencial equivale a una «empecinada búsqueda ontológica» [2], a un «asomarse al caleidoscopio [es decir, la caótica realidad aparencial] y entender la gran rosa policroma, entenderla como una figura, *imago mundis*» [3], al esfuerzo por alcanzar el «Yonder», el *kibbutz*, la última casilla o el centro del mandala. Una vez alcanzado este «punto central donde cada elemento discordante puede ser visto como un rayo de la rueda» [4] (nótese la diferencia de actitud entre Cortázar y el Borges de «La escritura del Dios» o de «El Aleph» con respecto a esto), el protagonista de la novela (=el hombre) no sólo habrá encontrado la solución del enigma existencial, sino que habrá entrado también en armonía consigo mismo, superando la terrible otredad de los demás y evadiéndose de la soledad.

El asterisco que aparece en las notas indica que el número de las páginas entre paréntesis en el texto se refiere a la misma edición que se cita en la nota.

[1] J. Cortázar, «Irrealismo y eficacia», *Realidad*, 6, Buenos Aires, 1949, página 253.

[2] J. Cortázar, *Último round*, Méjico, 1970, pág. 200 (cit. L. Scholz, *El arte poético de Julio Cortázar*, Buenos Aires, 1977).

[3] J. Cortázar, *Rayuela*, 7.ª ed., Buenos Aires, 1968, pág. 533.

[4] J. Cortázar, *Los premios*, Buenos Aires, 1970, pág. 100 (cit. Scholz).

El primer protagonista característicamente cortazariano es, sin duda, Johnny Carter de «El perseguidor» (1959), que forma parte de la colección *Las armas secretas*. El mismo Cortázar ha indicado a Harss que «En 'El perseguidor' quise renunciar a toda invención y ponerme dentro de mi propio terreno personal, es decir, mirarme un poco a mí mismo. Y mirarme a mí mismo era mirar al hombre, mirar también a mi prójimo»[5]. El elemento básico del relato es el contraste entre Johnny y el narrador. Johnny, saxofonista de genio e inventor del estilo *be-bop* (el modelo fue Charlie Parker) es, como la Maga de *Rayuela*, un individuo relativamente inculto; es además un drogadicto, un bohemio y, a intervalos, un caso patológico de alienación mental. El narrador, Bruno, en cambio, es un tipo representativo de la *inteligentzia* burguesa: un crítico de jazz racionalista, puritano, conformista, muy pagado del éxito de su libro sobre Johnny. Al ir leyendo «El perseguidor» vamos enterándonos de lo que falta en este libro de Bruno, hábilmente confeccionado, pero en realidad superficial, pues se ignora el lado profundo de la personalidad de Johnny. Mientras viaja en el *metro* de París (es decir, en un simbólico laberinto subterráneo) Johnny experimenta la sensación de evadirse del tiempo. También, y más todavía, a través de la música, Johnny se revela capaz de entrever la puerta que se abre sobre la «otra realidad». Así como hasta el cafishio de Arlt era un cafishio metafísico, así el saxofonista de Cortázar resulta nada menos que un músico metafísico, que sin abstracciones, sin cultura, sin palabras, logra aproximarse al *Yonder*. Esto lo consigue, sin embargo, al precio de estar angustiosamente consciente en otros momentos de lo inestable de la realidad, del misterio de su propia personalidad, de su radical soledad y de su inminente muerte. La tragedia de este místico (ateo) del absoluto es que se sabe destinado a morir antes de haber logrado «la seguridad, el encuentro... cuando todo está resuelto». La ironía del relato está en que Johnny consigue perturbar el racionalismo cómodo de Bruno revelándole la «cobardía personal» que significa tal actitud ideológica, sin que éste se sienta mínimamente obligado a comprometer el éxito de su libro modificando la segunda edición. El intelectual, el hombre de conceptos mentales y de palabras, no sólo se reconoce incapaz de ajustar su propia actitud existencial a la verdad de Johnny, sino que oculta tal verdad en su biografía del saxofonista para ahorrarse complicaciones con el público. Sin embargo, «en privado, en esto que escribo», el cuento mismo, se confiesa con honradez.

Para el lector «macho», el lector que quiere sentirse participante

---

[5] L. Harss, *Los nuestros*, 2.ª ed., Buenos Aires, 1968, pág. 274.

en el libro, «El perseguidor» es un relato que se explica demasiado. Mientras *Los premios* (1960) es ya una obra más ambigua. Publicada nueve años después de que Cortázar se marchase definitivamente de la Argentina, agrupa a una serie de personajes que parecen seleccionados para satirizar a los porteños típicos mediante una descripción de su comportamiento social y sexual durante un crucero que han ganado en una lotería. Pero poco a poco nos damos cuenta de que este microcosmos porteño no ha sido creado sólo con fines satíricos. En seguida, como indica MacAdam [6], el barco en que viajan los personajes «se convierte en otra cosa», y los pasajeros se encuentran de pronto en una situación de prueba. A un nivel, el *Malcolm,* en el cual a los pasajeros se les permite vivir y divertirse cómodamente a cambio de que no hagan ciertas preguntas, no insistan en interrogar al comandante, o superen ciertos límites, se convierte en un símbolo de una sociedad gobernada de modo arbitrario y liberal. Los pasajeros que intentan penetrar a mano armada en la zona prohibida del barco (que incluye el puente de mando) se ven rechazados a tiros, y uno de ellos encuentra la muerte. El representante de las autoridades, el Inspector, sofoca toda tentativa de dar publicidad a la rebelión, y todo vuelve a la normalidad. Superpuesta a la sátira de los primeros capítulos hay, pues, una denuncia de la tiranía política.

Pero «En un sentido existencial» (explicó Cortázar a Harss), «el hecho de querer llegar los personajes a toda costa a la popa, de querer cumplir cada uno un trayecto predeterminado, significa en cada caso buscar la propia realización personal, humana» [7]. Adentrarse en los pasillos bajo la popa del *Malcolm* equivale a entrar en el laberinto existencial en busca de un *Yonder.*

En la misma declaración a Harss, Cortázar sugiere que tal exploración «es un proceso más pueril que en *Rayuela,* menos complejo». Sin duda; pero el proceso es el mismo. Llegar al «paraíso» de la rayuela es lo mismo que explicarse el misterio de la popa del *Malcolm.* Pero la diferencia es que en *Rayuela* Cortázar cortó sus amarras con la novela tradicional. En efecto, a pesar de sus dos niveles de significado, del misterioso simbolismo de la popa del barco y de los soliloquios de Persio, *Los premios* pertenece todavía a la categoría de novela rollo-chino. Su trama se desarrolla lógicamente hasta alcanzar un clímax narrativo que coincide con la muerte de Medrano; se respeta la cronología y los personajes se presentan con claras motivaciones psicológicas. Aunque el autor se pregunta en cierto mo-

---

[6] A. J. MacAdam, «Los premios», en *Homenaje a Julio Cortázar,* ed. H. F. Giacoman, Nueva York, 1972, pág. 293.
[7] L. Harss, «Cortázar o la cachetada metafísica», *MN,* 7, 1967, pág. 62.

mento «¿Pero quién está mirando y sabiendo todo eso?», y uno de los personajes, Paula, ya duda de los métodos tradicionales de expresión literaria, en *Los premios* todavía no se llega a cuestionar seriamente las formas viejas de narrar. En realidad en «El perseguidor» y *Los premios* Cortázar había creado lo que iba a llamar en *Rayuela* «un falso orden que disimula el caos» [8]; había sugerido la ininteligibilidad, el caos y el absurdo del universo en obras cuya estructura configuraba un orden (artístico) comprensible y lógico. En *Rayuela* (1960), en cambio, se trata no ya de *sugerir,* sino de *representar directamente* el absurdo, el caos y el problema existencial mediante una técnica nueva conscientemente elaborada con este propósito. Lazlo Scholz, en su excelente libro sobre la teoría y la práctica literaria de Cortázar, analiza a fondo los recursos de que echa mano el novelista, mientras E. Picón Garfield demuestra, con gran lujo de detalles, cuánto debe al surrealismo [9].

En *Rayuela* Cortázar se enfrenta directamente con el problema de expresar «en términos de novela lo que otros, los filósofos, se plantean en términos metafísicos. Es decir, las grandes interrogantes...» [10]. Y para resolverlo se ve forzado a «echar abajo las formas usuales» de la novela (son palabras de Morelli en *Rayuela),* a crear *ex profeso* una antinovela, sin una trama convencional, sin suspense (más bien empleando sistemáticamente el anticlímax), sin comentario psicológico directo, casi sin descripciones y sin cronología precisa. Una antinovela, en suma, que aparentemente refleja la incoherencia, la discontinuidad y el desorden de la vida, desde una multiplicidad de enfoques narrativos y con un lenguaje renovado: «Pues difícilmente se puede construir una nueva representación verbal de la realidad con los recursos de la vieja retórica narrativa. No se puede denunciar nada si se lo hace dentro del sistema al que pertenece lo denunciado» (pág. 509). Otros rasgos, también presentes, serán «la ironía, la autocrítica incesante, la incongruencia, la imaginación al servicio de nadie» (pág. 452). Enfrentando así lo absurdo con lo absurdo, como explica Scholz, Cortázar logra no sólo quebrar los hábitos mentales del lector, sino también convertir la novela misma en un instrumento de exploración metafísica.

La peregrinación espiritual de Oliveira, el protagonista, empieza en París, donde vive con su amante la Maga y el hijo pequeño de ésta, Rocamadour, en una habitación que también sirve de cuartel

---

[8] J. Cortázar, *Rayuela,* 7.ª ed., Buenos Aires, 1968, pág. 116*.
[9] E. Picón Grafield, *¿Es Julio Cortázar un surrealista?,* Madrid, 1975.
[10] M. García Flores, «Siete respuestas de Julio Cortázar», *Revista de la Universidad de México,* xxi, núm. 7, 1967, pág. 11.

general para un círculo de amigos, artistas e intelectuales, los cuales con la Maga misma funcionan como interlocutores de Oliveira en las largas conversaciones que ocupan la mayor parte del texto. Fiel a su principio, según el cual «la novela que nos interesa no es la que va colocando los personajes en la situación sino la que instala la situación en los personajes» (pág. 543), Cortázar introduce muy pocos episodios, si bien se destacan los del concierto grotesco de Berthe Trepat, el de la muerte de Rocamadour mientras los del círculo discuten las grandes preguntas existenciales, y el encuentro de Oliveira con la *clocharde* Emmanuèle que termina con la repatriación obligatoria de aquél. Ya en Buenos Aires Oliveira trabaja con sus amigos, el matrimonio Traveler-Talita, primero en un circo y luego en un manicomio, donde el repatriado enloquece a su vez y posiblemente se mata.

Una vez más la busca queda frustrada: *Rayuela* termina no sólo ambiguamente, sino también con un último anticlímax. De hecho, en ninguna obra de Cortázar se consiguen más que visiones fugaces de un «otro lado» más hipotético que real y verdadero. Tienen razón desde un punto de vista los que como Scholtz reprochan a Cortázar el no haber siquiera intentado formular una ética y una metafísica nuevas para fundamentar su visión de un *Yonder* auténtico. Pero si el novelista fracasa en este plano, en otro creemos que su éxito es innegable: es el plano en que se propone «extrañar» y «enajenar» a sus lectores en el sentido de hacernos «intuir de otra manera casi todo lo que constituye nuestra realidad» (pág. 503). En el fondo la diferencia entre Borges y Cortázar se reduce a eso: Borges quiere hacernos desconfiar de nuestras ideas habituales acerca de la realidad, y muchas veces explora la realidad como si ésta funcionase de otra manera. Cortázar, en cambio, rechaza la dicotomía entre una «realidad» posiblemente falsa y una «fantasía» posiblemente verdadera. En lugar de eso postula la existencia de varias realidades parciales de las que nosotros escogemos una para instalarnos cómodamente en ella (como Bruno en «El perseguidor») y no pensar más. Su ideal es superar esta fragmentación, fusionar los diversos aspectos de la realidad: lo racional y lo intuitivo, lo «real», lo fantástico, lo científico y lo poético en una sola realidad auténtica (que según él ya existe).

En resumen: para comprender plenamente *Rayuela* hemos de seguir conscientemente dos procesos simultáneos e inseparables que se desarrollan en la novela. El primero está integrado por la serie constante de esfuerzos que hace Oliveira por superar su estado de mero «testigo» intelectual de la vida, de destruir los mecanismos dentro de él que lo aislan de la autenticidad y lo hacen «mirar el río metafísico desde el puente», en vez de nadar en él como La Maga. Todo lo que hace Olivieira responde a este afán de llegar a ver el mundo de otro modo (incluso «mirar el mundo a través del ojo del culo», pág. 253) quitándose la máscara de su personalidad cotidiana excesivamente analítica y cerebral. El otro proceso lo constituye el esfuerzo que hace Cortázar por «desescribir» la novela convencional, luchando contra «el mero escribir estético» (pág. 500), lo ornamental, los trucos y clichés aceptados, exactamente como Oliveira debe luchar contra sus rutinarios hábitos mentales para superar el (según Cortázar) falso dualismo entre razón e intuición, materia y espíritu, acción y contemplación (dualismo típico de la cultura moderna occidental) y alcanzar la visión de una nueva realidad a la vez más mágica y más humana. Ana María Barrenechea[11], con su habitual lucidez, sugiere que:

> La doble lectura [de *Rayuela,* primero sin y luego con los capítulos prescindibles] muestra una superposición de dos diseños: el diseño superficial, que corresponde más o menos a una interpretación o una experiencia superficial del vivir, y el diseño profundo, que denuncia las secretas conexiones (pág. 231).

Otros críticos, entre ellos Loveluck[12] y Brody, han estudiado las dualidades y los grupos de tres elementos dentro de la estructura de *Rayuela* para sugerir la conclusión de que, a través de ellos, Cortázar muestra su aspiración a superar las falsas dicotomías, ya fundiéndolas en una sola unidad, ya llegando a la «biubicuidad», o bien descubriendo un tercer camino que armonice las categorías conflictivas.

Hoy en día *Rayuela* ya no nos parece tan antinovela como antes. El tema de la búsqueda espiritual no era una novedad, y aun en lo formal Cortázar no pudo prescindir totalmente de descripciones y episodios más o menos convencionales. Los capítulos prescindibles corresponden *grosso modo* al elemento de «comentario» por parte del autor (ya que Morelli es en el fondo un doble de Cortázar) que existe en toda novela. Por eso la tarea del lector actual de *Rayuela* consiste menos en lograr la comprensión de la novela que en examinar hasta qué punto la lectura de la misma consigue producirle el efecto de un «bastonazo en la cabeza», un «escándalo» y un «choque» que al modo Zen pudieran llevarle hacia una «apertura» (una rebelión contra sus propios hábitos mentales).

En cambio, al volver la mirada a *62 Modelo para armar* (1968),

---

[11] A. M. Barrenechea, «La estructura de *Rayuela*», en *La nueva novela latinoamericana,* ed. J. Lafforgue, Buenos Aires, 1972, II, 222-47.
[12] J. Loveluck, «Aproximación a *Rayuela*», *RevIB,* 65, 1968, 83-93.

advertimos que la crítica todavía se ha revelado incapaz de sugerir una interpretación convincente de la obra. La dificultad es obvia: en la primera página de *62*... Cortázar alude al capítulo 62 de *Rayuela*, y a la idea allí enunciada de «un grupo humano que cree reaccionar psicológicamente en el sentido clásico de esa vieja, vieja palabra, pero que no representa más que una instancia de ese flujo de la materia animada..., una búsqueda superior a nosotros mismos como individuos y que nos usa para sus fines». En otro lugar añade: «*62*... fue escrito como un tanteo... Se trataba de enfrentar exteriormente la situación de un grupo de hombres alienados por sus conductas y sus dramas personales... y, a la vez, interiormente y como propósito esencial del libro, intentar una visión diferente de la causalidad» [13]. Eso significa que en vez de anhelar conscientemente (como Persio u Oliveira) una metamorfosis mental, el grupo de personajes de «62» experimenta *colectivamente* los efectos de un proceso en el cual «esos fantoches se destrozarían o se amarían, o se reconocerían sin sospechar demasiado que la vida trata de cambiar la clave en y a través y por ellos» (pág. 417). Comprender el libro, pues, equivale a identificar el proceso, el diseño escondido, que relaciona los episodios unos con otros de modo que se vea cómo «algo que el *homo sapiens* guarda en lo subliminal se abriría penosamente un camino» (pág. 417).

Los personajes centrales de «62»: Polanco, Calac y Juan, argentinos; Hélène, Celia, Nicole, Marrast y Feuille Morte, franceses, más el inglés Austin y la danesa Tell, constituyen «la zona» caracterizada colectivamente por «una ansiedad insinuándose viscosamente» [14] que en el caso de Juan y Hélène nace de que (como dice aquél) «tú y yo sabemos demasiado de algo que no es nosotros y juega estas barajas en las que somos espadas o corazones» (pág. 38). Esta conciencia de estar sometidos al proceso arriba mencionado unifica al grupo, como también lo unifica el intercambio de los 'yos' narradores que ocurre muchas veces incluso dentro del mismo párrafo, y la creación de 'el paredro' (que representa aspectos de la personalidad colectiva del grupo) por los argentinos. Frente a «la zona» queda «la ciudad», es decir, todos esos aspectos laberínticos e incomprensibles de la realidad que separan a los personajes del *kibbutz*.

El que hasta ahora la crítica no haya logrado aclarar cuál es el diseño escondido de «62», se debe probablemente a que Cortázar mismo no sabe con exactitud cómo es, por lo mismo que no sabe

---

[13] J. Cortázar en O. Collazos, *Literatura en la revolución y revolución en la literatura*, Méjico, 1971, págs. 69-70.
[14] J. Cortázar, *62, Modelo para armar*, Buenos Aires, 1968, pág. 16*.

cómo llegar al *kibbutz*, al paraíso de la rayuela existencial. Se limita a afirmar (oracularmente) que el *kibbutz* existe, que el proceso que lleva hacia el «tercer ojo» (una nueva visión de la realidad) indudablemente va desarrollándose en el interior de nosotros mismos. El lector (cómplice, se entiende) busca, a lo largo de «62», una 'epifanía', una iluminación siquiera momentánea que indique un avance en el proceso misterioso postulado por el autor; pero se queda casi siempre frustrado. Que sepamos, sólo Martha Paley de Francescato ha dado un paso adelante al hacer notar que el caracol Osvaldo funciona como símbolo de los penosos esfuerzos del grupo por alcanzar una meta y que siempre interviene *la autoridad* (el mozo en el café Cluny; el inspector en el tren) para cerrarle el paso. Nosotros quisiéramos añadir (como hipótesis de trabajo) que otra vía de acceso al diseño de la novela parte de la constatación de que Austin y Celia conocen el amor por primera vez en circunstancias antinaturales o anormales, pero llegan finalmente al descubrimiento del amor natural y espontáneo. En cambio, Juan y Hélène quedan alejados entre sí no tanto por el lesbianismo de ésta cuanto por una especie de miedo a hacer el 'salto' en la oscuridad de que Juan habla en la página 22. Al azar que trae a Celia a los brazos de Austin se contrapone el símbolo del tranvía (el determinismo) que parece alejar a Hélène de Juan. Marrast y Nicole (primero alejados el uno de la otra, luego reconciliados) parecen ocupar una posición intermedia entre las dos otras parejas. Todo eso sugiere que el tema auténtico de la novela tiene que ver con la superación de la angustia por el amor.

En *Libro de Manuel* (1973) se da el 'salto' esquivado en «62». En esta novela Cortázar intentó por primera vez, según su propia declaración, «la posible convergencia de una invención de ficciones con una militancia ideológica» [15]. De modo que la pandilla de amigos estrambóticos pero simpáticos que Cortázar nos presenta (siguiendo el modelo establecido en la primera parte de *Rayuela)* esta vez integra un grupo —bastante grotesco— de guerrilleros urbanos que opera en París. Su objetivo, 'la Joda', es el secuestro de un jefe de policía antiterrorista latinoamericano. Pero, como indica Yurkievich, Cortázar (teóricamente al menos) «no se contenta con cambiar el sistema económico y social, debe desflorar el idioma, abolir las represiones, acabar con la conciencia pecaminosa y policíaca» [16]. Por eso, al lado del grupo cosmopolita de guerrilleros improvisados (que incluye a «el que te dije», un nuevo «paredro», que ayuda a Cortázar

---

[15] Cit. S. Yurkievich, «Los tanteos mánticos de Julio Cortázar», *RO,* número 44, 1974, págs. 154-65.
[16] *Ibíd.*

97

a barajar los múltiples puntos de vista narrativos), coloca a Andrés, anclado «en sus amores y sus estéticas y sus caquitas privadas» [17]. El personaje de Andrés permite a Cortázar, por una parte, manifestar sus reservas en cuanto a la ideología revolucionaria más simplista, y, por otra parte, inducir al lector a que siga la evolución de este intelectual burgués pasivo hasta el momento en que se solidariza con el grupo de guerrilleros. Aquí lo fundamental es el sueño simbólico de Andrés en el que entrevé su destino, y la escena en que, al sodomizar a su amante burguesa, Francine, se libera de todas sus «falsas barreras» y emprende su viaje personal hacia «la grandísima Joda definitiva» que va mucho más allá de la revolución política y social. Sólo después de estas experiencias es capaz de participar activamente en el secuestro.

Con *Libro de Manuel,* Cortázar intenta conciliar su deseo de crear una novela revolucionaria que supere a «tanta novela donde a cambio de un relato más o menos chatón hay que pasar por conversaciones y argumentos y contrarréplicas sobre la alienación, el tercer mundo, la lucha armada o desarmada, el papel del intelectual, el imperialismo y el colonialismo» (pág. 252), con un deseo de expresar «otra visión del hombre» (pág. 234), en la que éste se vea libre de todo «sistema», de toda «ortodoxia» tradicional. Según nuestro criterio no existe la posibilidad real de tal liberación del hombre. Como Lezama Lima, Cortázar, al nivel ideológico, persigue una quimera.


## Carlos Fuentes (Méjico, 1928)


Si bien la *aparición* de la nueva novela se remonta a *El pozo* de Onetti en 1939, el *boom* de la nueva novela empezó con el éxito estrepitoso de *La región más transparente* de Fuentes, casi veinte años más tarde. «Si una ciudad fuese un cuerpo, y pudiéramos abrirla con un bisturí —reflexiona un personaje de *Cambio de piel*— piensa en lo que esconde y en lo que le permite vivir... Las ciudades tienen un inconsciente, como nosotros, un inconsciente ligado al nuestro» [18]. Bucear en lo aparente, lo escondido y, en cierto modo, en lo inconsciente de la ciudad de Méjico a finales de los años 40 fue lo que se propuso Fuentes en *La región más transparente* (1958).

Desde el principio de su carrera de escritor Fuentes ha manifestado

---

[17] J. Cortázar, *Libro de Manuel,* 2.ª ed., Buenos Aires, 1978, pág. 77*.
[18] C. Fuentes, *Cambio de piel,* 3.ª ed., Méjico, 1967, pág. 89.

siempre una gran lucidez por todo lo que tiene que ver con sus propios problemas y con sus propósitos. Poco después de la publicación de *La región*... declaró que «El problema básico para nosotros los escritores latinoamericanos es superar el pintoresquismo» [19], pintoresquismo que él veía como estrechamente ligado con algo más hondo: el falso dualismo maniqueo entre justos e injustos, y el ingenuo historicismo progresista que predominaba en las novelas de Alegría, de Icaza, de Gallegos. Por eso no sólo se propuso revelar el auténtico rostro del Méjico moderno, culpando imparcialmente a todos los sectores de la sociedad del fracaso de la Revolución, sino que también quiso, en sus propias palabras, «salir de la historiografía para entrar en la dialéctica» [20]. Es decir, quiso revelar que el proceso histórico no es un simple proceso lineal, sino que encierra elementos míticos todavía vivos que lo complican, a veces trágicamente.

En el primer plano de *La región*... encontramos, entonces, una implacable revisión crítica del pasado reciente de Méjico [21]. Mediante la creación de un grupo nutrido de personajes representativos, Fuentes pone al descubierto el escamoteo de los logros de la Revolución por una burguesía nueva, tan hipócrita y materialista como la del porfiriato. El papel más importante aquí lo detenta Federico Robles, una contrafigura del Artemio Cruz de una novela futura. Hijo de peones indigentes, Robles se distingue como combatiente en la Revolución para luego traicionar la causa del pueblo entregando a las autoridades (quienes lo matan, de acuerdo con una renovada «ley fuga») al líder obrero Sánchez. A continuación utiliza la gratificación que recibe para labrarse una fortuna colosal. Frente a él, Fuentes coloca al idealista revolucionario fracasado Librado Ibarra. En torno a la mujer de Robles, Norma Larragoiti, agrupa numerosos personajes de la alta burguesía vieja y nueva dedicados a la recuperación de sus antiguas fortunas o bien a la defensa de las recién conquistadas, y que se entregan al mismo tiempo a una imitación absurda de la *high life* europea. El derrumbe del imperio financiero de Robles por obra de otro aventurero, Régules, es el más llamativo de una serie de fracasos individuales a lo largo de la novela que simbolizan lo que Cortázar, en una carta a Fuentes a propósito del libro, llama «la

---

[19] Cit. M. Benedetti, «Carlos Fuentes», en *Homenaje a Carlos Fuentes,* ed. H. F. Giacoman, Nueva York, 1971, pág. 95.
[20] C. Fuentes, entrevista con E. Rodríguez Monegal, en Giacoman, *Homenaje...,* pág. 49.
[21] Véase A. Díaz-Lastra, «Carlos Fuentes, *La región más transparente*», *CHA,* 175-6, 1964, págs. 242-7; también su «Carlos Fuentes y la revolución tracionada», *CHA,* 185, 1965, págs. 369-75, principalmente sobre *La muerte de Artemio Cruz.*

raíz trágica de nuestros países». Fue este aspecto hiriente y agresivo del libro el que causó tanto escándalo en el momento de su aparición, y es lo que sigue siendo su mayor atractivo en una primera lectura. Pero según el propio autor, «En *La región más transparente* hay simplemente un marco de referencia social cuyo sentido es revelar un fondo, una carga de otro tipo» [22]. Quienes han comprendido mejor este segundo plano de la obra son Sommers y Lewald [23]. Ambos sitúan a Fuentes próximo al grupo Samuel Ramos-Leopoldo Zea-Octavio Paz, que a principios de la década de los 50 trataba de analizar el espíritu de la mejicanidad en busca de nuevos cauces por los que orientar a la sociedad mejicana. Representante en la novela de esta inquietud por la tradición perdida es Ixca Cienfuegos, figura mítica, no del todo convincente, que maneja los hilos de la narración, instigando a los demás personajes para que se confiesen a él. También interviene decisivamente en la vida de algunos. Lógicamente, si la Revolución ha fracasado y los mejicanos siguen sufriendo el imperialismo económico y cultural de Norteamérica y Europa, el restablecimiento de lazos con la tradición india debería indicar una vía alternativa. Desgraciadamente no es así. Ixca funciona en cuanto que reúne en torno suyo los varios fragmentos de vida que forman la visión caleidoscópica del Méjico moderno que Fuentes nos propone; pero también él fracasa en la tarea de interpretar el enigma de su patria. Lo único que Ixca descubre es que el espíritu de Méjico exige continuos sacrificios sangrientos (la muerte absurda de Norma, de Gabriel, de Zamacona), mientras va acumulando problemas sin resolver.

Técnicamente *La región...* es la novela que consolida las innovaciones en el arte de narrar que hicieron su primera aparición, sin arraigarse bien todavía, en el Yáñez de *Al filo del agua* y el Revueltas de *El luto humano:* el tiempo dislocado, el fluir de la conciencia, las escenas simultáneas, los métodos del *collage* y del *pastiche* narrativo, con además una influencia evidente del cine. Visto desde la perspectiva de ahora, nos parece un tanto aparatoso el uso sistemático de algunas de estas técnicas, sobre todo las asociadas con Dos Passos, que ya había entusiasmado a Yáñez. Más importante quizás es el afán de Fuentes por renovar el lenguaje narrativo: «Si no hay

---

[22] C. Fuentes, entrevista con E. Rodríguez Monegal, en Giacoman, *Homenaje...,* pág. 32.
[23] J. Sommers, *Yáñez, Rulfo, Fuentes, La novela mexicana moderna,* Caracas, 1969, también en Giacoman, *Homenaje...,* y H. E. Lewald, «El pensamiento cultural mexicano en *La región más transparente*», RHM, 33, 1967, 216-33.

una voluntad de lenguaje en una novela en América latina —afirma—, para mí esa novela no existe»[24].

Una afirmación parecida se encuentra en la segunda novela de Fuentes, *Las buenas conciencias* (1959): «Debe haber otro idioma, que no sólo refleje, sino que pueda transformar la realidad», afirma Lorenzo, un amigo del protagonista, Jaime Ceballos. Éste, fruto de una *mésalliance* en una familia burguesa de Guanajuato, vive bajo la autoridad despótica de su tío Jorge Balcárcel, digno habitante de la ciudad que para Fuentes representa como ninguna la inteligente hipocresía, el oportunismo práctico, el sentido de la conveniencia y de la ironía típica del centro de Méjico. «La escribí —dijo el autor a propósito de *Las buenas conciencias*— en un momento de ruptura mía, muy traumática, con mi familia, con mi pasado, con mi educación religiosa, burguesa y demás, que traté de trasladar a la experiencia del personaje»[25]. Se trata del descubrimiento por Ceballos de un «orden» (el que en *La muerte de Artemio Cruz* se llamará «el orden del hecho recibido») en que fundamentar su existencia, al darse cuenta del fracaso de sus ideales adolescentes. Hay en la novela un doble proceso. Por una parte, Jaime se va reconociendo demasiado débil para rebelarse a su medio ambiente, bien buscando y redimiendo a la madre pisoteada por los Balcárcel, o compartiendo con su amigo proletario Lorenzo la lucha por la vida de la *inteligentzia* pobre, o practicando un cristianismo auténtico. Por otra parte va dándose cuenta cada vez más de la corrupción moral que le rodea. Cuando al final se separa de Lorenzo y entra en el orden, es para no caer en la desesperación.

Escrita de acuerdo con el modelo decimonónico, con una larga y lenta exposición, personajes poco ambiguos, y un punto de vista narrativo poco distanciado de los episodios, que en el fondo tienen algo de autobiografía espiritual, *Las buenas conciencias* no tuvo una buena acogida por parte de la crítica y quedó aislada dentro de la producción narrativa de Fuentes. Debía formar parte de una trilogía que no cuajó; el autor destruyó el manuscrito del segundo tomo.

Con *Aura* (1962) y *La muerte de Artemio Cruz* (1962) Fuentes vuelve al virtuosismo y a los experimentos técnicos de su primera novela. *Aura,* una novela en miniatura, está escrita totalmente en la segunda persona, recurso semihipnótico que, en cierto modo, identifica al lector con el protagonista, Felipe Montero, mientras éste sufre una experiencia inexplicable en un viejo caserón del centro de la ciu-

---

[24] C. Fuentes, entrevista con E. Rodríguez Monegal, en Giacoman, *Homenaje...*, pág. 54.
[25] *Ibíd.*

dad de Méjico. Además, se alternan verbos en el tiempo presente y en el futuro para crear la impresión de una misteriosa fatalidad en torno al joven, de modo que poco a poco nos vamos entregando a aquella voluntaria suspensión de la incredulidad que exigen semejantes historias. En su discurso al recibir el premio Rómulo Gallegos por su novela *Terra nostra*, en 1977 en Caracas, Fuentes afirmó que «corresponde al arte, no explicar, sino afirmar la multiplicidad de lo real». La coexistencia de «otras» realidades, al lado de la que aceptamos como la realidad «real» cotidiana, fue sugerida antes en los cuentos de Fuentes «Tlactocazine, del jardín de Flandes» y «Chac Mool». Reaparece el tema en «La muñeca reina» *(Cantar de ciegos,* 1964) y más aún en *Cumpleaños* (1969). Sobre todo parecen fascinarle a Fuentes el tema de la supervivencia de lo pasado en lo presente y el de la reencarnación. Símbolo del primero es la mansión misteriosa que figura como escenario de *Aura:* abajo, superpuesto, lo moderno —relojerías, tiendas de zapatos—; arriba, el viejo palacio colonial. En el piso de arriba sobrevive doña Consuelo, viuda de un general francés del Emperador Maximiliano. Bruja arquetípica, se aprovecha de los encantos físicos de su doble (Aura) para inducir al protagonista a sellar, con la profanación de una hostia, un pacto diabólico que lo convierte en la reencarnación del difunto general.

Fuentes explicó a Harss que la experiencia mágica de Montero en *Aura* representa, en cierto modo, una iniciación a los misterios del tiempo y de la personalidad. Tales misterios, implícitos en *Aura,* están tratados mucho más explícitamente en *Cumpleaños.* En ambas novelas existe la aspiración a vencer el tiempo y la muerte. Consuelo los vence al reconstituir la personalidad de su marido años después de su muerte. En *Cumpleaños,* al personaje principal, Jorge, próspero arquitecto de Londres, se le revela en un sueño aterrador que es una reencarnación del teólogo Siger de Brabante, muerto en el siglo XIII. La clave de la novela se encuentra en las palabras de éste hacia el final: «Dios dejó incompleta la creación» [26]. La imperfección estriba en el contraste entre la mortalidad del individuo y la vida infinita e inmensa del universo físico: «La radical conciliación sería que ni el mundo ni el alma muriesen» (pág. 100). Sólo la idea de la reencarnación de la misma alma, en sucesivos cuerpos, conlleva la posibilidad de lograr esta conciliación. En la vasta pesadilla de Jorge todo delata la influencia de Borges: el demiurgo creador, las dificultades teológicas, el laberinto temporal y espacial, la no-existencia de la personalidad individual. Como en *Aura* el contacto sexual con una mujer (Nuncia) abre el paso a las verdades últimas: Jorge

---

[26] C. Fuentes, *Cumpleaños,* Méjico, 1969, pág. 96*.

descubre no sólo tres dobles suyos (un niño, un coetáneo y un anciano), sino también que Cristo mismo no fue más que otra encarnación suya y que en su nacimiento milagroso participaban fuerzas demoníacas mezcladas con las divinas «en un mutuo afán de confusión» (pág. 52).

El intenso pesimismo existencial de Fuentes se hace evidente en este libro, en el que el hombre vive encerrado en un laberinto ambiguo, donde se siente «devorado por el tiempo implacable e irreversible» (pág. 78), y donde todos los valores se confunden. Hemos querido anticipar esta conclusión porque sirve para aclarar el enigma de las páginas finales del libro más famoso de Fuentes, *La muerte de Artemio Cruz* (1962). Éste narra la historia del hijo ilegítimo de un terrateniente del porfiriato y una mulata. Artemio, después de una vida azarosa durante y después de la Revolución Mejicana, llega a ser un capitalista inmensamente poderoso. Su biografía imaginaria constituye una reelaboración de la de Robles en *La región...*, pero mucho más pormenorizada y sin el derrumbe final. En lugar de eso se subraya magistralmente el progresivo derrumbe moral de Artemio a través de una serie de opciones que se le presentan en distintas épocas de su vida. Muerta Regina, la hembra sin complicaciones conocida en la lucha revolucionaria y asociada con otro mundo «soñado, en el que sólo él y su amor tenían derecho a la vida» [27], Artemio sofoca en sí mismo la aspiración a la vida sencilla y laboriosa del pequeño hacendado. Mediante una serie de acciones audaces mezcladas con las peores vilezas, pero siempre «con güevos, jugándosela, rompiéndose la madre, exponiéndose a ser fusilado por los de arriba o los de abajo» (pág. 1205), pasa de teniente en el ejército revolucionario a cacique local, diputado y finalmente magnate industrial multimillonario. Con la misma inexorabilidad traiciona sus propios ideales, sacrificando a los demás —sus compañeros en la lucha armada, Regina, su mujer Catalina, su hijo Lorenzo, su amante Laura— a una sed insaciable de poder y de riqueza material. *La muerte de Artemio Cruz* es mucho más que una novela de la Revolución traicionada; es un estudio psicológico cabal. Artemio es a la vez un héroe y un antihéroe, un hombre complejo, atormentado, lleno de sentimientos de culpa y ansioso de justificarse a toda costa.

La novela consta en realidad de un largo *flash-back* de la vida de Artemio mientras éste se encuentra en su lecho de muerte. Con una maestría técnica que nunca ha vuelto a encontrar después, Fuentes

---

[27] C. Fuentes, *La muerte de Artemio Cruz,* en *Obras completas (Novelas),* Méjico, 1974, pág. 1156*.

emplea en ella tres voces narrativas que presentan doce episodios-claves de la biografía de Cruz. Al principio la crítica hablaba de «fragmentarismo», de «arbitrarios enfoques» y de «un rompecabezas»; pero más recientemente Osorio, Loveluck (en Giacoman) y otros han demostrado que tanto en la organización de los episodios individuales como en la estructuración general de la novela se puede descubrir una clara voluntad de arte. El orden de las varias secuencias narrativas responde a la precisa intención de Fuentes de crear, por una parte, una cadena de causas y efectos (la riqueza de Artemio en 1941 se explica por su matrimonio en 1919 y éste por la pérdida de sus ideales en 1913 y 1915 y, por otra parte, una serie de yuxtaposiciones y contrastes (la traición de 1915 —el suceso determinante de la trama— está intercalada entre dos secuencias que manifiestan de modo paralelo la abyección de Artemio frente a Lilia y Laura) que integran un consciente diseño formal de gran eficacia. En lo que no se ha fijado la crítica ha sido en la importancia de la escena al final de la novela cuando Artemio, en lo alto de una montaña, espera a su compañero Lunero y contempla la tierra a sus pies. Aquí y en otras partes de la novela se habla de un misterioso «secreto» que ahora revela la voz de «tú» (voz del autor en este caso): todo es uno y lo mismo. La ambigüedad, la «confusión», la ausencia de absolutos que Fuentes volverá a enfatizar en *Cumpleaños*.

He aquí, pues, uno de los tres grandes temas que dominan la obra de Fuentes: la confusión y la ambigüedad que circundan la existencia humana. Los otros son: el problema de la identidad personal (y nacional) y el misterio del tiempo. En *Cambio de piel* (1967) asoma un cuarto tema, sacado de Barthes, que llegará a su máxima expresión en *Terra nostra:* la lucha entre el deseo y la realidad. Así una de sus frases-clave es ésta: «la vida y el arte son una lucha con la realidad aparente que nos exige, para que ella sea la realidad verdadera y para que nosotros seamos lo que deseamos, que la deformemos, reformemos, afirmemos» [28]. Al nivel creador Fuentes tiende a resolver esta lucha, después de *La muerte de Artemio Cruz,* persiguiendo cada vez más, en *Cambio de piel, Cumpleaños* y *Terra nostra,* la quimera de la «ficción total», o sea, de la completa autonomía de la imaginación. En este sentido, *Cambio de piel* marca un hito importante en su producción novelística. Pero esta sexta novela suya es todavía una obra híbrida en la que la narrativa se desarrolla dentro del marco de un viaje a través de un Méjico reconocible desde la capital hasta Vera Cruz pasando por Cholula. El primer capítulo

---

[28] C. Fuentes, *Cambio de piel,* Méjico, 1967, pág. 76.

yuxtapone la entrada de los cuatro personajes centrales en Cholula en 1965, y la de Cortés y sus conquistadores en 1519. Al advertir esto, advertimos también que una posible lectura de la novela (avalada por Fuentes mismo) la enfoca como una alegoría de la historia de Méjico. Tal es, en gran parte, la interpretación propuesta por Figueroa Amaral y McMurray [29].

Otra posible lectura se sugiere cuando nos damos cuenta de que varios de los personajes importantes de la novela, Javier, Franz, el narrador (que interviene también como personaje) y Urs, son creadores fracasados. Mediante el estudio de los problemas de cada uno de ellos, Fuentes analiza el dilema del creador en Méjico y en el mundo occidental en general [30]. Sin embargo, entre las múltiples —y contradictorias— afirmaciones de Fuentes a propósito de *Cambio de piel*, quisiéramos escoger una que hizo en su entrevista con Rodríguez Monegal (Giacoman, pág. 38), según la cual «El sentido de la novela... es simplemente cómo se pierde y se rehace una relación. Cómo se transfiguran, a través de la relación, los personajes. Salen purgados». En efecto, las permutaciones eróticas que se dan entre los cuatro personajes centrales simbolizan sus esfuerzos desesperados por rebelarse contra su situación existencial, alcanzar lo nuevo, cambiar de piel. A través de sus recuerdos y sus confesiones se llega a comprender su búsqueda angustiada de una nueva identidad. Pero si en cierto sentido salen purgadas, no por eso se les asegura la redención que anhelan. La novela no termina; se revela como la creación de un loco encerrado en un manicomio. Las permutaciones sexuales de los personajes a lo largo de la novela culminan en una serie de episodios finales ambiguos y también permutables entre sí. Sobre todo del episodio-clave, en que varios *beatniks* asumen los papeles de los personajes para someterles a juicio, puede sugerir varios posibles desenlaces. Pero en todo caso la violencia parece vencer al amor; al final del viaje de los cuatro amigos-amantes les espera la muerte física o espiritual; sólo queda el delirio lúcido del loco [31].

*Zona sagrada* (1967), escrita al mismo tiempo que *Cambio de piel,* también termina con la locura. De nuevo el protagonista, Guillermo, como Javier Ortega, ostenta ciertos rasgos simbólicos de su país. Según el propio Fuentes, Guillermo personifica «una segunda

---

[29] E. Figueroa Amaral, «Cambio de piel», *RevIb,* 66, 1968, 366-9; G. R. McMurray, «Cambio de piel», en Giacoman, *Homenaje...,* págs. 457-63.

[30] L. A. Gyurko, «The Artist Manqué in *Cambio de piel*», *Sym,* 31, 1977, páginas 126-50.

[31] Para un análisis convincente de *Cambio de piel,* véase L. Befumo Boschi y E. Calabrese, *Nostalgia del futuro en Carlos Fuentes,* Buenos Aires, 1974, páginas 131-48.

generación de Oblomovs mexicanos, de delfines» (Giacoman, página 331) que procuran usurpar el lujo alcanzado por la generación anterior, en este caso, por la madre de Guillermo, Claudia, una famosa estrella del cine. Carrillo y Durán [32] relacionan a Guillermo con el hombre mejicano tal como aparece en *El laberinto de la soledad* de Octavio Paz. Durán identifica la «zona sagrada» con la matriz de Claudia (=Méjico) y el amor incestuoso de Guillermo con el afán del mejicano de reconciliarse con la patria. En cambio, Carrillo ve en Claudia el símbolo negativo de un Méjico que sobrevive a base de claudicaciones y traiciones, un Méjico que devora a sus propios hijos. Más obvia, sin embargo, es la dimensión mítica de la novela [33]. Incorporada a la trama hay una parodia del mito de Ulises y Telémaco en que Telégono mata a Ulises, su padre, y se casa con Penélope, mientras Telémaco se casa con Circe, la madre de Telégono.

Pero lo primordial en *Zona sagrada* es el estudio psicológico de Guillermo y de su «pasión incestuosa y mística» por su madre. Ella es alternativamente Penélope y Circe, la Virgen María y una diosa azteca hambrienta de sacrificios, madre adorada y madre castradora. Rechazado y humillado, Guillermo oscila entre sueños autocompensatorios, deseos de venganza y la tentación de entregarse al goce masoquista de su papel de hijo torturado. En el fondo, como Elizabeth y Javier en *Cambio de piel,* Guillermo busca a la vez su propia identidad y la solución de sus problemas por medio del amor. Como ellos, fracasa. Traicionado por su *alter-ego* Giancarlo (=Telégono), que tras un fugaz encuentro homosexual con el hijo se convierte en el amante de turno de la madre, Guillermo se viste ritualmente con las prendas íntimas de ésta en una inútil tentativa de aproximarse a ella. Descubre únicamente que ella le ha quitado para siempre la identidad. De vuelta a su piso sufre una última alucinación: la de haberse convertido en un perro, sin emociones, sin problemas emocionales o espirituales, pronto a «morir sin sorpresa».

En 1975 Fuentes publica su novela más ambiciosa y compleja, *Terra nostra,* en la que procura captar la totalidad del vivir hispánico y, al mismo tiempo, explorar una vez más los misterios del tiempo y de la condición humana. Gran parte de la narración gravita en torno al vasto mausoleo hecho construir por Felipe II. El fantástico edificio simboliza la España de los siglos XVI y XVII que

---

[32] G. Carrillo, «Notas sobre *Zona sagrada*», *RyF,* 19, 1970, págs. 91-98; y G. Durán, *La magia y las brujas en la obra de Carlos Fuentes,* Méjico, 1976, página 99.
[33] L. A. Gyurko, «The Myths of Ulysses in *Zona sagrada*», *MLR,* 69, 1974, páginas 316-24.

cierra sus puertas, expulsa al judío, persigue al moro, se esconde en un mausoleo y desde allí gobierna con los nombres de la muerte: pureza de la fe, limpieza de la sangre, horror del cuerpo, prohibición del pensamiento, exterminio de lo incomprensible [34].

A su vez el rey Felipe simboliza el sueño de la unidad («Un monarca, un Imperio y una Espada») y de un orden divino fijado para siempre en el momento de la creación del mundo. Contra todo esto se rebelan los tres misteriosos «hijos» de Ludovico, en el nombre de la libertad, el progreso y el amor. A través de los laberínticos episodios de esta vasta obra luchan dos principios opuestos: lo estático, que Fuentes identifica con lo tradicional español, lo religioso, y, en última instancia, con la muerte; y lo dinámico, «la idea de una emanación divina que en perpetuo flujo se realiza transformándolo todo sin pausa» (págs. 310-11). De esta idea nacen las herejías, las rebeliones populares y la eterna aspiración del hombre a la libertad y al placer. La lucha estéril de estos dos principios domina la existencia. En la España de la Casa de Austria, Fuentes percibe «el derrumbe de un mundo cruel [el medieval]» y «la lenta construcción, en su lugar, de otro mundo [el moderno capitalista] igualmente cruel» (pág. 138). Mientras que América latina muestra cómo el culto de la muerte de los aztecas vence al culto de la vida de aquellas tribus más edénicas que ellos sojuzgan. En todo el mundo, al llegar el segundo milenio, prevalece la violencia, la destrucción y la locura colectiva.

Densa de significado, rebosante de episodios y personajes simbólicos, *Terra nostra* ofrece un ejemplo más de la creciente intelectualización de la nueva novela. Como *El obsceno pájaro de la noche* de Donoso, constituye un alegato contra «el orden anormal del universo» (pág. 70), ese orden eterno y circular. Cristo-Budda-Quetzalcóatl siempre regresa, siempre fracasa, en todas las épocas: «no hay unidad posible, nada es uno, todo es dos, en constante combate» (página 476). Sólo al final, al llegar el segundo milenio, se introduce una nota de débil esperanza; un nuevo Adán andrógino funda otra vez la raza humana.

Defecto principal de *Terra nostra* es el exceso de discursos largos en los que los personajes se explican unos a otros y a veces se convierten en simples portavoces del autor. En *La cabeza de la hidra* (1978), en cambio, el narrador llama la atención del lector a «las escasas reflexiones internas» que los episodios suscitan en la mente del protagonista Félix Maldonado. Éste, un «James Bond del subdesarrollo», ex funcionario mejicano convertido de pronto en agente

---

[34] C. Fuentes, *Terra nostra,* Barcelona, 1975, pág. 568*.

secreto, se encuentra misteriosamente enredado en una gran operación internacional, cuyo objeto es protejer las vastas reservas mejicanas de petróleo contra el imperialismo enmascarado de las grandes potencias. Aparentemente la novela supone un retorno a la sencillez después de las complicaciones de *Terra nostra*. Pero bajo la impecable superficie de una novela de espionaje, construida con todo el rigor narrativo que exige el género, y en la que no faltan los datos escondidos, los cambios de identidad y una fuerte dosis de suspense, el lector perceptivo descubre una vez más los temas preferidos por Fuentes: análisis y crítica de la vida mejicana, esta vez en su dimensión política, el problema de la identidad personal, el malinchismo, la soledad del individuo y el fracaso de sus sueños. Esta riqueza temática añade la necesaria dimensión literaria a esta novela de aventuras, y revela de nuevo la sorprendente versatilidad de Carlos Fuentes.

## *Gabriel García Márquez* (Colombia, 1928)

La prehistoria (para decirlo con Vargas Llosa) del mundo ficticio de García Márquez la constituyen los diez cuentos, escritos bajo la influencia de Kafka y Faulkner, que éste publicó en el periódico *El Espectador* de Bogotá. De ellos, nueve están ahora recogidos en el volumen *Ojos de perro azul*. Vargas Llosa los califica de «relatos abstractos y artificiosos» [35]. Todo lo contrario será la primera novela de García Márquez (terminada en 1951, pero publicada sólo en 1955), pues para Pedro Lastra [36] *La hojarasca* «constituye una requisitoria social y moral» contra el pueblo de Macondo que allí aparece por primera vez. *La hojarasca* está relacionada con los cuentos anteriores, principalmente por el tema de la muerte, en este caso la muerte de un médico estrafalario que ha vivido encerrado en una casa del pueblo durante varios años. Como él había negado su ayuda a unos heridos durante una campaña electoral, los habitantes de Macondo ahora quieren negarle la sepultura. Pero un vecino del lugar, un coronel, desafiando el resentimiento de los demás, cumple una promesa hecha anteriormente y hace sepultar el cadáver. Lastra ha demostrado convincentemente que en el fondo de la novela está

---

[35] M. Vargas Llosa, *García Márquez, historia de un deicidio,* Barcelona, 1971, página 37.
[36] P. Lastra, «La tragedia como fundamento estructural de *La hojarasca*», en *Nueve asedios a García Márquez,* ed. M. Amster, Santiago de Chile, 1969, páginas 38-51.

la tragedia de Sófocles, *Antígona,* citada en el epígrafe, pero su interpretación de la obra principalmente como producto de una «visión de un presente social concreto», no nos parece satisfactoria. No cabe duda de que Macondo esté presentado aquí como un pueblo en pleno derrumbamiento, moralmente podrido y en el fondo abyecto. La lluvia en «Isabel viendo llover en Macondo», un cuento desgajado de *La hojarasca,* simboliza evidentemente, como sostiene Vargas Llosa, la descomposicin y la decadencia del lugar. Pero el tono de *La hojarasca* no es el de una novela de protesta, y el hecho de que se base en una tragedia clásica indica que García Márquez buscaba un sentido más universal. En efecto, la clave de la novela se encuentra en el diálogo, en el capítulo 8, en que el coronel, sin comprender su propio motivo, le pregunta al doctor «Dígame una cosa, doctor: ¿usted cree en Dios?». La respuesta ambigua del médico explica las rarezas de su comportamiento y su encierro durante años. Con o sin Dios la existencia es algo inexplicable y desconcertante; el autoencierro del médico, y su suicidio, significan, ante todo, una protesta metafísica. Esto lo expresa perfectamente Vargas Llosa al indicar que el individualismo, el fatalismo, la soledad y el inmovilismo de Macondo configuran una concepción pesimista de la existencia humana, dominada por «la visión esencialista del hombre y de la historia» (pág. 274), en que «El hombre es una esencia anterior a su existencia, que la praxis no puede en ningún caso cambiar» (página 270). Esto es el punto de partida de *Cien años de soledad.* La *hojarasca* consta de 12 capítulos que integran 28 monólogos divididos entre el coronel, su hija Isabel y su nieto de diez años. Desde la aparición de esta novela, García Márquez fue atacado por críticos de la izquierda por haber evitado enfrentarse directamente con los problemas sociales en Colombia. También se ha criticado el excesivo apego a los métodos narrativos de Faulkner, la falta de diferenciación entre los personajes principales y la dudosa pertinencia de dos episodios relatados por el niño. Pero así y todo hay que vencer la tentación de ver en *La hojarasca* sólo el libro en que se inventó Macondo. Por sus muchos elementos ambiguos, por el fuerte determinismo que rige la vida de los personajes y por ciertas descripciones extravagantes (como la de la llegada a Macondo de la familia de Isabel, en el segundo capítulo) está más cerca que *La mala hora* de *Cien años de soledad.*

Así como «Isabel viendo llover en Macondo» se desgajó de *La hojarasca* en plena elaboración, *El coronel no tiene quien le escriba* (terminado de escribir, después de once borradores, a principios de 1957 y publicado el año siguiente) se desgajó de *La mala ho-*

*ra* (1962). El contexto de estas obras es «la violencia», la guerra civil colombiana que, empezando con el «bogotazo» de 1948, duró casi veinte años. Pero el tema común de ambas no es tanto la guerra en sí, cuanto sus efectos morales. Ya en *La hojarasca* García Márquez había subrayado el contraste entre el valor del anciano coronel y el resentimiento vengativo de los demás vecinos. En *El coronel...* asistimos al proceso de concienciación en que otro viejo coronel, agobiado por el asesinato de su hijo, por la pobreza y por la enfermedad de su mujer, descubre en el gallo de pelea de su hijo muerto un símbolo de fidelidad a la vida y de resistencia a la opresión. Al final de la novela el coronel cobra conciencia clara de que toda su vida de setenta y cinco años ha culminado al proferir el grito de desafío que remata el texto: «Se sintió puro, explícito, invencible en el momento de responder 'Mierda'.» Es el único personaje de García Márquez que, al enfrentarse con su propia esencia, no muere o se retira del mundo.

A él corresponde en *La mala hora* el dentista, quien, con su mujer, ha soportado años de intimidaciones y atropellos sin someterse a la dictadura. Pero en este caso el dentista no es el personaje central. Al contrario, el protagonista de *La mala hora* es el alcalde, el representante del gobierno opresor, venido al pueblo «furtivamente con una vieja maleta de cartón amarrada con cuerdas y la orden de someter al pueblo a cualquier precio» [37]. Contrapesando con gran pericia los varios aspectos de la personalidad de este funcionario y de su situación precaria en el pueblo (valor y venalidad, aislamiento sexual y dominio político absoluto, dolor físico y miseria espiritual) García Márquez logra inspirar al lector sentimientos ya de repulsión, ya de simpatía y hasta de compasión hacia este hombre que prefigura el dictador de *El otoño del patriarca*. Comparándolo con el ño Pernalete de Gallegos nos damos cuenta del enorme salto cualitativo que representa *La mala hora* respecto a *Doña Bárbara* como novela de protesta. Incluso el cura, el P. Ángel, sin llegar a ser todo un hombre como el Cachorro de *La hojarasca,* por su pobreza estoicamente soportada y el tesón con que impone sus toscos principios de moralidad pública, conserva cierta dignidad. Pero fracasan tanto el alcalde como el cura. El terrorismo moral del sacerdote sólo produce hipocresía, mientras que la rebelión sofocada por el alcalde estallará con renovada violencia al final de la novela.

Cada una de las narraciones principales de García Márquez hasta *La mala hora* contiene un símbolo central: el encierro, la lluvia, el gallo y ahora los pasquines que sacuden la modorra del

---

[37] G. García Márquez, *La mala hora,* 8.ª ed., Buenos Aires, 1972, pág. 160*.

pueblo provocando dos muertes y una nueva ola de represión. «Éste era un pueblo decente antes de que vinieran ustedes», le dice una mujer al alcalde, aludiendo a él y a sus partidarios. Otra mujer «presintió que algo que había empezado a acabarse desde hacía mucho tiempo había por fin terminado» (pág. 92), frase que trae a la memoria otra de *La hojarasca* que nos informa que el coronel «No sabía que esa tarde estaban comenzando las cosas que hoy concluyen». Ese «algo», a que se refiere la mujer en *La mala hora,* es precisamente la decencia y la solidaridad social. Los pasquines que «no eran obra de una sola persona» pág. 141), simbolizan la disolución social, la inminencia de otra orgía de violencia inútil. A pesar de los indicios de esperanza que nos ofrecen personajes como el coronel y el dentista, es difícil evitar la conclusión de que el símbolo central de toda la obra de García Márquez sea el de los pescaditos de oro en *Cien años de soledad:* hacer para deshacer. Ese hacer para deshacer es lo que explica la semejanza entre las últimas páginas de *La mala hora* y las primeras.

Otro elemento técnico que la novela tiene en común con *La hojarasca* es el que Vargas Llosa llama «el dato escondido»: nunca sabemos quién puso o quiénes pusieron los pasquines en las puertas. También se nos escamotea de nuevo el clímax dramático. Así como no se nos cuenta si los vecinos del pueblo dejaron sepultar al médico o si el gallo del coronel vencerá; en *La mala hora* no nos enteramos de lo que pasa después del momento crítico en que se descubren las armas escondidas por el peluquero. Pero la diferencia entre el tono de *La mala hora* y el de los relatos anteriores viene de la ausencia de elementos fantásticos como, por ejemplo, los caballos que dormían con mosquitero, o los jazmines que salen a vagar en *La hojarasca.* Tampoco hay personajes estrafalarios en *La mala hora.*

Todo eso cambia radicalmente con «Los funerales de la Mamá Grande» (escrito en 1959; publicado en 1962) que inaugura una nueva etapa en el desarrollo del humorismo dentro de la novela latinoamericana moderna. Mucho antes de su apoteosis en *Gran Señor y rajadiablos* 1948) de Barrios y *Todas las sangres* (1964) de Arguedas, Gallegos había renovado el tema algo manoseado del supercacique encarnándolo en una mujer. La Mamá Grande da la mano, por un lado, a Doña Bárbara, y, por otro, a los Ventura y Ventura de la vasta Casa de Campo en la novela homónima de Donoso. En vez de atacar de frente al caciquismo rural, García Márquez opta por ridiculizarlo, sin amargura y sin agresividad, pero al mismo tiempo sin dejar que la regocijada deformación de la realidad haga olvidar que el blanco de la sátira, como en Donoso, lo constituyen los terratenientes oligárquicos latinoamericanos. La Mamá Grande es todavía una doña Bárbara, pero ahora está vista por un cronopio de genio. Toda la fantasía desaforada, toda la exageración humorística, todo lo mítico-épico latentes en la página de *La hojarasca* que enumera el «extravagante y engorroso cargamento» que lleva consigo la familia de Isabel al llegar a Macondo explota aquí. Se ve claramente cómo García Márquez adaptó y desarrolló las técnicas de exageración gigantesca y de enumeración cómica inventadas por Rabelais, sobre todo, en la primera parte de *Gargantua*. La diferencia principal entre «Los funerales de la Mamá Grande» y *Cien años de soledad* reside en que el relato se basa, fundamentalmente, en una distorsión de la realidad objetiva, mientras en la novela asistimos a la creación de una realidad mucho más autónoma.

Sobre la temática de *Cien años de soledad* no hay unanimidad de pareceres. Estamos de acuerdo con E. Rodríguez Monegal [38], cuando afirma que hay en el fondo del libro «una última revelación totalmente metafísica» y que ésta tiene que ver con nuestro concepto de la realidad misma. Con respecto a eso el episodio-clave es, sin duda alguna, el de la masacre de los trabajadores de la Compañía Bananera, reflejo directo de un episodio histórico que el gobierno colombiano logró presentar, sin embargo, como un episodio inventado. No hay que pasar por alto las palabras del P. Reyna, el cura de Macondo: «A mí me bastaría con estar seguro de que tú y yo existimos en este momento» [39]. El episodio de la masacre y las palabras del sacerdote sugieren las posibilidades (puestas en circulación por Borges) de que no hay una clara distinción entre la realidad y la ficción, y de que todos padecemos de irrealidad.

No es del todo fácil conciliar estas ideas con otros aspectos de la ideología de García Márquez, tal como aparecen en *Cien años de soledad*. Pues, si todo es (o puede ser) ficticio, ¿para qué interesarse por, digamos, el destino del hombre o los problemas de Latinoamérica? Sin embargo, la línea divisoria entre los críticos de *Cien años de soledad* separa precisamente a los que interpretan la novela primordialmente como una metáfora de la condición humana, de los que la ven, ante todo, como una exploración de la situación histórica de Latinoamérica. Para los primeros (Carmen Arnau, Julio Ortega, J. M. Oviedo, J. Higgins, entre otros) la circularidad del tiempo en

---

[38] E. Rodríguez Monegal, «Novedad y anacronismo de *Cien años de soledad*», en *Homenaje a Gabriel García Márquez*, ed. H. F. Giacoman, Nueva York, 1972, págs. 15-42.

[39] G. García Márquez, *Cien años de soledad*, 42.ª ed., Buenos Aires, 1974, página 345.

Macondo, el determinismo ineluctable que rige la vida de los macondinos, la soledad, la violencia, la maldición que pesa sobre los Buendía, etc., expresan el hondo pesimismo existencial de García Márquez y su visión trágica de la vida humana. Mientras, para los segundos (Ángel Rama, Suzanne Levine, Isías Lerner, Emmanuel Carballo y otros), lo más importante es la presentación en la novela de problemas sociales y políticos, las guerras, el imperialismo económico, las matanzas, los robos de tierras y la opresión de los pobres, es decir, en general, el elemento de denuncia.

Como en *Pedro Páramo* de Rulfo, encontramos en *Cien años de soledad* una suerte de parodia del mito de Adán y Eva. Hay, como señala Ortega [40], un «Génesis» en que José Arcadio, el fundador de Macondo, y Úrsula su mujer viven virginalmente, sujetos a una prohibición. La muerte de Prudencio Aguilar (=el mito de Caín) y la rebelión de la pareja contra la prohibición producen un «Éxodo» y la maldición que persigue a todos los Buendía. En todo lo demás, apunta Arnau, persiste un tono de «sarcasmo teológico», sobre todo en lo relacionado con las mujeres: Remedios la bella satiriza en cierto modo a la Virgen; Amaranta satiriza el ideal cristiano de la virginidad; en Fernanda del Carpio se nos presenta una imagen deformada de la mujer cristiana tradicional. Finalmente, la novela termina con la apocalíptica destrucción del mundo macondino.

Fijémonos, ante todo, en el punto fundamental: hay una *caída,* pero no hay una *redención.* A pesar del tono festivo de la novela, no es difícil percatarnos de que la vida de los Buendía está rodeada de soledad, violencia, frustración y sufrimiento, enmascarados, pero no del todo escondidos por las aventuras y las orgías sexuales. Todo termina en la muerte o en la futilidad simbolizada por el hacer y deshacer los pescaditos de oro. El coronel Buendía acaba orinando sobre el castaño (=el árbol de la ciencia). Más irónico todavía: es precisamente cuando el último Aureliano y Amaranta Úrsula logran romper el círculo de la soledad y descubren el amor auténtico, cuando se cumple la maldición y todo se aniquila.

Detrás de esa vaga alegoría bíblica no es difícil vislumbrar una cosmovisión amarga y negativa; sabemos que en una versión anterior de la novela el último Aureliano terminaba suicidándose. Suzanne Levine [41], al comparar *Cien años de soledad* con *Pedro Páramo,* llega momentáneamente a hablar de la «visión más afirmativa y vital» de García Márquez, pero ella misma por fin reconoce su escepticismo en cuanto a los beneficios de la sociedad contemporánea y

[40] J. Ortega, «Cien años de soledad» en Amster, *Asedios...*, págs. 74-88.
[41] S. J. Levine, *El espejo hablado,* Caracas, 1975, pág. 31.

en cuanto a «el mito de una sociedad primitiva». Más consecuentes son E. Carballo, Olga Carreras González y Claude Bouché que reconocen en la descripción de Macondo (y por extensión de Latinoamérica) lo que el último llama una «gangrena secreta». Dos ejemplos bastan para ilustrar este proceso. En el primero, las guerras civiles empiezan con la rebelión contra los desmanes de los conservadores, y en un tono de protesta, pero terminan en «una sangrienta rivalidad de caudillos», y en un tono de ironía. El segundo ejemplo lo brinda el episodio de la Compañía Bananera que desemboca en la masacre. Hay aquí hasta un cambio de estilo, que deriva hacia el realismo por única vez en toda la novela, y que revela la indignada protesta del autor. Pero cuando la Compañía se traslada a otro sitio Macondo se hunde.

Hablando con González Bermejo [42] en 1970, García Márquez afirmó que «la soledad es lo contrario de la solidaridad..., es la esencia del libro». Parece ser que aquí el autor saca a relucir la vieja idea de la falta de auténtica sociabilidad en América latina para explicar los problemas históricos y actuales del subcontinente, tan transparentemente reflejados en su novela. De ser así, García Márquez estaría peligrosamente cerca de la doctrina de la inferioridad racial de los latinoamericanos tan traída y llevada a principios de este siglo. Se diría que las ideas de circularidad y determinismo reflejan una falta de fe, por parte de García Márquez, en la posibilidad de cambiar el curso de la historia mediante los esfuerzos humanos. En efecto, todo en Macondo parece representar una evasión de la historia concebida como un proceso dinámico y lineal. Los Buendía cultivan el mito idílico de una vida todavía no contaminada por la modernidad que corresponde casi a una abdicación de la responsabilidad humana. La idea de una maldición implica que las cosas están determinadas por sus orígenes y que todo cambio lleva a peor. Frutos de este mito y de este temor a la historia (una historia, hay que reconocerlo, tan llena de desastres en Latinoamérica) son el conformismo y la pasividad (ya que la actividad no lleva a ninguna parte) o bien a la fe en figuras mesiánicas, quienes, como el coronel, suponemos romperán la cadena del determinismo. Pero tales figuras, en realidad, sólo atraen nuevos desastres.

Rechazamos sin más la opinión de Vargas Llosa, según la cual «el desamparo moral del hombre americano» que simbolizan los Buendía, no se relaciona con nada intrínseco, sino con «la sujeción a una metrópoli extranjera, la prepotencia de las castas locales, la

---

[42] E. González Bermejo, *Cosas de escritores*, Montevideo, 1971, pág. 27.

ignorancia, el atraso». Es una interpretación atrayente, pero imposible de relacionar con el texto. Sin embargo, este enfoque ha tenido un éxito que era de esperar. Sergio Benvenuto y Josefina Ludmer, entre otros, ven en la soledad de los Buendía un símbolo del subdesarrollo, y en el final de la novela el fin de una época de colonialismo económico y cultural. Ambos críticos parecen aceptar la premisa de una redención de Latinoamérica por medios revolucionarios que no figura para nada en el texto, ni siquiera por implicación. García Márquez no nos cuenta la historia de una América latina paradisíaca, corrompida y explotada por la invasión de lo moderno, sino la historia de una América latina corrompida y explotada, sí, pero también incapaz de hacer fructificar las semillas del progreso económico y social con o sin la presencia de extranjeros.

Ludmer, en el mejor libro sobre la técnica de García Márquez en *Cien años de soledad,* demuestra que la estructura de la obra es en el fondo simétrica: «Tiene veinte capítulos sin numerar; los diez primeros narran una historia; los diez segundos la vuelven a narrar invertida.» Con el nacimiento de los dos hijos de José Arcadio primero, la narración se bifurca. En cada generación habrá, de ahora en adelante, dos tendencias antagónicas que se enfrentan («los Aurelianos eran retraídos, pero de mentalidad lúcida; los José Arcadio eran impulsivos y emprendedores»), aunque las posiciones iniciales están invertidas en la tercera generación. En cada generación uno de los Buendía muere fusilado y otro escapa; uno tiene hijos gemelos y el otro no; uno se dedica a la violencia y la crueldad y el otro sufre las consecuencias. También en cada generación los hombres de la familia sufren un cambio brusco de personalidad: el tercer José Arcadio, por ejemplo, empieza como profesor pacífico, pero termina como un dictador local sanguinario, mientras su tío, el coronel Aureliano, después de sus campañas militares, se retira a fabricar pescaditos de oro. Las antítesis, las dualidades simétricas y las imágenes reflejadas como en un espejo, se agregan a las técnicas de exageración irónica y al empleo sistemático de lo fantástico, lo milagroso y lo mágico ya experimentado anteriormente. Pero más que la riqueza inventiva, más que la delirante sucesión de episodios absurdos o siniestros, más que las simetrías y los saltos cronológicos, lo que finalmente caracteriza a *Cien años de soledad* es la discrepancia entre lo narrado, que resulta siempre trágico, y el tono humorístico con que se narra. Carlos Fuentes parece ser el único que se haya dado cuenta cabal del significado de esta discrepancia:

García Márquez —escribe— convierte el mal en belleza porque se da cuenta de que nuestra historia no es sólo fatal: también, de una manera oscura la hemos deseado. Y convierte el mal en humor porque, deseado, no es una abstracción ajena a nuestras vidas[43].

La palabra importante aquí es «deseado». Fuentes sugiere que García Márquez trata humorísticamente los problemas de Latinoamérica por haber reconocido que no los impone una fatalidad abstracta, sino que resultan, al menos en parte, de decisiones hechas por los latinoamericanos mismos. De ser así, la función del humor en la novela sería la de inducir al lector a aceptar la realidad de Latinoamérica con resignación divertida en vez de procurar cambiarla.

El problema que presenta *La increíble y triste historia de la cándida Eréndira y de su abuela desalmada* (1972) surge precisamente de la dificultad de relacionar el desbordante humorismo de este relato con algún fondo serio. La reacción de los críticos ha sido extremamente cauta. Vargas Llosa no se pronuncia. Peel[44] establece un interesante paralelo con *Aura*. McMurray[45] sugiere que el relato constituye una inversión irónica del cuento de hadas tradicional: el Príncipe Azul libera a la doncella esclavizada, pero ésta le rechaza y se marcha con el tesoro. De acuerdo con esta última interpretación, creemos que la historia de Eréndira ofrece otra muestra del arraigado antirromanticismo de García Márquez, ya visible en las páginas finales de *Cien años de soledad*. Al contrario de Rulfo y de Cortázar, quienes parecen ver en el amor la posibilidad de una reconciliación con la situación humana, García Márquez parece negar sistemáticamente tal salida a sus personajes, los cuales quedan siempre al final, como Ulises aquí, dominados por la soledad y el miedo. Una vez más, la acción, en sí, en *La increíble y triste historia...* no lleva a ninguna parte.

Por eso Vicente Bolletino puede hablar del personaje central típico de García Márquez como un personaje «sufrido, consciente de la inutilidad de los esfuerzos sociales»[46]. Ahora bien, ¿cómo se puede conciliar esa actitud con la de un dictador autoritario y feroz? El patriarca de *El otoño del patriarca* (1975) está al extremo

---

[43] C. Fuentes, «Macondo, sede del tiempo», en *Sobre García Márquez,* ed. P. S. Martínez, Montevideo, 1971, pág. 113.
[44] R. M. Peel, «G. García Márquez y *La increíble y triste historia...*», en *Estudios en honor a J. J. Arrom,* ed. A. P. Debicki y E. Pupo-Walker, Chapel Hill, Estados Unidos, 1974, págs. 277-88.
[45] G. R. McMurray, *Gabriel García Márquez,* Nueva York, 1977, pág. 112.
[46] V. Bolletino, «El concepto trágico de *La hojarasca*», *HispI,* 53, 1975, páginas 49-59.

opuesto del médico de *La hojarasca,* que vive encerrado por no haber querido tomar parte en la lucha política. Pero el patriarca, un *alter ego* más carnavalesco del coronel Buendía sumido en la soledad de su círculo de tiza, es también un encerrado. Los seis fragmentos de que se compone el texto están construidos de modo análogo a los capítulos de *Cien años de soledad.* Hay de nuevo, como ha demostrado Jacques Joset [47], en un excelente artículo, «un vaivén cronológico que nos hace saltar sea hacia el pasado, sea hacia el futuro». Igualmente, en estos fragmentos, García Márquez echa mano, como en «Los funerales de la Mamá Grande», de los recursos habituales de enumeración cómica y de exageración satírica. Un tercer elemento técnico que liga *El otoño...* a otros libros de Gabriel García Márquez, como *La hojarasca* o *La mala hora,* es el empezar desde el momento final de un largo proceso (véanse las dos citas en la página 111 arriba). Pero la técnica fundamental de esta novela está constituida por la coexistencia en ella de un proceso aumentativo, de expansión de los límites del poder aparente del patriarca y un proceso reductivo de su personalidad y de su poder efectivo. El triunfo final del segundo proceso coincide con el momento de la muerte del dictador.

El patriarca es, como escribe Julio Ortega, un personaje arquetípico: «ha sido testigo del desembarco de Colón, pero es también uno de los generales de la emancipación americana y el socio de la invasión norteamericana» [48]. Hijo de padre desconocido y soldado anónimo, ha llegado al poder supremo. Para conseguir esto ha ido matando a sus rivales y explotando el apoyo de ingleses y norteamericanos. Pero no le basta a García Márquez investir al patriarca de la realidad del poder, sino que (alineándose en esto con Asturias) crea en torno a él el mito. En «los tiempos de gloria» que precedieron su otoño curaba a leprosos, paralíticos y ciegos con puñados de sal, procreaba cinco mil hijos, identificaba a un enemigo entre una muchedumbre después de años de búsquedas infructuosas por parte de sus agentes, hacía construir un barrio entero nuevo en torno a la casa de la mujer amada, y así siempre hasta que trasciende el estado mítico y alcanza la divinidad. Este «hombre sin padre», tres personas en una, hijo de Bendición Alvarado «a quien los textos escolares atribuían el prodigio de haber concebido sin concurso de varón y de haber recibido en un sueño las claves herméticas de su destino mesiánico» [49], se identifica finalmente con el Todopoderoso, al devolver

[47] J. Joset, «Cronos matando al otoño», *RevIb,* 94, 1976, págs. 95-102.
[48] J. Ortega, «El otoño del patriarca», *HR,* 46, 1978, págs. 421-6.
[49] G. García Márquez, *El otoño del patriarca,* Barcelona, 1975, pág. 51*.

la vida a criaturas muertas, hacer bajar las aguas de las inundaciones y pronunciar el bíblico «Yo soy el que soy yo». Pero ¿quién es? Un condenado a la incertidumbre, a la soledad, a una suerte de no-existencia cuyo símbolo es la ausencia del amor. Repetidas veces el narrador colectivo se refiere al patriarca como a un ser terriblemente triste, «ahogado solitario» (pág. 191), «un huérfano grande y solo» (pág. 100) incapaz de descubrir su lugar en el mundo y casi sin identidad; peor aún, ni siquiera «dueño de todo su poder» (pág. 103), víctima como es de la adulación y del servilismo, por una parte, y de la prepotencia de los gringos, por otra. Contrafigura gigantizada del alcalde de La mala hora, termina como aquél, preguntándose «quién era víctima de quién» (pág. 227). La «tragedia íntima» (pág. 229) de este fantasma endiosado se vuelve a enfatizar en las últimas páginas de la novela, en las que, en contraste con el pueblo, «esta gente sin historia que no cree en nada más que en la vida» (pág. 159), el patriarca viene presentado como un hombre «condenado a no conocer la vida sino por el revés», un hombre cuya sed de poder radicaba en su incapacidad de amar. García Márquez cumple, sin duda alguna, su propósito de estudiar primordialmente «la patología del personaje» y no «los efectos sociales» de su régimen, pero lo que hace que El otoño del patriarca sea inferior como novela a Yo el Supremo de Roa Bastos, es la simplificación implícita en este contraste.

Una lectura de El otoño del patriarca confirma la tesis de que existe en toda la obra de García Márquez un conflicto entre, por un lado, un apego visceral a la vida que se manifiesta por medio del humorismo y, más ambiguamente, por el papel otorgado al amor en las varias novelas; y por el otro, un rechazo de la vida, cuya expresión es la soledad de los personajes y la importancia concedida al determinismo, junto con la visión esencialista del destino y de la personalidad. De las mencionadas, ninguna obra de García Márquez escapa a esta contradicción.

Mario Vargas Llosa (El Perú, 1936)

La mayor parte de los escritores que figuran en este libro emplean innovaciones técnicas que introducen en sus obras en función de un deseo evidente de alejarse de la novela de observación y de cuestionar la realidad que habían aceptado un tanto pasivamente los realistas de estricta observancia. No así Vargas Llosa, de quien se ha escrito, con razón, que es «El único que se digna renovar y desarrollar lo que ya se llama, despectivamente, el realismo burgués» [50]. En su caso las nuevas formas expresivas: «vasos comunicantes», «cajas chinas», formas nuevas de organizar y utilizar los diálogos, etc., no se emplean para desmontar la realidad, sino para acercar cada vez más al lector a una realidad social y humana que Vargas Llosa se propone denunciar. Si es verdad, como sostienen varios críticos (siguiendo a Rodríguez Monegal) que existe en las novelas de Vargas Llosa una dimensión abstracta y alegórica, es obligado concurrir con J. L. Martín que «la metafísica apunta esporádicamente y no cuaja» [51].

Por tanto, desconfiamos de la idea de que haya en *La ciudad y los perros* (1963) una «interrogación acerca del paso del hombre sobre la tierra y el sentido final de nuestras acciones» como sugiere J. E. Pacheco en los utilísimos *Asedios a Vargas Llosa*. En este primer período de su obra, que abarca las obras que van desde los primeros cuentos (*Los jefes*, 1959) a *Conversación en la Catedral* (1969), Vargas Llosa tenía, como él mismo confiesa en *La tía Julia y el escribidor*, «la manía de la ficción 'realista'». Lo que importa destacar, con respecto a este periodo, no es un elemento metafísico hipotético, sino el modo en que Vargas Llosa consigue renovar la novela realista, superando las viejas formas del realismo documental o testimonial y su visión maniqueísta de la realidad social. No es la «condición humana» lo que primordialmente le interesa a Vargas Llosa, sino el sistema social. Por eso la única «visión mítica» que se nos ofrece del colegio militar Leoncio Prado de Lima (el escenario de *La ciudad y los perros*) tiene que ver, según el autor mismo, con los mitos sociales definidos como «una serie de actos en los que nadie cree, pero en los que todos están obligados a creer; leyes convencionales, sociales...» [52].

En la novela se narran algunos episodios de las últimas semanas en la escuela militar de un grupo de cadetes: el robo del cuestionario de un examen de química; la denuncia del cadete responsable (Cava) por uno de sus camaradas (el Esclavo); la muerte del soplón, y la venganza de un amigo del cadete asesinado contra el presunto asesino (el Jaguar). Sobre la base de estos episodios y de acuerdo con su propia afirmación al recibir el Premio Rómulo Gallegos en 1968 de que «la razón de ser del escritor es la protesta, la contradicción y la

---

[50] G. M. Martin, «Vargas Llosa, nueva novela y realismo», *Norte*, Amsterdam, 12, núms. 5-6, 1971 (homenaje a Vargas Llosa), pág. 113.
[51] J. L. Martín, *La narrativa de Vargas Llosa*, Madrid, 1974, pág. 73.
[52] Cit. J. Larco, «La ciudad y los perros», *Casa de las Américas*, La Habana, 5, núm. 3, 1965, pág. 79.

crítica», Vargas Llosa monta una crítica feroz de la sociedad peruana de la que el colegio es un microcosmos casi perfecto. Los temas de la novela son los temas que dominan todas las novelas de Vargas Llosa en su primera época: la hipocresía, la violencia, la corrupción moral, el falso ideal del machismo y el determinismo social.

El robo del cuestionario, que desencadena los demás episodios, resulta desde el principio de la novela totalmente irónico. Lo de menos son las clases de química o de cualquier otra asignatura. Lo que importa en el colegio es convertirse de «perros» en «hombres», de hacer su aprendizaje a la virilidad mediante la represión sistemática de ciertos valores (la compasión, la consideración para con los demás, el sacrificio de sí mismo) y el cultivo exclusivo de los valores opuestos. Como en Los ríos profundos de Arguedas, existe una perfecta simbiosis entre el colegio y la ciudad circundante, subrayada muy eficazmente por la convivencia en el Leoncio Prado de muchachos de diversas clases sociales venidos de diversas regiones del país, y también por los recuerdos de los principales narradores que evocan su vida en Lima antes de entrar en el colegio. La ironía del episodio inicial se generaliza conforme vamos dándonos cuenta de cómo los padres de los distintos cadetes los han mandado al colegio menos para estudiar que para quitarlos de en medio de situaciones familiares difíciles creadas por la falta de autodisciplina y de principios morales de los propios padres. El único resultado es el de perpetuar males idénticos en sus hijos.

Vargas Llosa es, ante todo, un gran virtuoso narrativo. Su imaginación está siempre rebosante de episodios dramáticos, de situaciones inditas, en una palabra, de argumentos. Él mismo cuenta en La tía Julia... como se descubrió capaz de encontrar la materia prima de cuentos y novelas en todo cuanto le pasaba por delante. La figura de Pedro Camacho «el escribidor», que produce radioteatros con la misma rapidez con que se transmiten, simboliza esta gran facilidad de invención. Vargas Llosa ha declarado que le gustaría que se leyeran sus novelas como se lee una novela de Dumas o como se ve un buen «western». Ahí están los relatos mismos de Camacho que leemos con avidez, pero también con aquella sensación casi de vergüenza de que hablaba Ortega en Ideas sobre la novela al condenar el novelón del siglo pasado. Pero a la vez que quiere atraer nuestro interés como un Dumas o un John Houston, Vargas Llosa siente paradójicamente el imperativo de abarcar todos los aspectos posibles de la realidad, de crear lo que llama «la novela totalizadora». De ahí la riqueza de sus procedimientos técnicos: no es posible enfrentarse

120

con una realidad múltiple, ambigua y muchas veces contradictoria, barajando los recursos de la novela realista tradicional.

Como consecuencia, para expresar su visión de la sociedad peruana en toda su complejidad, Vargas Llosa, durante gran parte de *La ciudad y los perros,* abandona por completo la narración lineal y echa mano de una rotación entre diversos narradores (no siempre identificables a primera vista) que no sólo están situados en el punto de confluencia de dos mundos —el de la ciudad de Lima y el del colegio—, sino que mezclan recuerdos de su vida anterior fuera del colegio con recuerdos de sus primeras experiencias como «perros» (cadetes novatos) y con la evocación de las peripecias que culminan en el asesinato del Esclavo y las reacciones que desencadena. Los varios narradores están tratados con distintos enfoques. Uno (el Jaguar) representa, según el autor, el mundo objetivo; está visto siempre desde fuera. Otro (el Boa) representa la pura interioridad; su forma narrativa exclusiva es el monólogo interior. Un tercero (Alberto) es el personaje central, el único a quien se llega a conocer bien, tanto objetivamente como subjetivamente, tanto dentro como fuera del colegio. Estos narradores figuran entre los victimarios; pero también funciona como narrador Richi, el Esclavo, es decir, la víctima. De modo un poco inverosímil Vargas Llosa sitúa a los tres narradores que tienen una vida fuera del colegio (al Boa nunca se le ve en la ciudad, debido a su función especial que es la de revelar los aspectos más bestiales de la vida de los cadetes) en torno a una mujer, Teresa, que acaba casándose con el Jaguar. Se ha criticado este aspecto de la novela; pero L. A. Díez demuestra que a través de sus reacciones hacia la misma muchacha se consigue profundizar el contraste de personalidad y de clase social entre Alberto y el Jaguar y subrayar aun más el papel de víctima que le toca al Esclavo. Una técnica de otra índole, destinada a intrigar al lector, es la del dato escondido: durante mucho tiempo no reconocemos en el protagonista de ciertos episodios de actos criminales fuera del colegio, al Jaguar.

El éxito de *La ciudad y los perros,* que ha sido constantemente reeditada y de la que existen traducciones al menos a doce idiomas, demuestra la funcionalidad de las varias técnicas empleadas por Vargas Llosa. Pero al cerrar la novela nos queda una duda. ¿Hasta qué punto se trata aquí de una visión negativa del sistema social, o en cambio, de una visión negativa de la naturaleza humana? Vargas Llosa se ha defendido contra la crítica de su ideología afirmando ora que los personajes *eligen* su propio destino (o sea, negando la existencia en sus novelas de un determinismo aplastante), ora que «la

121

descripción de lo negativo ayuda a los hombres a formarse una conciencia clara de lo que anda mal» [53].

Pero el problema subsiste en *La Casa Verde* (1966). Ambientada en el interior del Perú, en Piura y en la selva amazónica, esta segunda novela de Vargas Llosa vuelve, como *Los pasos perdidos* de Carpentier, a un escenario típico de «la novela de la tierra», concretamente de *La vorágine*. Como la gran novela de Rivera, es una novela de aventuras, llena de episodios truculentos de violencia y de sexualidad. Pero no sólo el escenario ha cambiado desde *La ciudad y los perros,* también se han introducido nuevos elementos técnicos, principalmente un fuerte elemento de simbolismo. En *La ciudad y los perros* el simbolismo, limitado a la vicuña, la *mascota* del colegio, era mínimo. *La Casa Verde,* por el contrario, toma su título de un burdel primitivo peruano. Según Jean Franco «simboliza las convenciones del machismo»; según Oviedo es «simbólica de la reprimida sexualidad colectiva»; según McMurray simboliza «el legado cultural por demás empobrecido dejado por la clase dominante española» [54]. En nuestra opinión, ninguna de estas interpretaciones logra aclarar la relación que debe existir, y que indudablemente existe, entre el símbolo máximo de la novela y el tema central de la misma. La Casa Verde es un lugar donde se bebe, se baila y se fornica. Los piuranos respetuosos de los valores religiosos y morales la odian y la destruyen. Pero resurge de nuevo de sus propias cenizas, dirigida por la hija del fundador original. Todo eso sugiere algo más que un símbolo cultural o sexual. La Casa Verde simboliza en realidad la propensión humana de buscar el deleite más inmediato y rápido, el rechazo del autosacrificio y de la postergación del placer en aras de un mañana mejor.

Interpretado así el símbolo de la *Casa Verde* se relaciona fácilmente con el otro símbolo importante en la novela, el río, por el que Fushía y Aquilino («encarnaciones de los excesos de dos pasiones, odio y amor», según Lucía Fox [55]) van flotando hacia la muerte. Un símbolo existencial, pues (el río), figura al lado de un símbolo moral (la Casa). Juntos indican el tema de la novela: cómo los hombres colaboramos con el determinismo social y ambiental para destrozar-

---

[53] M. Vargas Llosa, entrevista con Raúl Vargas en *Excelsior,* Méjico, 1 de septiembre de 1968.

[54] Jean Franco, «El viaje frustrado en la literatura hispanoamericana», *Actas del III Congreso Internacional de Hispanistas,* Méjico, 1970, pág. 369; J. M. Oviedo, *Mario Vargas Llosa, la invención de una realidad,* Barcelona, 1970, página 135; G. M. McMurray, «The Novels of Vargas Llosa», *MLQ,* 29, 1968, página 332.

[55] Lucía Fox, «Mario Vargas Llosa y su novelística», *RyF,* 11, 1969, pág. 42.

nos. Con razón habla Luchting de «un pesimismo casi desesperado» visible en las novelas de Vargas Llosa [56].

La Casa Verde nos enfrenta con dos tipos de realidad. Una es la realidad escuálida, violenta y cruel del Perú rural. *Mutatis mutandis* es la misma dura realidad que encontramos en *Todas las sangres* de Arguedas. La otra realidad es humana y existencial: casi todos los personajes terminan degradados o destruidos por sí mismos o por otros, o bien por una misteriosa fatalidad inherente a la vida. Para expresar esas realidades gemelas Vargas Llosa entrelaza cinco secuencias de episodios divididos entre dos escenarios: Piura y la selva. Estas cinco secuencias, que cubren un lapso de tiempo de unos treinta años, tienen como eje central la historia de Bonifacia, una niña indígena raptada de su tribu y educada en un convento de monjas. Bonifacia se casa con un sargento de la Guardia Civil, Lituma, pero termina como prostituta en la Casa Verde de Piura. De este modo su historia se enlaza con la de Anselmo, fundador de la Casa Verde, con la de Lituma y sus amigos «los inconquistables» y con la del cacique indígena Jum, que parece ser su padre. La última secuencia que presenta la historia de Fushía y Aquilino, se desarrolla paralela a las demás, pero tiene su punto de enlace en el personaje de Nieves. Todo obedece a un diseño de riguroso orden, cuya elaboración le costó al autor tres años y medio de trabajo.

Vargas Llosa ha explicado, más de una vez, que su propósito principal fue lograr un efecto de simultaneidad realista (ya que en la vida los acontecimientos no se dan linealmente como en una novela tradicional) y a la vez llenar los «huecos» que existen siempre entre un episodio y otro en otros tipos de narración. No cabe duda que las cinco secuencias son en sí mismas intrínsecamente interesantes y que, como apunta Oviedo, «se van contagiando, vaciándose unas en otras, transfirindose sus personajes» (pág. 156). Pero no nos parece que haya una relación *funcional* entre una secuencia y otra como para que la distribución de los varios episodios produzca en el lector (lo cual ocurre, por ejemplo, en *La muerte de Artemio Cruz* de Fuentes) la sensación de algo orgánico, de un diseño estéticamente inevitable. No es lo mismo una estructura geométrica y regular que una estructura artística.

Entre *La Casa Verde* y *Conversación en la Catedral* (1969) Vargas Llosa publicó un largo relato, *Los cachorros* (1967), que narra la historia de Pichula Cuéllar, un muchacho accidentalmente castrado

---

[56] W. A. Luchting, «Los demonios de Vargas Llosa», *Norte* (Amsterdam), 12, números 5-6, 1971, pág. 146

por la mordedura de un perro. La palabra «pichula» en el argot peruano designa el sexo masculino. Como siempre en Vargas Llosa el relato funciona magníficamente al nivel realista; es un relato digno de Pedro Camacho el escribidor por su audacia, su novedad y su interés. Pero la crítica ha indicado también varios niveles de simbolismo. Cuéllar es la víctima no tanto del perro como del código del machismo; su emasculación simboliza la de todo su grupo de chicos miraflorinos, y, por ende, de toda la burguesía peruana. Finalmente (y recordando el nombre del perro: Judas), Cuéllar simboliza la crucifixión de un hombre por sus prójimos: el relato viene a ser una metáfora de la crueldad universal.

*Conversación en la Catedral* cierra el primer periodo de la obra de Vargas Llosa. Novela política, merece colocarse al lado del grupo importante de novelas sobre la dictadura *(Yo el Supremo* de Roa Bastos, *El otoño del Patriarca* de García Márquez y *El recurso del método* de Carpentier), grupo cuya aparición marcó uno de los momentos cumbres de la nueva novela. Pero hay una diferencia. Aquí el Presidente (Odría), cuyo ochenio en el poder, 1948-56, según el testimonio del propio Vargas Llosa envileció a toda una generación de jóvenes, disgustándoles con su patria, aparece fugazmente una sola vez. Todo está contado desde el punto de vista de la gente, de los que sufren la apatía y el encanallamiento lento que impone la dictadura, y no desde el punto de vista del dictador. La novela es al Peru de Odría lo que fue *El árbol de la ciencia* de Baroja a la España del 98. Zavalita, estudiante fracasado metido a periodista, va descubriendo, poco a poco, como Andrés Hurtado, las lacras asquerosas de su país. También como en el caso de Hurtado, la situación familiar de Zavalita ofrece un cuadro de la corrupción moral que refleja casi simbólicamente el estado general del país. Los prejuicios raciales de su madre para con su nuera, Ana, y el conformismo egoísta de sus hermanos son ya representativos del modo de ser burgués contra el que Zavalita se ha rebelado inútilmente. Pero el momento más traumático para él en toda la novela llega cuando descubre no sólo que su padre es un homosexual pasivo, sino también que el hecho es notorio y le ha valido a don Fermín su apodo de Bola de Oro. Las relaciones sexuales entre Bola de Oro y su chófer negro Ambrosio, que los degradan a ambos, simbolizan, de modo patente, cómo la burguesía utiliza a la clase baja. No menos simbólico, con relación a la situación de clase en el Perú, es el hecho de que Zavalita, un componente potencialmente valioso de la alta burguesía, por su clara conciencia de la podredumbre nacional, abandona su clase para perderse en la amorfa e impotente pequeña burguesía, mientras Cayo Bermúdez, un elemento ya potencialmente nocivo de la clase baja, sube hasta llegar a ser ministro.

Pero si bien el marco de la novela es abiertamente político, con personajes extraídos del mundo político peruano, no es (como ha escrito Jorge Edwards) «el manejo de la corrupción, como instrumento del poder, lo que interesa a Vargas Llosa, sino las consecuencias en el plano individual de vivir en un medio corruptor y corrompido» [57]. El tema de *Conversación en la Catedral* no es, pues, tanto la corrupción cuanto la contaminación: la contaminación de todos por la sordidez moral en que está fundado el régimen. En otras novelas de Vargas Llosa existen raros personajes —el teniente Gamboa, Aquilino— capaces de abnegación y hasta de cierto heroísmo. Aquí todo es mediocridad, todo es derrota. Es interesante notar como también la sexualidad, que en determinados momentos de *La ciudad y los perros* funcionaba como un elemento de protesta contra la hipocresía imperante en el colegio y en la sociedad, aquí ha degenerado en vergonzosa sodomía y triste *voyeurisme*. Al machismo obsesivo de las novelas anteriores se contraponen la timidez de Zavalita, la inversión sexual de su padre, el lesbianismo de Queta y Hortensia y el morboso interés que esto suscita en Cayo Bermúdez.

Se ha señalado varias veces que en la técnica narrativa de *Conversación en la Catedral* Vargas Llosa amalgama las técnicas ya ensayadas en sus novelas anteriores [58]. En las partes II y IV los capítulos están fragmentados y hay una rotación casi regular de los fragmentos que integran las cinco historias principales (o sea, de Zavalita (A), Cayo Bermúdez (B), Amalia (C), Ambrosio (D) y Queta (E)) en grupos de tres o de cuatro. En la parte segunda, capítulo uno, por ejemplo, el modelo es: (C B A) + (C B A) + (C B A + (C B A); mientras en la parte cuarta, capítulo segundo, el modelo es (A B) + + (A D). En cambio, en las partes primera y tercera, Vargas Llosa emplea el método de combinar narrativa en tercera persona y diálogos envasados en otros diálogos con bruscos saltos temporales y espaciales. Esa técnica, que había perfeccionado en *La Casa Verde,* la emplea también sistemáticamente en *Pantaleón y las visitadoras.* Otra vez, empero, surge la duda de si este procedimiento un tanto mecánico, aparte de llenar los espacios huecos de la vieja novela lineal, tenga una justificación estética.

---

[57] J. Edwards, «El gusano de la conciencia», en *Homenaje a Vargas Llosa,* ed. H. F. Giacoman, Nueva York, 1972, págs. 297-301.

[58] Véase el análisis que hace R. Boldori en *Vargas Llosa, un narrador y sus demonios,* Buenos Aires, 1974, págs. 126-7. No estamos conformes con todas sus conclusiones.

Habrá notado el lector atento que detrás de la complejidad formal de las primeras novelas de Vargas Llosa hay siempre un dualismo. En *La ciudad y los perros* corresponde al dualismo microcosmos-macrocosmos; en *La Casa Verde* a Piura y la selva; en *Conversación en la Catedral* a la pareja Zavalita-Ambrosio. En *Pantaleón y las visitadoras* (1973) y *La tía Julia y el escribidor* (1977) la alternancia resulta mucho más visible. *Pantaleón...* abre la segunda época en la obra de Vargas Llosa. Hasta entonces había caracterizado sus novelas la solemnidad inherente a la narrativa de protesta social. Oviedo en 1970 habla del «humor poco frecuente en él», y Vargas Llosa mismo afirmó, en su entrevista con Harss, que la realidad contradice el humor. Sin embargo, recordando a Céline, el novelista concedió que el humor puede interesar cuando expresa la rebelión. Es lo que pasa en *Pantaleón...*, que narra cómo un oficial del ejército peruano «cumplido y maniático», pero ingenuo (una especie de parodia del teniente Gamboa de *La ciudad y los perros)* cumple la orden de montar un servicio de prostitutas ambulante para las guarniciones de la selva y de la frontera. El humor brota de la aplicación de las técnicas más avanzadas de análisis de mercado, de organización logística y de movimientos de mercancías a una actividad tan impropia de las fuerzas armadas.

La sátira, como en las novelas anteriores, se dirige contra la hipocresía del medio ambiente y, en particular, de los altos mandos del ejército, de los sacerdotes castrenses y de Radio Amazonas, hipocresía que por fin logra destruir la organización ya muy eficiente de Pantaleón, convirtiendo a éste en la víctima expiatoria. Casi huelga decir que se repite aquí, en tono de farsa, la historia de Anselmo y la Casa Verde. Como ésta, Pantilandia, la base de operaciones de Pantaleón, se convierte en blanco de los ataques de los (seudo) bien pensantes, quienes triunfan al final cerrando Pantilandia, como los de Piura habían quemado la Casa. Pero sabemos, al cerrar *Pantaleón...*, que el servicio de visitadoras se reorganizará, de la misma forma que la Casa Verde renació de sus cenizas. ¿Se trata, pues, como sostiene Boldori, de una lucha mítica entre libertad y coacción? De ser así, el otro componente de la dualidad temática de la novela, la historia de la secta religiosa, fundada por el hermano Francisco y alimentada por la ignorancia, el fanatismo y la superstición de la gente de todas las clases sociales, constituye un comentario irónico al tema de la liberación de los instintos implícito en la historia de Pantilandia.

*La tía Julia y el escribidor* (1977) contiene diez seriales radiofónicos intercalados en un fragmento autobiográfico del propio autor, que narra lo que realmente le pasó en el año que terminó con su primer matrimonio. De ese modo los amores de Mario y su tía (quince años mayor que él) nos introducen al contexto social a que se refieren los seriales melodramáticos y truculentos de Pedro Camacho, el escribidor compulsivo. Al mismo tiempo constituyen otra historia más, con las mismas características, pero esta vez verdadera. *La tía Julia y el escribidor* nos revela cómo Vargas Llosa descubrió su vocación de escritor. También nos revela un aspecto importantísimo de esta vocación, destacando que lo que empuja a este escritor ultrarrealista a incluir en sus obras situaciones como las de Pichula Cuéllar, de Zavalita que descubre la aberración sexual de su propio padre o del capitán Pantoja alcahuete al por mayor por simple espíritu de disciplina, es nada menos que la nostalgia del novelón.

CAPÍTULO V

# El "boom" II

*Juan Rulfo* (Méjico, 1918)

La obra de Juan Rulfo plantea, en forma particularmente aguda, uno de los problemas básicos de la crítica de textos literarios hispanoamericanos. Lo volveremos a encontrar al enfrentarnos con la narrativa de García Márquez. Es el problema del *nivel* de interpretación. Concretamente: ¿qué es lo que, en última instancia, le preocupa a Rulfo en los relatos de *El llano en llamas* (1953) y en *Pedro Páramo?* (1955). ¿Es la exploración de algo intrínsecamente mejicano, o cabe sugerir más bien que en su obra lo mejicano funciona como una metáfora de la condición del hombre en general? Un importante grupo de críticos (M. Coddou, Ariel Dorfman y, sobre todo, M. Ferrer Chivite)[1] abogan por una interpretación basada esencialmente sobre lo mejicano. En cambio, otro grupo encabezado por Blanco Aguinaga, Julio Ortega y G. R. Freeman[2] hace hincapié inequívocamente en la angustia existencial del hombre moderno como lo medular de la obra de Rulfo.

---

El asterisco que aparece en las notas indica que el número de las páginas entre paréntesis en el texto se refiere a la misma edición que se cita en la nota.

[1] M. Coddou, «Fundamentos para la valoración de la obra de Juan Rulfo», en *Homenaje a Juan Rulfo,* ed. H. F. Giacoman, Nueva York, 1974, pág. 82; A. Dorfman, «En torno a *Pedro Páramo* de Rulfo», *ibíd.,* pág. 157; M. Ferrer Chivite, *El laberinto mexicano en/de Juan Rulfo,* Méjico, 1972, págs. 17 y 20.

[2] C. Blanco Aguinaga, «Realidad y estilo de Juan Rulfo», en *La narrativa de Juan Rulfo,* ed. J. Sommers, Méjico, 1974, pág. 89; J. Ortega, *La contemplación y la fiesta,* Caracas, 1969, pág. 20; G. R. Freeman, *Paradise and Fall in Rulfo's Pedro Páramo,* Cuernavaca, 1970, *passim.*

9

Rulfo mismo, en las entrevistas, y declaraciones recogidas por Reina Roffé y en la entrevista con Sommers publicada en *La narrativa de Juan Rulfo* editado por éste, se ha mostrado siempre muy reacio a explicar su obra. Sin embargo, conviene destacar algunos hechos biográficos y algunas declaraciones. Nacido en la provincia de Jalisco —aislada, misérrima, fanática y violenta— a finales de la Revolución Mejicana, Rulfo pasó su infancia en medio de la Guerra de los Cristeros. Varios de sus parientes, incluso su padre, murieron asesinados. Perdió también a su madre y creció en un orfanato de monjas. «Entonces viví —le dijo a Sommers— en una zona de devastación. No sólo de devastación humana, sino devastación geográfica. Nunca encontré ni he encontrado hasta la fecha, la lógica de todo eso. No se puede atribuir a la Revolución. Fue más bien una cosa atávica, una cosa de destino, una cosa ilógica»[3]. La devastación humana y geográfica la encontramos en el primer plano de sus dos obras: en el horroroso pueblo de «Luvina», en el cuento «El llano en llamas», y en Comala de *Pedro Páramo*. Pero por debajo de estos cuadros desolados de esterilidad y miseria se esconden las preguntas implícitas en las palabras arriba citadas de Rulfo. ¿Cómo se explica esa desolación? ¿Es algo humano? ¿Es un castigo divino? De ahí la otra faceta de su obra; lo que Rulfo indica cuando se refiere a su obra como «una transposición de los hechos de mi conciencia»[4].

De eso se sigue que la afirmación de Toral Moreno, según la cual «hay dos Rulfos incompatibles en ambas obras [suyas]»[5], no sea del todo errónea. En efecto, *El llano en llamas* y *Pedro Páramo* ilustran, como *El Señor Presidente* de Asturias, la curiosa contradicción que aparece en otras obras importantes de escritores hispanoamericanos a la vez militantes y pesimistas. Si consideramos, por ejemplo, los episodios de Niña Fedina y de Carvajal en *El Señor Presidente*, y los de «Nos han dado la tierra», de «El llano en llamas», o las fechorías de Pedro y Miguel Páramo, es forzoso confesar que estas obras contienen innegables elementos de denuncia social y política. Cumplen así con las esperanzas de un largo sector del público y de la crítica militante en sus respectivos países. Pero si analizamos luego el substrato mítico de estas obras nos topamos con un mundo sumido en un tiempo circular en que nada cambia y en que el hombre desempeña el papel de víctima eterna oprimida por una fatalidad ineludible. Todo intento crítico de resolver esta contradicción está

---

[3] J. Sommers, *ob. cit.*, pág. 20.
[4] R. Roffé, *Juan Rulfo, autobiografía armada*, Buenos Aires, 1973, pág. 72.
[5] A. Toral Moreno, «Pedro Páramo», *Et Caetera*, Guadalajara, Méjico, 17-18, 1955, pág. 111.

condenado de antemano al fracaso. Se trata de un conflicto irresoluble, típico de esta fase del desarrollo de la novela latinoamericana. Se enfrentan, por una parte, el rechazo instintivo por los autores de su medio ambiente, lleno como está de injusticia y opresión, y, por otra parte, su íntima convicción de que la situación es irremediable. Hasta en autores de abierta filiación marxista, como Revueltas, el lector reconoce fácilmente el mismo dilema.

Entre los posibles puntos de partida para entrar en el mundo de Rulfo estaría, pues, su afirmación de que «La grande novela de acá no podría hablar de otra cosa que no sea la miseria y la ignorancia»[6]. «Nos han dado la tierra» y «El día del derrumbe», por ejemplo, son cuentos que ofrecen una visión maravillosamente sintetizada de la cínica indiferencia de las autoridades mejicanas frente a la pobreza y los sufrimientos de la gente rural. Pero el tono exasperado de estos cuentos no es el que predomina en El llano en llamas. Antes bien, de lo que se trata en la mayoría de los cuentos es de la mentalidad de los habitantes de la tierra caliente de Méjico: Jalisco, Michoacán, Guerrero. La violencia, la muerte, la degradación humana, la culpa, el fatalismo, una sexualidad casi animal, éstos son los temas de El llano en llamas. Según Coulson, el libro tiene una sola idea básica: «La soledad del hombre y la desolación del mundo en el que ha sido arrojado.» A continuación Coulson aclara:

> La existencia humana como una lucha inútil contra un destino contrario se ejemplifica en «Nos han dado la tierra» y «Es que somos muy pobres»; como desamparado errar por el mundo y búsqueda fracasada de un destino mejor en «Paso del Norte»; como un continuado morir, una agonía prolongada, cuyo tiro de gracia es la muerte, en «¡Diles que no me maten!»; como una lenta destrucción de las esperanzas del hombre en «Luvina»; como un inútil huir de la culpa en «El hombre» y «Talpa»; como el cuento sin sentido de un idiota en «Macario»; como un vértigo de violencia absurda en «El llano en llamas»; y como una vía purgativa, expiatoria de culpas en casi todos los cuentos, pero especialmente en «No oyes ladrar los perros[7].

La crítica ha sido unánime en alabar la maestría técnica de Rulfo en sus cuentos. Él mismo, en su entrevista con Sommers, ha indicado tres aspectos esenciales. En primer lugar, la sustitución del narrador omnisciente por el personaje-narrador: «Simplemente me imagino un personaje y trato de ver a dónde este personaje, al seguir su curso,

[6] R. Roffé ob. cit., pág. 48.
[7] G. Coulson, «Observaciones sobre los cuentos de Juan Rulfo», en Giacoman, Homenaje..., págs. 326-7.

me va a llevar»⁸. Sólo uno de los 18 cuentos de Rulfo está contado enteramente en tercera persona. El resultado es que no hay distanciamiento entre el autor (y por consiguiente el lector) y lo contado; participamos, con los varios narradores, en lo que acontece. Segundo, la extraordinaria rapidez y concisión de cada relato: «Yo trato de evitar momentos muertos, en que no sucede nada. Doy el salto hasta el momento en que al personaje le sucede algo»⁹. De ahí el inolvidable dramatismo de los cuentos de Rulfo, a excepción de «Luvina», su gran «cuento de ambiente» (Luis Leal). Finalmente, una y otra vez, Rulfo insiste en la autenticidad del lenguaje que emplea, no como simple recurso costumbrista, sino como resultado de una larga búsqueda de estilo que va a parar allí donde empezó, en «el lenguaje del pueblo, el lenguaje hablado que yo había oído de mis mayores y que sigue vivo hasta hoy»¹⁰.

Sirviéndose de estos recursos y de una gran habilidad para estructurar sus cuentos en torno a ciertos motivos recurrentes, Rulfo analiza varios aspectos —principalmente negativos— de la vida rural mejicana. Pero sería reducir el alcance de su obra, y simplificarla hasta la falsedad, aceptar sin más la afirmación del autor a Enrique Vázquez en 1976: «Simplemente hablo de mi gente, mis sueños y mi tierra»¹¹. T. E. Lyon ha demostrado, al contrario, que los motivos recurrentes en *El llano en llamas* vienen a constituir una visión de la existencia humana¹². En estos cuentos la vida es un *caminar* fatigoso, sin llegar jamás, «una eterna peregrinación»; es la *memoria* de un triste pasado que elimina el futuro; es un *esfuerzo* inútil; es, finalmente, un andar a tientas entre *tinieblas*. Nosotros añadiríamos otros dos motivos: la *culpa* y la *soledad,* como partes integrales de la existencia, y llamaríamos la atención sobre un elemento importante en cuatro cuentos («No oyes ladrar los perros», «El Paso del Norte», «La herencia de Matilde Arcángel» y «¡Diles que no me maten!»). Este elemento es la relación padre-hijo, que con la atmósfera terrible de «Luvina», nos lleva directamente al mundo de *Pedro Páramo.*

*Pedro Páramo* es la historia de una búsqueda frustrada. Ya hemos visto que ése es también uno de los grandes temas de Borges. En «La Biblioteca de Babel» se busca en vano «el libro total»; Almotásim busca algo, o alguien, trascendental, por toda la India. El

⁸ J. Sommers, *ob. cit.,* pág. 20.
⁹ *Ibíd.,* pág. 20.
¹⁰ *Ibíd.,* pág. 18.
¹¹ J. Rulfo, entrevista con E. Vázquez en *La Gaceta del Fondo de Cultura Económica,* Méjico, 7, 1977, núm. 82, pág. 19.
¹² T. E. Lyon, «Motivos ontológicos en los cuentos de J. Rulfo», *ALH,* número 4, 1975, págs. 305-12.

tema de la búsqueda es tan viejo como la ficción misma. No falta en la novela tradicional hispanoamericana, donde aparece en *La vorágine* de Rivera, como la búsqueda de la venganza, y en *Don Segundo Sombra* de Güiraldes. Pero sólo con Borges es una búsqueda metafísica: he aquí el cambio fundamental. Con Rulfo pasa lo mismo. Lo esencial de *Pedro Páramo* no es el tema tan manoseado del caciquismo rural, ni tampoco (como sostiene Ferrer Chivite) la exploración del carácter nacional mejicano, sino la búsqueda simbólica de Juan Preciado por su padre.

Aparentemente, *Pedro Páramo* es una narración más o menos biográfica que trata de varios episodios de la vida de un cacique rural. Al volver a Comala, después de una larga ausencia, venga la muerte de su padre, se apodera de un vasto latifundio, asesina a hombres, seduce a mujeres, oprime a todos incluso al sacerdote del lugar, y al final emplea su dominio económico para estrangular al pueblo, dejándolo muerto y desolado. Al mismo tiempo ama desesperadamente a una mujer loca, Susana San Juan, con un amor totalmente frustrado. Es una historia que no arroja ninguna luz nueva sobre el fenómeno del caciquismo, y que resulta además melodramática e inverosímil. Es inútil enfocarlo como una narrativa realista.

La técnica narrativa es también desconcertante. En la primera parte de la novela se yuxtaponen, al parecer arbitrariamente, la narración en primera persona (Juan Preciado), ampliada con relatos intercalados también en primera persona (Eduviges); la narración en tercera persona, con monólogos interiores directos (Pedro Páramo), de forma que no hay casi distancia entre el narrador y el personaje; y la narración en tercera persona desde un punto de vista omnisciente (Padre Rentería). En lo sucesivo estos saltos de narración «subjetiva» a narración «objetiva» se intensifican hasta producirse casi inadvertidamente entre una frase y otra. Al mismo tiempo se emplea sistemáticamente la inversión del orden cronológico, de modo que lo que ocurre sólo se explica más tarde. La novela se convierte en una suerte de rompecabezas: al lector (como en *Rayuela* de Cortázar, *La muerte de Artemio Cruz* de Fuentes o *La Casa Verde* de Vargas Llosa) no le queda más remedio que dejar de lado su normal pasividad de simple receptor y reconstruir para sí mismo el hilo conductor de la novela.

Al principio algunos críticos, entre ellos Alí Chumacero, se negaron a aceptar esa técnica y criticaron ásperamente lo que les parecía la desordenada composición de *Pedro Páramo*. Se les olvidó que descubrir un orden escondido en lo aparentemente confuso es una de las grandes satisfacciones de la mente humana. Peor aún, no advirtieron que la realidad de hoy ya no es la confortante realidad comprensible del realismo decimonónico, sino la caótica —laberíntica— realidad de los contemporáneos de Borges. Rulfo, como Sábato (véase página 52) lo reconoce perfectamente. A Sommers le habló de «este confuso mundo» donde «los hechos humanos no siempre se dan en secuencia» [13]. Su método narrativo refleja tal visión de las cosas.

Cuando nos aplicamos a descubrir el sentido oculto del desorden aparente que se nos ofrece en *Pedro Páramo,* el método más fácil es echar mano de lo conocido, en este caso del concepto del caciquismo. De allí se pasa sin dificultad al problema del latifundismo, de los abusos de la autoridad (hasta por parte del gobierno mejicano), de la corrupción del clero, y finalmente se llega a la idea del fracaso de la Revolución Mejicana. Es, más o menos, lo que nos proponen Ferrer Chivite y los críticos nacionalistas. Pero de pronto nos asalta una duda: ¿cómo se explica el episodio tan enigmático de la pareja incestuosa? ¿Cabe aceptar sin más que la hermana, la única mujer en la novela cuyo nombre no sabemos, «cumple el papel de símbolo de la patria corrompida»? [14]. ¿Y qué decir de su hermano?

Realmente la idea de Ferrer Chivite es poco convincente. Para aclarar el significado del episodio hay que recordar cuántas veces, en la nueva narrativa, nos topamos con la inversión de los mitos cristianos. Es un recurso que encontramos en *El Señor Presidente* de Asturias, en el «Informe sobre ciegos» de Sábato, en *El lugar sin límites* de Donoso y en las claras referencias bíblicas de *Cien años de soledad,* para dar sólo los ejemplos más obvios. Aquí, como señala Fuentes [15], se trata de «la pareja edénica»: Adán y Eva. Un Adán y Eva bestiales, sin prole, que nunca han conocido un Edén ni un Dios bondadoso. Al contrario, viven desde siempre sin esperanzas, en un infierno dominado por un ente todopoderoso pero cruel. Adentrándonos más en ese fondo mítico de la novela reconocemos, con Octavio Paz y Julio Ortega, que la búsqueda de Juan Preciado es la búsqueda de un Paraíso perdido y de un Padre Todopoderoso. Termina con el desengaño total de Juan y el asesinato simbólico del Padre por otro hijo (ilegítimo). Basta lo dicho para comprender que *Pedro Páramo* contiene, es verdad, una alegoría: pero no de la vida mejicana, o no sólo de la vida mejicana. Más bien Rulfo alegoriza la peregrinación del hombre por la tierra. La búsqueda de un paraíso perdido sólo revela un infierno poblado de muertos y un Adán y Eva degradados. La muerte misma no trae descanso. Se sigue sufriendo;

---

[13] J. Sommers, *ob. cit.,* págs. 19 y 20.
[14] M. Ferrer Chivite, *ob. cit.,* pág. 59.
[15] C. Fuentes, *La nueva novela hispanoamericana,* Méjico, 1969, pág. 16.

se sigue expiando una culpa que no se sabe siquiera cuál es. Todo en la novela es opresión: opresión física, opresión espiritual. Sólo existe un elemento positivo: el amor sensual, pagano, de Susana San Juan por su marido Florencio. Ese amor triunfa, en el diálogo de Susana con el P. Rentería hacia el final de la novela, sobre la muerte física, sobre la culpa, sobre el infierno.

En resumen, si queremos explicarnos el inmenso éxito de *Pedro Páramo*, hay que interpretar la novela en términos universales, relacionándola sobre todo con la desorientación espiritual del hombre moderno. No se excluyen otras interpretaciones, ni otros niveles de lectura; pero lo fundamental es lo existencial, el diseño mítico.

Durante mucho tiempo se esperaba la publicación de la nueva novela de Rulfo *La cordillera*. Pero en la entrevista de 1976, mencionada arriba, anunció que la había tirado a la basura. Afortunadamente, añadió: «Pese a mí mismo, sigo escribiendo.»

## Augusto Roa Bastos (Paraguay, 1918)

En su excelente ensayo «Imagen y perspectivas de la narrativa latinoamericana actual» [16], Roa Bastos define la novela como «instrumento de captación y, en segunda instancia, de transformación de [la] realidad social» con «una misión de denuncia de sus problemas y males mayores» (pág. 57). Pero añade que la capacidad de iluminación estética de la novela se da no sólo «en función de los grandes problemas del hombre en sociedad», sino también en función «de los problemas últimos del individuo» (pág. 49). Estas palabras ofrecen la mejor introducción a sus dos grandes novelas *Hijo de hombre* (1960) y *Yo el Supremo* (1974).

La primera prueba de que el Paraguay había despertado de su larga modorra cultural por la Guerra del Chaco fue la publicación, en 1952, de *La Babosa* de Gabriel Casaccia, que produjo un memorable escándalo en los ambientes literarios del país. El año siguiente Roa Bastos publica su primera obra, una colección de cuentos titulada *El trueno entre las hojas* (1953). Frente a la relativa pasividad de la actitud de Casaccia y su insistencia en el tema de la frustración, Roa Bastos desde el principio denuncia la violencia y la injusticia social que reinan en el país, del que tuvo que exiliarse en 1947. Pero

---

[16] Reproducido en *Novelistas hispanoamericanos de hoy,* ed. J. Loveluck, Madrid, 1976, págs. 47-63.

en medio de la evidente estridencia de estos 17 cuentos, ya se hace también evidente un esfuerzo por superar lo puramente documental. El distinguido crítico Rodríguez-Alcalá, en una larga reseña del volumen y en un análisis de «La excavación», enfatiza no sólo la virulencia de la protesta, sino también el experimentalismo que domina la técnica de los cuentos [17].

De modo semejante precisa Eyzaguirre que «*Hijo de hombre* es un ejemplo señero de que no es axiomático que el compromiso político malogre la obra de arte» [18]. En una entrevista publicada en la revista paraguaya *Alcor* (núm. 41, octubre de 1966), el autor explica el tema de la novela:

> La lejanía de la patria me impuso el tema de esta novela... Siempre que quise recordar y recobrar la imagen esencial de nuestro pueblo me encontré con esa voluntad de resistencia, de persistir a todo trance a pesar de los infortunios, las vicisitudes en que tan pródiga ha sido nuestra historia. De ahí surgió el motivo inicial que se construyó en núcleo de la temática de *Hijo de hombre,* cuyos nueve capítulos no son sino unas tantas variaciones sobre la resistencia del hombre, no solamente a la extinción física, sino también a la degradación moral.

Como Carpentier en *El siglo de las luces,* Roa Bastos propone una visión cíclica de la historia (véase la reflexión de Miguel Vera: «El ciclo recomenzaba y de nuevo me incluía», pág. 111) [19] en espirales sucesivas de lucha y fracaso, pero sin lograr jamás que desfallezcan el valor y la dignidad del hombre.

Para expresar (y universalizar) el tema, Roa, como Asturias y Rulfo, echa mano a una inversión de la tradición cristiana. La importancia del Cristo de Itapé estriba tanto en lo que no simboliza como en lo que simboliza. Provoca una rebelión contra el cura del lugar; nunca entra en la iglesia; el Viernes Santo, ante la imagen, los itapeños prorrumpen en un clamor de angustia, de esperanza y de resentimiento, no de amor o de caridad. El Cristo de Itapé es, en efecto, el Hijo del Hombre y no el Hijo de Dios; simboliza la redención del hombre por el hombre. «Lo que no puede hacer el hombre, nadie más puede hacer», afirma Cristóbal (pág. 245). Este Cristóbal Jara es el Cristo esencialmente humano de *Hijo de hombre.* Su nom-

[17] H. Rodríguez Alcalá, «A. Roa Bastos y *El trueno entre las hojas*», en *El cuento hispanoamericano ante la crítica,* ed. E. Pupo-Walker, Madrid, 1973, páginas 179-94.

[18] L. B. Eyzaguirre, *El héroe en la novela hispanoamericana del siglo XX,* Santiago de Chile, 1973, pág. 181.

[19] A. Roa Bastos, *Hijo de hombre,* Buenos Aires, 1976*.

bre (Kiritó) representa fonéticamente la palabra Cristo en guaraní. Precedido por Gaspar Mora, como fue precedido Cristo por San Juan Bautista, su nacimiento se anuncia por el cometa Halley, así como la estrella de Belén anunció el nacimiento de Cristo. La fuga de sus padres del yerbal de Taburú-Pikú en el cuarto capítulo («Éxodo») evoca claramente la ruida a Egipto de la Sagrada Familia. Por fin, en el capítulo ocho («Misión») muere a manos de sus semejantes, soldados del ejército paraguayo en la Guerra del Chaco (específicamente lo mata Miguel Vera), en el momento en que tras grandes sufrimientos les trae el agua de la vida. No faltan ni la Magdalena (Salu'i) ni Judas (Vera). La resurrección de Cristóbal está asegurada por las palabras de Macario en el primer capítulo: «El hombre ... muere, pero queda vivo en los otros, si ha sido cabal con el prójimo» (pág. 38)[20].

Al nivel no-mítico el Judas, Vera, representa al intelectual analítico, incapaz de dedicarse por entero a la lucha del pueblo. El hecho de que sea él uno de los narradores hace que se produzca en la novela una especie de dialéctica entre acción y contemplación, que se resuelve al final con la afirmación, por parte de Vera, de que «Alguna salida debe haber en este monstruoso contrasentido del hombre crucificado por el hombre» (pág. 280).

Técnicamente *Hijo de hombre* pertenece al grupo de novelas que incluye la trilogía bananera de Asturias y *Todas las sangres* de Arguedas, entre otras, en las que, no obstante el «compromiso» del autor, las viejas formas del realismo documental quedan definitivamente superadas. La incorporación de mitos y símbolos, la discontinuidad narrativa, los saltos cronológicos y la alternación de narradores que encontramos en *Hijo de hombre,* son elementos típicos de la nueva novela. Una vez más la crítica dio en hablar de «fragmentación», de «nueve relatos entrelazados», de «frustración de la novela en lo estructural». Hasta que los trabajos de Foster y Kleinbergs, y más adelante de Andreu y Miret, demostraron, sin lugar a dudas, que se trata de una novela técnicamente muy lograda.

*Hijo de hombre* abarca un periodo que va más o menos desde 1910 a 1936. Pero contiene además *flash-backs* que nos llevan a la época del doctor Francia a principios del siglo pasado, y termina con una posdata que se podría fechar aproximadamente en el año 1947. Lo que proporciona unidad al relato, a pesar del gran lapso de tiempo

---

[20] Sobre este aspecto esencial de *Hijo de hombre,* véanse A. Valdés y I. Rodríguez, «Hijo de hombre, el mito como fuerza social», en *Homenaje a A. Roa Bastos,* ed. H. F. Giacoman, Nueva York, 1973, págs. 99-154; U. Lehnert, «Ensayo de interpretación de *Hijo de hombre*», *ibíd.,* págs. 171-85; y D. W. Foster, *Roa Bastos,* Boston, 1978, págs. 38-64.

que abarca, es, en primer lugar, el elemento mítico. De hecho, como demuestran Valdés y Rodríguez (Giacoman, pág. 153), «el mito existe como una voluntad estructuradora» en esta novela. Lo anuncia el segundo epígrafe: «He de hacer que la voz vuelva a fluir por los huesos... y haré que vuelva a encarnarse el habla...» El tiempo cíclico del mito corresponde al imperativo del hombre de transmitir, de una generación a otra, la «misión» de conquistar su libertad. Por eso la novela se inicia con referencias al casi legendario Supremo Dictador y termina la víspera de la Guerra Civil de 1947. Es decir: describe los esfuerzos de tres generaciones por romper el círculo de opresión y rebeldía. La frase-clave se le ocurre a Vera al aproximarse al vagón de Casiano Jara: «la historia seguía siendo una historia de fantasmas, increíble y absurda, sólo quizás porque no había concluido todavía» (pág. 131).

La novela en sí aparece como un conjunto de nueve cuentos, de los que dos, «Hijo de hombre» y «Hogar» (es decir, los capítulos 1 y 5), han sido publicados por separado tanto en *Los pies sobre el agua* (1967) como en *Cuerpo presente y otros cuentos* (1971) del mismo Roa. A primera vista el narrador es Miguel Vera. Pero mirando más de cerca notamos que sólo los capítulos impares centrados sobre Itapé están narrados directamente por él. Los capítulos pares, centrados sobre Sapukai y en donde interviene Kiritó/Cristóbal Jara, tienen narradores menos directamente reconocibles. Andreu ha demostrado cómo entre las dos secuencias «se entabla un verdadero juego dialéctico de atracción y repulsión»[21]. Una secuencia (los capítulos impares) es «estática y regresiva»: allí empieza y termina la vida fracasada de Vera, el intelectual burgués, torturado por su «culpa de aislamiento y abstención» (pág. 281). Otra (los capítulos pares) contiene la historia heroica de los Jara, del vagón, de la montonera de Costa Dulce, y del camión aguatero. El contraste se extiende hasta abarcar el estilo de las dos secuencias; en la primera resulta sentimental y romántico, mientras que en la segunda suena bíblico y épico-mítico. Se puede interpretar el contraste entre los dos grupos de capítulos como algo que corresponde al contraste entre lo individual (enajenado) y lo colectivo (comprometido). Finalmente, la división explícita del texto, la «doble óptica de narración», «el esquema en zig-zag», «el sistema de conexiones [temporales] en forma de red» (Andreu) sugiere que existe una correlación entre técnica y contenido que quizá permite hablar de una función simbólica implícita en la técnica misma.

En una entrevista de 1970, Roa expresó su insatisfacción con su

---

[21] J. L. Andreu, *Cuadernos de Norte,* Amsterdam, 1976, pág. 18.

obra anterior y hasta repudió *Hijo de hombre* [22]. Sospechamos que lo que repudiaba de veras no era tanto el libro cuanto la mala conciencia, el sentido de culpa que él sentía por su expatriación, su auto-separación de la realidad de su país. En todo caso, en *Yo el Supremo* advertimos un cambio de rumbo. Aquí el esfuerzo de Roa está dirigido no ya a *crear* un mito (de redención en lo futuro), sino de investigar un mito del pasado. «¡Oh quién fuera el Suetonio de Rosas, el doctor Francia, Melgarejo, Estrada Cabrera!», exclamó Carpentier en su ensayo «Papel social del novelista». Igual pensamiento debió de habérsele ocurrido a Roa Bastos, convirtiéndosele luego en el largo estudio de fuentes históricas relacionadas con el doctor Francia, que cuajó finalmente en su segunda novela. Ya en *Hijo de hombre* había trazado el perfil del Dictador Perpetuo sombrío y cruel, que sin embargo perseguía y destruía a los enemigos de la nación. Pero hay una diferencia fundamental entre las dos obras: en *Hijo de hombre* estamos frente al «mito como impulso revolucionario»; mientras en *Yo el Supremo* Roa Bastos, más maduro y quizás menos ilusionado, crea un libro que pertenece, como *Cien años de soledad* de García Márquez, al tipo de literatura, irónica y destructora de su propio poder de transmitir la ilusión de algo verídico, que asociamos con las teorías de Barthes.

Más de una vez Roa Bastos ha explicado el propósito de su libro:

> No intenté hacer una biografía novelada del Supremo Dictador... Aquí únicamente yo podía intentar el desarrollo de... un personaje que ejerce el poder absoluto al servicio de una causa, en la cual encarna los intereses y el destino de una colectividad...
>
> Creo que la historia está compuesta por procesos, y lo que importa en ellos son las estructuras significativas: para encontrarlas, hay que cavar muy hondo y a veces hay que ir contra la historia misma. Eso es lo que he intentado hacer... [23].

Es decir, al «compilar» estas cuatrocientas sesenta y pico páginas de dictados, diarios, notas y demás verborrea del anciano dictador, Roa se propuso crear algo como un símbolo del Paraguay y al mismo tiempo desentrañar la «intrahistoria» del país. Surge, por tanto, la misma pregunta que se nos presenta mientras leemos *Cien años de soledad:* ¿cómo puede transmitirnos un mensaje una novela que se burla de sí misma, que insiste en su ficcionalidad y en la incapacidad del len-

---

[22] D. W. Foster, *ob. cit.,* pág. 20.
[23] Cit. R. Bareiro, «Trayectoria narrativa de A. Roa Bastos», *Texto Crítico,* Vera Cruz, 4, 1976, págs. 44-5, y M. Benedetti, «El recurso del supremo patriarca», *Casa de las Américas,* La Habana, 98, 1976, pág. 20.

guaje de representar lo real, y mucho menos sugerirnos algo acerca del destino de un país?

Declaramos honradamente que, a nuestro parecer, sugerir dudas acerca de la relación entre palabra y significado no es más que un recurso para advertir al lector de la necesidad de leer entre líneas y de buscar su propia interpretación del texto. La dificultad, tanto en Roa como en García Márquez, está en descubrir qué es lo que los autores intentan decirnos acerca de los procesos y estructuras significativas de la historia de sus respectivos países, y por extensión de Hispanoamérica en general. Dicho de otro modo, se trata de descubrir, en este caso, cuál es el mecanismo del poder, y contra quiénes y a favor de quiénes debe ejercerse. Hay aquí mucho paño que cortar y no vamos a cortarlo nosotros. Baste indicar que *mutatis mutandis* y con todas las debidas reservas, el actual régimen castrista en Cuba en muchos aspectos (fuerte poder central, destrucción de una burguesía venal, política, igualitaria y autárquica, hostilidad al colonialismo económico) ofrece más de un punto de comparación con el régimen del doctor Francia. Al mismo tiempo salta a la vista el contraste con la corrupción del régimen de Stroessner y la fácil entrada que éste ofrece a las grandes Compañías Internacionales.

Estructuralmente *Yo el Supremo* resulta mucho más complicada que *Hijo de hombre*. En primer lugar, la técnica de introducir a varios narradores, ensayada en la novela anterior, está llevada aquí hasta la exasperación. Aunque el lector queda con la impresión general de haber leído una larga «confesión» (y autojustificación) autobiográfica del Dictador, ya escrita directamente por él en su «cuaderno privado» y en «el cuaderno de bitácora», ya dictada a su secretario Patiño, hay además gran cantidad de notas a pie de página de interés histórico y documental, las interpolaciones de un «corrector impostor», las discusiones del Supremo con Patiño y con su perro Sultán, y finalmente voces de ultratumba que impugnan o rectifican lo dictado, escrito o pensado por el Supremo, siendo éstas «corregidas» a su vez por la ilegibilidad de ciertos fragmentos de los textos en que figuran. De este modo *Yo el Supremo* viene a ser, como *Rayuela* de Cortázar, un libro dirigido esencialmente a lectores «machos», dispuestos a leer y releer, cotejando, comparando, esforzándose cada vez más por contestar a la pregunta ¿cómo puede esta «confesión» (¡de un dictador!) escarbar debajo de la superficie de la historia para descubrir su esencia?

Que fuera tal su intención no sólo se colige de las palabras de Roa citadas arriba, sino también de los vistosos «anacronismos» que introduce en la novela: las referencias a personajes, eventos y hasta objetos que o vivieron o fueron inventados después de la muerte del doctor Francia. Como la referencia al café y a los puros en la *Electra* de Giraudoux, estos anacronismos sirven para llamar la atención al hecho de que no se trata de una obra arqueológica, una mera recreación del pasado. Según ha precisado el propio autor:

> El desdibujamiento de una línea cronológica en la narración, la abolición de las fronteras del tiempo y espacio fueron los procedimientos que se me impusieron como los más eficaces para no encerrarla en los marcos de una época histórica determinada y trascenderla hacia una significación que pudiera llegar hasta el presente del lector [21].

*Yo el Supremo* cumple, pues, un triple propósito: indagar sobre la naturaleza del régimen del doctor Francia, y así bucear dentro de la intrahistoria permanente del Paraguay; indagar, una vez más, sobre las posibilidades de la novela, entre otras, la posibilidad de ensanchar todavía más sus límites; y finalmente mediante las afirmaciones, contradicciones, paradojas y retruécanos del Dictador, cuestionar, para supremo estímulo del lector, las posibilidades expresivas del lenguaje mismo.

## José Donoso (Chile, 1925)

En su *Historia personal del boom* (1972) José Donoso no sólo nos ofrece una descripción memorable del impacto de la nueva novela en el mundo literario asfixiante chileno a principios de los años 60, sino que tiene el valor (y la modestia) de declararse hijo del *boom*. Nada en el libro llama la atención tanto como las páginas del capítulo tercero que narran cómo Donoso descubrió en 1961 *La región más transparente* de Fuentes. Después de leer esas páginas resulta casi imposible rechazar la tentación de postular la existencia de un Donoso pre-1961 y un Donoso post-1961. Sin embargo, los excelentes libros de Cornejo Polar y más aún de Hugo Achugar, entre otros, nos ponen en guardia contra tal tentación, al hacer hincapié en las constantes que se repiten a lo largo de toda la obra de Donoso. Lo que cambia en él no es tanto la visión del mundo como la audacia de las innovaciones técnicas con que logra expresarla.

Es sumamente revelador lo que Donoso nos cuenta de la situa-

---

[21] Cit. B. Rodríguez Alcalá, «*Yo el Supremo* visto por su autor», en *Comentarios sobre Yo el Supremo*, Asunción, 1975, pág. 25.

ción literaria en Chile antes del *boom*. No existía siquiera el concepto de una novela hispanoamericana. Existían novelas argentinas, chilenas, mejicanas, venezolanas, escritas por los «grandes abuelos»: Azuela, Barrios, Güiraldes, Gallegos. En Chile, considerado un país sin novelistas, seguían imperantes los dogmas del criollismo y del realismo social. Un «empobrecedor criterio mimético, y además mimético de lo comprobablemente 'nuestro' —problemas sociales, razas, paisajes, etc.—» momificaba la producción narrativa. Los mismos autores solían financiar la producción de sus obras, que no se vendían fuera del país; las editoriales no importaban sino libros españoles o europeos. Les costaba un trabajo inmenso a escritores como Donoso y Jorge Edwards romper «las barreras de la sencillez y del realismo como destino único de nuestra literatura», y desbaratar «el dogma chileno de la necesidad de un lenguaje transparente y limpio en que se encarnara nuestra ironía» [25].

De ahí se desprende que lo que menos importa en *Coronación* (1956), la primera novela de Donoso, es lo que contiene de «realidad» o de crítica social. Lo que cuenta son las respuestas posibles a la pregunta ¿hasta qué punto Donoso, aún antes del «cataclismo» que significó para él la lectura de *La región más transparente* en 1961, ya se apartaba de la estética limitadísima que había heredado de la generación de Barrios y Latorre? Tengamos en cuenta que *El obsceno pájaro de la noche,* con el que Donoso se puso de golpe en la vanguardia de la nueva novela, fue «concebido y quizás comenzado» antes del descubrimiento de Fuentes.

El gran tema de Donoso, en todas sus obras, es la desintegración: la del individuo (y de la familia, el núcleo social), la de la sociedad (y no sólo de la sociedad burguesa), y la del sistema de valores y creencias en que se fundamentaba tradicionalmente la vida individual y social. Viene repitiéndose que *Coronación* se estructura en torno a la decadencia de una familia de la clase alta chilena, los Abalos, representada principalmente por la abuela misiá Elisa, ya nonagenaria, y su nieto cincuentón don Andrés. La locura ya incurable de aquélla va poco a poco contagiándole a éste hasta que, tras un estallido de erotismo reprimido provocado por su contacto con la criada Estela y el fracaso grotesco, Andrés termina aceptando, casi conscientemente, el destino de su abuela, la locura, prefiriéndola a la angustia y a la soledad en que de pronto se encuentra. En cierto modo, como sugiere Rodríguez Monegal [26], *Coronación,* a pesar de

[25] J. Donoso, *Historia personal del boom,* Barcelona, 1972, págs. 38 y 50.
[26] E. Rodríguez Monegal, «El mundo de José Donoso», *MN,* 12, 1967, páginas 77-85.

los elementos surrealistas y freudianos que contiene, viene a ser, con *Las buenas conciencias* de Fuentes, la última novela galdosiana escrita en Hispanoamérica. Como Dickens en *Dombey and Son* y Galdós en *Fortunata y Jacinta,* Donoso relaciona estrechamente el mundo de la alta burguesía y el mundo del proletariado mediante el recurso de alternar sistemáticamente episodios de la vida de los Abalos y otros que tienen como protagonistas a las criadas y sus conocidos.

Se ha criticado el supuesto intento de Donoso de describir la interpenetración de los dos estratos sociales. Escribe Eyzaguirre: «Este intento relacionador es la parte más floja de la novela, porque Donoso no consigue nunca establecer entre los dos mundos lazos de veras convincentes y significativos. Ambos continúan existiendo paralelamente y los esfuerzos del novelista por presentar una visión integradora fracasan, a la vez que revelan una preocupación de tipo sociológico, que en este caso no se compadece con los postulados artísticos de *Coronación*» [27]. A lo que se puede responder con la afirmación de Promis Ojeda, según la cual las diferencias entre las dos clases sociales en realidad «se transforman en factores aparenciales que ocultan la absoluta identidad de uno y otro sector, sumergiéndoles entonces por igual en la caída que se avecina. Ambos son mundos finales» [28]. Tal afirmación, si pensamos en *Este domingo,* por ejemplo, resulta ampliamente confirmada.

En efecto, no sólo René en su chabola, como don Andrés en su piso lujoso, intuyen la existencia de algo así como un paraíso perdido en el pasado, un *orden* (palabra clave en Donoso), sino que hay un evidente paralelismo entre la vida burguesa, sin entusiasmos ni abandono, de don Andrés, y la vida de René indeciso como está entre el trabajo honrado y la criminalidad. Cuando don Andrés por fin intenta seducir a Estela, la criada, y contemporáneamente René se decide a cometer un robo importante, los dos fracasan de modo humillante. A pesar del aparente vitalismo de Mario y Estela, que contrasta con la abulia y la locura de los demás, es difícil no creer que terminarán como René y Dora.

Si bien el estudio de la decadencia de la sociedad chilena ocupa un lugar de importancia en *Coronación,* Donoso ha protestado, una y otra vez, contra los que no han percibido «algo más allá de esa superficie». Lo que queda más allá de la superficie de la novela es la progresiva alienación de don Andrés, su pérdida de «ese orden

---

[27] L. B. Eyzaguirre, *ob. cit.,* pág. 268.
[28] J. Promis Ojeda, «La desintegración del orden en la novela de José Donoso», en *Novelistas hispanoamericanos de hoy,* ed. J. Loveluck, Madrid, 1976, página 175.

que era la esencia misma de la vida» [29]. El terror del tiempo y del espacio de Andrés, su angustia ante la visión de un mundo absurdo y sin finalidad están todavía demasiado influidos por el modelo noventayochesco español. Sin embargo, cuando al final de la novela desembocan en una locura esencialmente lúcida, las afirmaciones de este personaje nos proporcionan una clave para la comprensión de la obra posterior de Donoso:

> ... todo no es más que un desorden, una injusticia, un juego de locura del Cosmos. Si hay un Dios que vele por el destino de los hombres, no puede ser sino un Dios loco. ¿Qué locura más completa que haber dotado a los hombres de conciencia para darse cuenta del desorden y del terror, pero no haberles dotado de algo para vencerlos? ...el único orden es la locura, porque los locos son los que se han dado cuenta del caos total (pág. 157).

Es significativo que en una entrevista con McMurray en 1973, quince años después de *Coronación,* Donoso repitió, casi palabra por palabra, esas mismas afirmaciones [30].

El momento culminante de la novela coincide lógicamente con la coronación de la locura: «aquella última escena esperpéntica» *(Historia,* pág. 37), como la llama el autor, que en 1956 fue tan mal comprendida y tan absurdamente criticada. Hablando con McMurray, Donoso declaró que los símbolos constituyen probablemente el elemento más importante de su obra. Esa coronación grotesca de mesiá Elisita por sus dos criadas borrachas simboliza el triunfo de la locura, del caos y del absurdo metafísico. Nos asomamos ya al mundo de *El obsceno pájaro de la noche.*

*Este domingo* (1966) también presenta la decadencia de una familia burguesa y merecería un estudio comparativo con *Coronación.* En cuanto a su contenido se adelanta poco a la novela anterior; otra vez aparecen las tres clases sociales: la burguesía, las criadas, los parias. Don Álvaro Vives, quien con su mujer Chepa ocupa la parte central de la novela, se asemeja quizás demasiado al don Andrés de *Coronación.* Es otro personaje inútil, inauténtico, física y psicológicamente débil, irresistiblemente atraído por el vitalismo y la exuberante sexualidad de la criada Violeta. Chepa, frígida con su marido y sexualmente insatisfecha, sublima sus instintos mimando a sus nietos y tratando, con una caridad despótica, a un grupo de pobres hasta que encuentra casualmente a Maya, un patético asesino,

---

[29] J. Donoso, *Coronación,* 2.ª ed., Barcelona, 1968, pág. 41*.
[30] G. McMurray, «Interview with José Donoso», *HBalt,* 58, 1975, páginas 391-3.

a quien logra sacar de la cárcel. Cuando Maya, tras una fugaz relación sexual con Violeta, la mata, se cierra el círculo. Álvaro muere de cáncer y Chepa, mientras busca a Maya por las barriadas de la ciudad, en un simbólico descenso al infierno, es agredida por un grupo de niños pobres, y enloquece. Si hay una evolución en lo temático entre *Coronación* y *Este domingo* hay que verla en la intensificación del aislamiento individual y en la eliminación de la nota de esperanza que suena todavía en la primera novela al unirse y ampararse mutuamente Mario y Estela.

La verdadera novedad de *Este domingo* reside en su estructuración [31]. Abandonando la cronología convencional de *Coronación*, Donoso organiza su nueva obra en torno al «eje temporal» de un sólo domingo, el día que ve el colapso del matrimonio de Álvaro y Chepa, el descubrimiento por parte de ésta de su estado de total sujeción emocional a Maya, y el asesinato de Violeta. La narración se mueve rítmicamente ya hacia atrás, ya hacia adelante en el tiempo. Hay, además, una especie de contrapunto entre las tres secuencias de recuerdos de uno de los nietos de Álvaro y Chepa, narradas en primera persona, y las dos historias de Álvaro y Chepa narradas en tercera persona, y con la interpolación de monólogos interiores y hasta de una suerte de apóstrofe del personaje por parte del narrador. La alternancia entre los narradores indica, desde luego, la ambivalencia de la realidad narrada; también (junto con otros recursos que emplea Donoso en el curso de la narración en tercera persona) actúa para variar la distancia afectiva entre narrador y personajes, y yuxtapone bruscamente acontecimientos o diálogos con las reacciones internas de los individuos. Hay, además, una serie de relaciones simbólicas entre los juegos de los nietos y la vida de los abuelos. Como indica Donoso en su *Historia personal del boom*, ya había comenzado a comprender que los cánones de sencillez y verosimilitud vigentes en el Chile de los años 50 «no eran la única vara con que se mide la excelencia» (pág. 37). Quizá el resultado más importante de este proceso de comprensión fue la «ley de sustitución» que Donoso instaura ya en *Este domingo*. Según esta «ley» cada personaje puede convertirse en otro, al menos en la mente de un tercero. La identificación del sistema por Cornejo Polar en *Donoso, la destrucción de un mundo* (pág. 105), y su aplicación por Bueno Chávez en el mismo libro a *Este domingo* (página 69), marcan un gran paso adelante en la crítica de Donoso.

*El lugar sin límites* (1966) encierra, como acertadamente se-

---

[31] Véase J. Rea Boorman, *La estructura del narrador en la novela hispanoamericana contemporánea*, Madrid, 1976, págs. 111-124.

ñala Vidal, «una burla desmesurada y ambigua de las imágenes valoradas por el nacionalismo literario del criollismo positivista chileno» [32], y en la historia literaria significa un tardío tiro de gracia al movimiento que exaltara los arquetípicos hacendados viriles y los huasos esforzados. Pero la novela tiene otras dimensiones más importantes que la parodia acre y grotesca. Hugo Achugar ha analizado detalladamente la organización del ámbito social en la novela, refiriéndose en particular al «proceso de cambio de la conciencia social de Pancho Vega» y a la importancia de la figura de Octavio [33]. Es más: en la entrevista con McMurray, mencionada arriba, Donoso aclara que «la falta de comunicación entre mis personajes es una metáfora de mi sentimiento de falta de comunicación con Dios, o sea, no hay ninguna posibilidad de comunicarse con un Dios noexistente» (pág. 391). A partir de la época romántica, la idea de la no-existencia de un Dios benévolo ha empujado a ciertos autores hacia la idea contraria: la de la existencia de un Dios malévolo o loco. Ya encontramos tal idea en El Señor Presidente de Asturias y en Pedro Páramo de Rulfo. Aflora, como hemos visto, en la mente de don Andrés en Coronación. El lugar sin límites, amplificación de una página cosechada de una de las versiones tempranas de El obsceno pájaro de la noche, contiene en el fondo una alegoría de la vida humana dominada por una divinidad maligna, don Alejo. Éste es, en efecto, como el Bandeira de Borges, «una tosca divinidad» que baraja a su antojo el destino de sus pobres criaturas. Éstas son, en este caso, los dos habitantes del burdel del lugar: la Japonesita y su padre el homosexual Manuela. Otro Pedro Páramo, don Alejo ha decidido la lenta destrucción del lugar desde hace tiempo. Como intuyó la Chepa delante de Maya en Este domingo, la partida (existencial) está perdida desde antes de la primera jugada. Sólo queda el sufrimiento, el infierno. Por eso el título de la novela se refiere a la descripción del infierno en el Dr. Faustus de Marlowe. En este lugarcito infernal chileno se debaten tres seres muy diversos: la Manuela, el afeminado sesentón que todavía sueña con encandilar a los hombres presentándose como bailaora española; la Japonesita, hija del grotesco acoplamiento de la Manuela y la Japonesita Grande, impuesto por don Alejo; y Pancho Vega, supuesto hijo espúreo de don Alejo, a quien toca el papel de Luzbel rebelde. En realidad cada uno de los tres personajes aspira a rebelarse: Manuela contra su condición de maricón pobre y viejo, triunfando una vez más como mujer

---

[32] H. Vidal, José Donoso, Barcelona, 1972, pág. 115.
[33] H. Achugar, Ideología y estructuras narrativas en José Donoso, Caracas, 1979, págs. 161-90.

irresistible; la Japonesita, contra su vida gris de patrona de burdel hombruna y virgen; y Pancho contra el peso de su inferioridad frente a don Alejo. Todos fracasan. Pancho liquida su deuda con el supuesto padre, pero no por eso se siente menos humillado. La Manuela baila por última vez con éxito, pero sólo consigue despertar la homosexualidad latente de Pancho y con eso atraerse la muerte violenta. La Japonesita decide entregarse a Pancho, pero deja pasar la oportunidad y éste opta por Manuela. El penúltimo capítulo termina con la lucha entre la Manuela, Pancho y el cuñado de éste, Octavio, «los tres en una sola masa viscosa, retorciéndose como un animal fantástico de tres cabezas» (alusión clara a Cerbero) cerca de «las viñas donde don Alejo espera benevolente». En el último capítulo, la Japonesita, *lasciata ogni speranza,* acepta su círculo del infierno y se resigna a «lo de siempre»: una vida sin salida.

Varios críticos han visto *El lugar sin límites* como el libro que enlaza el mundo de *Coronación* y *Este domingo* con el de *El obsceno pájaro de la noche* (1970). Se insiste en la idea de un mundo caótico, sin Dios, y en la ambigüedad del personaje Manuel-Manuela, como elementos que sobreviven en *El obsceno pájaro de la noche* y abren el camino hacia posibles interpretaciones de este texto desconcertante, que Donoso ha definido como «una novela laberíntica, esquizofrénica, donde los planos de la realidad, irrealidad, sueño, vigilia, lo onírico y lo fantástico, lo vivido y lo por vivir, se mezclan y entretejen y nunca se aclara cuál es la realidad, pero no ya del 'realismo social'»[34]. Otros críticos, como MacAdam y Mignorelli[35], siguiendo una línea crítica muy familiar a los estudiosos de Borges, rechazan todo intento de interpretación y se refugian en el cómodo concepto de una narrativa creadora de sí misma e incapaz de hacer nada sino narrar; es decir, imponer un orden arbitrario a elementos escogidos al azar. Digamos sin ambages que toda tentativa de presentar *El obsceno pájaro de la noche* como una serie de significantes sin significado está condenado de antemano al fracaso. Donoso es ante todo un hombre de ideas, un hombre con una cosmovisión muy definida, de la cual debe partir todo enfoque válido de su obra.

Al contrario de *Cien años de soledad* que se estructura en torno a un mito bíblico con una «caída», pero sin la correspondiente «redención», *El obsceno pájaro de la noche* (cuyo escenario es un am-

[34] Cit. A. M. Moix, prólogo a los *Cuentos* de Donoso, Barcelona, 1971, página 11.

[35] A. J. MacAdam, *Modern Latin American Narratives,* Chicago, 1977, páginas 111-118, y S. Mignorelli, «El obsceno pájaro de la noche», *HR, 45,* 1977, páginas 41319.

biente religioso) contiene un mito de redención: la creencia de las viejas en el niño santo que las llevará al cielo:

> por eso es que estamos con nuestras bolsas y paquetes listas, viviendo en la capilla todas juntas..., esperando el momento en que el niño nos lleve a todas las viejas de la Casa al cielo en sus carrozas blancas (pág. 512) [36].

Donoso ha explicado a M. San Martín [37] que bajo las referencias a la religiosidad de las viejas «hay condena a la sociedad que las esclavizó» y que en realidad toda la novela es «una rendición simbólica de lo que es una burguesía latinoamericana..., una agonía en su propia mierda». Las viejas, que «no tienen por qué aplicar los valores burgueses a la vida», se evaden de su circunstancia escuálida elaborando una fantasía religiosa que Donoso considera antiburguesa. Toda la interpretación que ofrece Vidal de *El obsceno pájaro de la noche* se basa en los aspectos antiburgueses de la obra. Éstos obviamente existen, y la proyección social del libro merece tenerse en cuenta. Pero está claro que la fantasía de las viejas es también una parodia de las creencias cristianas, como está claro que don Alejo en *El lugar sin límites* representa, hasta cierto punto, una parodia de la idea de un Dios benévolo. Cuando por fin el sueño de la salvación de las viejas se convierte en su traslado a un nuevo asilo comprado con el dinero de la Brígida, y la madre Benita se ve obligada a acompañarlas, ésta, que representa la iglesia, se declara «vencida» (pág. 528). El cielo anhelado por las viejas no existe. Estamos otra vez ante un tema fundamental en la obra de Donoso: su nostalgia de la fe, de un Dios garante de un 'orden' existencial sin el cual no hay más que caos. El autor mismo ha declarado que «Quisiera que el lector inmerso en mi mundo novelesco sintiera el temor, el terror, el amor al caos» [38]. Pero insiste también en que «para nada mi novela es antirreligiosa. La religión es una forma de salvación... existencialmente hablando la Iglesia tiene un valor» [39].

Cuando vengan para derribar la Casa, se afirma, «se alzará una polvareda cuando las fauces hambrientas de las palas mecánicas perturben el reposo secular de los adobes que *construyen el mundo*» (pagina 538). La Casa de Ejercicios, como la Casa de Asterión de Borges, simboliza, hasta cierto punto, el mundo tal como Donoso lo concibe; es decir, un mundo escuálido poblado de seres esperpénticos

---

[36] J. Donoso, *El obsceno pájaro de la noche*, 5.ª ed., Barcelona, 1977*.
[37] M. San Martín, «Entretien, José Donoso», *Car*, 29, 1977, págs. 195-203.
[38] Cit. J. Promis Ojeda en Loveluck, *ob. cit.*, pág. 189.
[39] G. McMurray, art. cit., pág. 392.

cuya vida carece de objeto. Esta Casa, este mundo, está dominado por el concepto de *encierro*. Es por eso por lo que una de las actividades principales de el Mudito, el personaje central, es ir tapiando puertas y ventanas, y cerrando uno a uno los pasillos laberínticos de la Casa. De este modo la Casa se convierte en el equivalente de un «imbunche»: «todo cosido, los ojos, la boca, el culo, el sexo, las narices, los oídos, las manos, las piernas» (pág. 63), algo sin posibilidad de comunicación con un más allá. Vista de otro modo la Casa se parece a un gigantesco paquete. La novela es un paquete; la Casa es un paquete; bajo sus camas las viejas acumulan más paquetes. Por eso la escena en la que el Mudito y la Madre Benita abren los paquetes de la Brígida cobra especial importancia. Para la Madre el paquete debe contener algo: la vida y el mundo deben tener un sentido. «Sé que usted está implorando que este paquete contenga algo más que basura», le dice el Mudito. Pero añade —portavoz del autor— «¿Para qué seguir abriendo y rompiendo envoltorios... si tiene que saber que no va a encontrar nada?» (pág. 31). Y, sin embargo, «todos estamos envueltos en estos paquetes» (pág. 30). No cabe expresar más claramente el mensaje de la novela, el radical nihilismo metafísico de Donoso. En *La pata de la raposa* Pérez de Ayala presenta la vida como una caja vacía que el hombre debe llenar, creando sus propios valores vitales. En su entrevista con McMurray, Donoso rechaza todo intento semejante como puro romanticismo. Para él, la caja, es decir, el paquete, está vacío o lleno de basura.

Perdida toda fe en un orden divino, sólo queda el caos. El mundo se convierte de golpe en «un mundo en que los seres comienzan a deformarse, a perder sus dimensiones llamadas normales; se transforman en algo casi irreconocible, en que las pautas de la normalidad moral, sexual, pasional, etc., pierden su significado y empiezan a trizarse» [40]. Es lo que pasa en *El obsceno pájaro de la noche*. Toda la novela es un vasto delirio del Mudito-Humberto Peñaloza, actualmente *factotum* de la Madre Benita en la casa-asilo de la Chimba. Ex secretario de don Jerónimo (importante personalidad chilena); enamorado de la mujer de éste, doña Inés, Humberto es también un escritor frustrado. El delirio de este monstruo, medio enano, gibado, con el labio leporino mal cosido, crea un mundo fantasmagórico y contradictorio en el que la interacción de las dos clases sociales, la alta y la baja, que fue una de las constantes de las novelas anteriores, reaparece, pero esta vez, según el autor, «en un plano metafísico» [41].

En la casa-asilo no hay más que viejas locas y muchachas adoles-

[40] J. Donoso, entrevista con G. I. Castillo, *HBalt*, 54, 1971, págs. 958-9.
[41] *Ibíd.*

centes porque, aclara Donoso, «la vejez es una anarquía, la adolescencia es una anarquía, la locura es una anarquía [42]. La novela se polariza en torno a dos acontecimientos y dos grupos de personajes. Una de las jóvenes, la Iris Monteluna, sale con frecuencia del asilo para hacer el amor con varios hombres que se enmascaran con una gigantesca cabeza de cartón. Más tarde, cuando parece que está embarazada, las viejas del asilo crean el mito de un nuevo Redentor que las redimirá de la Casa-Infierno que habitan. Anteriormente, doña Inés, la mujer de don Jerónimo, había dado a luz a un monstruo, Boy, para quien su padre organiza un ambiente, la Rinconada, totalmente poblado de otros monstruos controlados por Humberto. Las dos series de episodios resultan complementarias; los dos grupos de personajes: Jerónimo-Humberto-el Mudito e Iris, Inés-Peta Ponce participan en ellos y también en unos actos sexuales que que resultan casi rituales ya que según ha confesado Donoso, «mi esencial es no creer en el amor» [43].

Ahora bien, como ha demostrado Borinski [44], en *El obsceno pájaro de la noche* «la unión sexual es atracción entre máscaras». Otra cosa en la que no cree Donoso es en «la solidez de la personalidad humana». La personalidad también es un paquete sin nada dentro; no hay más que máscaras, antifaces, funciones que uno cumple, papeles que uno representa. El elemento más perturbador de *El obsceno pájaro de la noche* es la manera en que los personajes se reducen a «máscaras interrelacionadas en un juego de superficies» (Borinski), a elementos intercambiables en un vasto mecanismo caótico. Con esto tocamos fondo. Negar la realidad de la personalidad significa añadir el último toque de anarquía a la novela. Ahora un actor-narrador (Humberto-el Mudito), objeto de constantes transformaciones, contempla un mundo de trueques de funciones y de personalidades, un mundo en que nada es estable, todo está fragmentado, no hay más que caos. Donoso ha explicado que la novela estuvo bloqueada dentro de él hasta que tuvo el valor de renunciar a todo intento de encontrarle una forma racional. Sólo cuando dio con el punto de vista «exacerbado, lúcido, complicado, jugado en todas las posibilidades» [45] de Humberto-el Mudito, logró la forma que expresase el caos real del mundo mediante el caos aparente de la organización narrativa.

Finalmente, hay que subrayar el importante elemento subjetivo y casi autobiográfico en *El obsceno pájaro de la noche*. «Escribí esta

---

[42] *Ibíd.*
[43] *Ibíd.*
[44] A. Borinski, «Repeticiones y máscaras», *MLN*, 88, 1973, págs. 281-94.
[45] J. Donoso, entrevista con G. I. Castillo *ut supra*.

novela un poco para saber quién soy», confesó el autor a Rodríguez Monegal [46]. Al relacionar esta búsqueda de sí mismo por parte de Donoso con su aterradora crisis de locura en 1969, Pamela Bacarisse [47] ve en el Mudito síntomas de esquizofrenia caracterizados por sensaciones de inseguridad ontológica. Las mentiras y contradicciones en que deliberadamente incurre (incluso la tendencia a borrar su propia identidad) no son más que tentativas de protejer esta identidad inestable. Es una interpretación perfectamente compatible con el «binarismo como negación del maniqueísmo» que Donoso mismo señaló a San Martín como aspecto básico de los personajes de la novela. Pero sobre todo, ya que se trata de un desesperado esfuerzo por evitar «una apocalíptica disolución en el no-ser» (Bacarisse, página 127), la búsqueda del Mudito se convierte en una búsqueda metafísica fracasada.

Comentando sus *Tres novelitas burguesas* (1973), Donoso dijo a McMurray: «Es un libro que aparece algo frívolo a la superficie, pero en muchos aspectos no es frívolo. Contiene muchas de mis viejas obsesiones, tales como la falta de la unidad humana y la falta de comunicación entre las personas... Pero... he incluido cosas de mi vida en España». La mayor novedad de estos relatos resulta del uso que hace Donoso, por primera vez en su obra, de personajes ni jóvenes ni viejos, sino pertenecientes a la generación intermedia. Éstos, para él, representan el mundo «normal» que anteriormente le interesaba poco. Dos de los relatos, «Chattanooga Choo-Choo» y «Átomo verde número cinco», describen el derrumbe de este mundo de la normalidad en sendos matrimonios. El primero dramatiza el complejo de castración que existe en muchos maridos maduros; el segundo quita de repente la barrera protectora de posesiones materiales que rodea a Roberto y Marta, dejándoles simbólicamente desnudos y aterrorizados. Hay también en este relato un tema más profundo. Edmundo Benzedú explica que «En el crescendo de tensiones, la progresiva desaparición de las cosas significa también la gradual desaparición de la identidad de Roberto y Marta» [48]. En «Gaspard de la nuit» Donoso vuelve al mundo anárquico de la adolescencia. De forma que recuerda quizás demasiado a Cortázar, cuenta la historia de Mauricio, un 'niño bien' que después de unas peripecias ligeramente satíricas de la vida burguesa, encuentra mágicamente a su

[46] E. Rodríguez Monegal, «La novela como 'happening'», *RevIb*, 76-7, 1971, páginas 517-36.

[47] P. Bacarisse, «El obsceno pájaro de la noche», en *Contemporary Latin American Fiction*, ed. S. Bacarisse, Edimburgo, 1980, págs. 18-33.

[48] En A. Cornejo Polar, *Donoso, la destrucción de un mundo*, Buenos Aires, 1975, pág. 168.

'doble', un golfo de la periferia de Barcelona. Convirtiéndose en él, escoge la libertad. Aunque originales en sí mismas, las *Tres novelitas burguesas* encajan dentro de una tradición rioplatense que Donoso había ya superado en *El obsceno pájaro de la noche*.

Acerca de *Casa de Campo* (1978), Donoso escribe en el texto mismo que «No intento apelar a mis lectores para que 'crean' en mis personajes: prefiero que los reciban como emblemas»[49]. Del personaje central, Wenceslao, comenta: «Es que Wenceslao, igual que mis demás niños, es un personaje emblemático» (pág. 372). Dicho en otras palabras: son personajes semialegóricos. La novela entera es una alegoría político-social muy amena y a veces cómica, con evidentes referencias a la historia reciente de Chile. En una vasta casa de campo una extensa familia de terratenientes y dueños de minas de oro pasan el verano rodeada de sus 33 hijos. Fuera están los «antropófagos»; dentro, la amenaza del pariente loco, Adriano, cuyas ideas liberales contrastan con el tradicionalismo egoísta e hipócrita de los demás. Durante una breve ausencia de los mayores, los niños, capitaneados por Adriano, se rebelan, confraternizan con los nativos y dan al traste con el sistema autoritario de antes. Cuando la rebelión degenera en el caos absoluto, vuelven los padres con un ejército de lacayos para restaurar el orden y venderlo todo a los gringos.

Ambientada en una artificiosa *belle époque* de crinolinas y landós, época que simboliza el anacrónico sistema social chileno durante la juventud de Donoso, la novela caricaturiza imparcialmente tanto a los viejos detentores del poder, empeñados en «correr un tupido velo» sobre todo lo que les conviene ignorar, cuanto a los liberales pequeño-burgueses, ingenuos y desprovistos de ideas prácticas. Éstos se rebelan sin medir las consecuencias, y los nativos (el pueblo), sospechosos de abrigar ideas comunistas [=antropófagas] no tardan en mostrar que no ven más allá del saqueo de la Casa Grande. En medio de todo se encuentra Wenceslao, «el más peligroso de todos los niños, porque es el que discrimina, piensa y critica» (pág. 295). A él le toca al final pronunciar las exequias del sector burgués (son los burgueses, con sus lacayos y los gringos los auténticos antropófagos) y vaticinar un nuevo régimen en Marulanda, régimen algo nebuloso, dicho sea de paso, en que se vivirá de acuerdo con «las costumbres tradicionales que pueden enseñarnos los que conocen la región mejor que nosotros» (pág. 485). ¿Una 'casta eterna' chilena?

*Casa de Campo* se asemeja en muchos aspectos, aunque modernizada, a *La conquista del reino de Maya* de Ganivet. La abundancia de personajes facilita la creación de una gran variedad de episodios

---

[49] J. Donoso, *Casa de Campo*, 1.ª ed., Barcelona, 1978, pág. 404*.

serio-cómicos y Donoso, desdeñando «la hipócrita no-ficción de las ficciones en que el autor pretende eliminarse siguiendo reglas pre-establecidas por otras novelas» (pág. 54), interviene siempre que quiere con comentarios chuscos sobre el desarrollo de la trama y sobre sus propios procedimientos narrativos. «Yo no he podido resistir la tentación —explica— de cambiar mi registro y utilizar en el presente relato un preciosismo también extremado como corolario de ese feísmo [de sus libros anteriores] y ver si me sirve para inaugurar un universo también portentoso» (pág. 401). Sin embargo, lo que mejor explica la obra es una frase de Donoso en su entrevista con San Martín: «aquí sitúo la experiencia de Chile como una cosa que me importaba».

### José Lezama Lima (Cuba, 1910-1976)

Al aparecer en 1966 la primera novela de Lezama Lima, *Paradiso,* el autor tenía ya una hoja de servicios impresionante como poeta, ensayista, crítico y editor de revistas literarias, sobre todo *Orígenes* (cuarenta números entre 1947 y 1957), en la que colaboraron muchos de los escritores más destacados del mundo hispánico de entonces, desde Juan Ramón Jiménez, Aleixandre y Cernuda a Alfonso Reyes, Carpentier y Paz. Sin embargo, el nombre de Lezama Lima mismo permanecía casi ignorado. La publicación de *Paradiso* produjo una fuerte reacción. Varios críticos y escritores, entre éstos Cortázar y Vargas Llosa, saludaron la novela como una obra maestra. Desde entonces se ha tendido cada vez más a presentar a Lezama Lima junto con Carpentier, como uno de los dos novelistas cubanos más representativos de la ruptura con el realismo tradicional.

Con todo eso, no se nos ha dado todavía cuenta cabal de la importancia de *Paradiso* dentro de la línea de desarrollo de la narrativa hispanoamericana moderna. Las descripciones de la novela siguen siendo sumamente vagas. Es «una tentativa imposible» (Vargas Llosa); es «una obra que podría no ser una novela, tanto por la falta de una trama que dé cohesión narrativa a la vertiginosa multiplicidad de su contenido, como por otras razones» (Cortázar); es «uno de los más grandes libros excéntricos de todos los tiempos» (Jean Franco). Unos lo ven como «una aventura del lenguaje» y otros como una novela de iniciación a la vida. Es, sin lugar a dudas, un libro singularísimo y misterioso.

Lo que sobre todo motiva nuestra perplejidad es la ausencia

aparente de un *tema*. Narrada de manera convencional en tercera persona, la novela gira en torno a dos familias cubanas, los Cemí y los Olaya, unidas por el matrimonio entre el coronel Cemí y Rialta Olaya, matrimonio todavía reciente al principio de la novela. El personaje central de la historia es el hijo del coronel, José Cemí, niño de cinco años en el primer capítulo y estudiante universitario al final. En el transcurso de la novela, José, después de la muerte temprana de su padre, entabla relaciones amistosas con otros dos jóvenes, Fronesis y Foción. Este último, un homosexual activo, enamorado de Fronesis, le brinda al autor la posibilidad de introducir, al lado de las largas disquisiciones filosóficas y literarias en las que se enfrascan los tres amigos, otra serie de parlamentos (los personajes no conversan, se echan discursos unos a otros) y de episodios relacionados con la homosexualidad. Finalmente, al morir su abuela, doña Augusta, empieza a desmoronarse el sistema de vida matriarcal que ha rodeado y protegido la juventud de José, y éste emprende una especie de viaje quasi-simbólico hacia Oppiano Licario, a quien el coronel, ya en su lecho de muerte, había escogido como guía espiritual de su hijo.

Desconfiamos de la metodología de C. J. Waller, quien en un artículo utilísimo [50] analiza las múltiples referencias a la luz y la claridad en *Paradiso,* e insiste en el tema de la resurrección. Waller se basa en el postulado de que la simbología de *Paradiso* es esencialmente de raíz budista, e interpreta la novela en términos budistas de un viaje desde las tinieblas de los sentidos hasta la claridad del mundo del Atma-Buddhi, el «paradiso» del título. No creemos que haga falta relacionarlo todo con el budismo, aunque el interés de Lezama Lima por las religiones orientales es un hecho probado. Pero sí creemos que las experiencias de José Cemí constituyen una suerte de camino de perfección, y que es preciso interpretar sus contactos con Fronesis, Foción y Licario con arreglo a eso. La muerte de Foción (a quien fulmina un rayo), por ejemplo, tiene un sentido simbólico innegable: él ha errado el camino. Fronesis, cuyo nombre significa «sabiduría aplicada», representa la nobleza ética. Además funciona como interlocutor de José después del segundo momento de su desarrollo espiritual. El primer momento corresponde a una larga entrevista del adolescente con su madre, en la que ella le anuncia su destino: ser escritor. El tercer momento llega cuando José encuentra casualmente a Licario. A éste lo define el autor como «una figura arquetípica que representa la destrucción del tiempo, de la realidad y la irrealidad». «Oppiano Licario —dice— es el conocimiento in-

---

[50] C. J. Waller, «Paradiso», *HBalt,* 56, 1973, págs. 275-82.

finito» [51]. Con Licario llegamos al centro del sistema de pensamiento de Lezama Lima, puesto que con Licario se inicia «la participación de Cemí en la imagen, en la poesía y en el reino de los arquetipos» [52]. Según Álvarez Bravo «la imagen», palabra-clave para Lezama Lima, significa «la resurrección, dentro de su sistema, por el camino de la poesía» [53]. Sólo «la imagen» calma la «devoradora ansia de integración en la unidad» que siente Lezama Lima. Aquí, como apuntan De Villa y Sánchez Boudy, «la poesía va más allá de la simple creación de belleza y busca una finalidad sobrenatural» [54]. Estamos plenamente de acuerdo con la conclusión de estos críticos de que «si bien su sistema poético [de Lezama Lima] posee hondas raíces religiosas y aun filosóficas, el concepto de la imagen sólo revela la relacionabilidad del Ser, pero olvida su dirección» (pág. 185).

Las últimas palabras de *Paradiso*, que José Cemí parece oír de los labios de Licario, son «podemos empezar». Significan que, al final de su adolescencia, está listo para emprender el camino hacia «la imagen», la unidad, lo que vence a la temporalidad, la muerte y la angustia existencial. La continuación incompleta de *Paradiso, Oppiano Licario* (1977), antes de seguir la trayectoria de José en su peregrinación, nos hace retroceder al periodo anterior a la muerte de Licario (acaecido hacia el final de *Paradiso*) para volver a examinar los temas habituales. Fronesis, que desapareció de *Paradiso,* reaparece para conseguir, mediante una experiencia homosexual, un instante de «aceptación cósmica». Otra vez Lezama Lima relaciona lo erótico (sobre todo las desviaciones sexuales) con lo metafísico. En la segunda parte de *Oppiano Licario* (a partir del capítulo V), indudablemente más importante que la primera, la «figura» Fronesis-Foción-Cemí de *Paradiso* está reemplazada por la «figura» Licario (muerto)-Cemí-Ynaca (la hermana de Licario) que está considerada nada menos que como «la trinidad que surge en el ocaso de las religiones». El capítulo V mismo, con la larga discusión del papel trascendental de «la imagen», es esencial y resulta imprescindible para la verdadera comprensión del sistema de Lezama Lima. No menos significativas son las relaciones sexuales, durante el resto de esta novela incompleta, entre Cemí e Ynaca, y entre ésta y Fronesis, sin olvidar que Lucía, una muchacha sencilla y espontánea, también encuentra en Fronesis «un complementario», aunque en distinto nivel. «Una metafísica de

[51] J. Lezama Lima, en *Interrogando a Lezama Lima,* Barcelona, 1971, pág. 32.
[52] *Ibíd.*
[53] A. Álvarez Bravo, *Lezama Lima,* Buenos Aires, 1968, pág. 30.
[54] A. de Villa y J. Sánchez Boudy, *Lezama Lima, peregrino inmóvil,* Miami, 1974, pág. 182.

la cópula sería la única gran creación posible frente a la destrucción total que se avecina» [55], escribe Fronesis a Cemí. Poco a poco vamos comprendiendo que Fronesis y Cemí pasan por experiencias que confluyen para constituir un «curso délfico» que les llevará a unir carne y alma, Eros y sabiduría. Entonces alcanzarán «la total victoria de la poesía contra todos los entrecruzamientos del caos» (pág. 196).

Los razonamientos de la maga Editabunda en el capítulo IX nos aclaran, de una vez por todas, los propósitos de Lezama Lima en estas dos obras estrafalarias y geniales. Él aspiraba a escribir «libros oraculares», fundar un tipo de literatura en la que «cada libro debe ser como una forma de revelación» (pág. 120), con un mensaje de esperanza. La duda de Borges de si el mundo es un caos total, o bien un orden secreto que no sabemos descifrar, está resuelto positivamente por Lezama Lima (como también lo fue por Marechal, otro creyente) al afirmar la posibilidad de «volver a definir a Dios partiendo de la poesía» (pág. 195). El «yonder» de Cortázar es un aquí y ahora para Lezama Lima: la imagen, la resurrección del hombre mediante la palabra poética.


## Guillermo Cabrera Infante (Cuba, 1929)

La conocida afirmación de Fuentes según la cual toda novela moderna digna del nombre debe contener una exploración del lenguaje parece hecha a propósito para introducir la primera novela de Cabrera Infante. La crítica entera ha reconocido en *Tres tristes tigres* (1970) una obra en que desempeña un papel de importancia primordial el lenguaje, y sobre todo, el lenguaje hablado. Cabrera Infante mismo ha definido uno de sus propósito al hablar de su tentativa de «convertir este lenguaje oral en un lenguaje literario válido. Es decir, llevar este lenguaje horizontal, absolutamente hablado, a un plano artístico, a un plano literario» [56].

Esto constituye indudablemente uno de los grandes logros de la novela y tiene una importancia innegable. Ya hemos visto repetidas veces, en el curso de este estudio, que el proceso que cumple la nueva novela es un proceso de autoliberación de las trabas del viejo realismo, al amplificar las fronteras de la realidad y hasta al poner en tela de juicio la existencia de la realidad misma. Para llevar ade-

---

[55] J. Lezama Lima, *Oppiano Licario*, Méjico, 1977, pág. 134*.

[56] Cit. E. Rodríguez Monegal, «Las fuentes de la narración», *MN*, 28, 1968, página 48.

lante este proceso era preciso encontrar nuevas técnicas, nuevas formas de narrar que alejaran al autor cada vez más del viejo autor omnisciente y serenamente confiado en su visión de un mundo racionalmente comprensible. El redescubrimiento de la lengua hablada forma parte de esta renovación técnica general. Lo vemos ya esporádicamente, por ejemplo, en las escenas de *La región más transparente* de Fuentes, que tratan del regreso de un obrero que había trabajado en los Estados Unidos. Pero aquí Cabrera Infante lo lleva sistemáticamente a un extremo tal que un lector no cubano difícilmente comprenderá en seguida el sentido de todas las locuciones empleadas. *Tres tristes tigres* es como un compendio de varios registros de la lengua hablada en La Habana, en un determinado momento de los años 50. Para comprender cuánto hacía falta este ataque frontal a las convenciones literarias, basta pensar en la casi ausencia del diálogo en las novelas de Carpentier, por ejemplo, o en los diálogos de los personajes de Mallea (entre otros) tan alejados de la lengua hablada auténtica.

Hay cierta tendencia a limitar la originalidad de *Tres tristes tigres* a la explotación de la lengua hablada y a los recursos del humor que, bajo la forma del «choteo» cubano (que consiste en no tomar nada en serio) Cabrera Infante emplea con profusión en el texto. Es cierto que la novela ocupa un lugar destacado en la larga serie de novelas cómicas que, empezando con *El juguete rabioso* de Arlt y *Adán Buenosayres* de Marechal, pasando por *Rayuela* y *Cien años de soledad,* cobra nuevas energías con *Pantaleón y las visitadoras* de Vargas Llosa, *Palinuro de México* de Del Paso y *La Princesa del Palacio de Hierro* de Sáinz. El humorismo de Cabrera Infante está estrechamente emparentado con el de Cortázar y en este sentido el antecedente de *Tres tristes tigres* es, sin duda alguna, *Rayuela.* Pero al contrario de Cortázar, Cabrera Infante rara vez echa mano de *situaciones* cómicas, ni le interesa mayormente la sátira. Hay alguna escena de farsa pura, como cuando Kodac encuentra su cama ocupada por la cantante mastodóntica Estrella o cuando Ribot pide un aumento de salario. Pero por lo demás el humorismo es casi exclusivamente verbal. Lo esencial es «la alteración de la realidad hablada» [57], que alcanza su punto máximo en el personaje de Bustrófedon, forjador genial de trabalenguas y retruécanos lingüísticos, coleccionador de graffiti y partidario de la conversación como la única forma literaria.

A primera vista toda la novela parece existir bajo el signo de Bustrófedon. Llena sus páginas una larga serie de chistes y hallazgos cómico-verbales. Pero la broma más auténtica la constituye la exis-

---

[57] G. Cabrera Infante, *Tres tristes tigres,* Barcelona, 1970, pág. 222*.

tencia humana. La vida de Bustrófadon fue «una broma dentro de una broma»; «entonces, caballeros, la cosa es seria» (pág. 264). Las bromas y las demás actividades de Bustrófedon y sus amigos tienen la precisa función de enmascarar su sentimiento trágico de la vida:

> una vida, dice Cue a Silvestre, no es más que un medio paréntesis que espera ansioso la otra mitad. Sólo podemos dilatar la Gran Llegada (o la Gran Venida, para ti Silvesyeats) abriendo otros paréntesis en medio: la creación, el juego, el estudio —o ese Gran Paréntesis, el sexo (pág. 334).

El humorismo, el amor, la cultura, los tres grandes temas de *Tres tristes tigres* sólo sirven para distraer la atención de otros tres conceptos-claves de la obra: la muerte, que destruye a Bustrófedon y aquella otra «gran vitalidad» que fue Estrella, el tiempo, que obsesiona a Cue con su ineluctibilidad, y el caos que «tiene que ser de todos-todas otra metáfora de la vida» (pág. 326).

No estamos de acuerdo con Jiménez[58] cuando afirma que «Si tratáramos de determinar el problema central de la novela de Cabrera Infante, tendríamos que relegar a plano secundario la problemática existencial que en ella se presenta». Al contrario, es la problemática existencial lo que explica el resto de la novela y lo que relaciona el humorismo de Cabrera Infante con el de Cortázar y la corriente central del humorismo en la nueva novela.

En una entrevista con Rita Guibert, Cabrera Infante declaró: «En este libro [*Tres tristes tigres*] la narración como se entiende tradicionalmente no era esencial, ni siquiera importante»[59]. Pero Julio Matas, en el único intento serio de analizar la estructura de *Tres tristes tigres,* ha demostrado que existe una «íntima trabazón» entre el prólogo, el epílogo y las siete secciones de la novela que los separan[60]. Es algo que merecería un tratamiento más extenso. De todos modos indica, una vez más, que no hay nada más peligroso que tachar de 'fragmentaria' o 'caótica' una novela contemporánea.

En *La Habana para un infante difunto* (1979) Cabrera Infante, según sus propias palabras, quiso emprender «la reconstrucción de una ciudad perdida a través de la memoria y, por otro lado, la busca de la mujer perdida o por encontrar»[61]. Autobiográfica, lineal, de una sola voz (la del autor-narrador), la obra evoca los años ado-

---

[58] R. J. Jiménez, *G. Cabrera Infante y Tres tristes tigres,* Miami, 1977, página 46.
[59] *G. Cabrera Infante,* ed. J. Ríos, Madrid, 1974, pág. 22.
[60] J. Matas, «Orden y visión de *Tres tristes tigres*», *ibíd.,* págs. 157-86.
[61] G. Cabrera Infante, en una entrevista con B. Berasátegui, *ABC,* Madrid, 4 de noviembre de 1979.

lescentes del escritor en aquella La Habana de los años 40, un poco mitificada por la memoria, que él ve como «una ciudad gloriosa, como una combinación de Babilonia y de Nueva Jerusalén». Aunque persiste en el libro el afán por el juego retórico y la pirueta verbal, lo predominante ya es un erotismo juvenil y algo monótono. Más interesante que las aventuras amorosas es quizá el elemento *pop*. «En la segunda mitad del siglo xx —escribe Cabrera Infante—, la elevación de la producción *pop* a la categoría de arte (y lo que es más, de cultura) es no sólo una reivindicación de la vulgaridad, sino un acuerdo con mis gustos» [62]. Ahora, el elemento *pop* se eleva a la categoría de arte sólo cuando se asocia con algo más serio como ocurre en las novelas de Puig, en *La cabeza de la hidra* de Fuentes y, desde luego, en *Tres tristes tigres*. Esa nota más profunda la aporta en *La Habana...* el tema de la lucha de la memoria contra el tiempo. El libro es una larga elegía sobre la juventud perdida y sobre la pérdida en la juventud de la ilusión del amor. Es por eso por lo que la nostálgica evocación de ese mundo *pop* de La Habana de los años 40, que forma parte del 'divino tesoro' de toda una generación dentro y fuera de Cuba, llega a tener una resonancia más amplia.

---

[62] G. Cabrera Infante, *La Habana para un infante difunto,* Barcelona, 1979, página 531.

CAPÍTULO VI

# El "boom junior"

¿Ha terminado el *boom?* Hay quien —para facilitar su propia tarea de crítico— quisiera encerrarlo dentro de los límites de tiempo constituidos por los años 50 y 60, es decir, la época de gran comercialización de la nueva novela, que se inicia con la entrada en escena de Fuentes y culmina con el éxito arrollador de *Cien años de soledad.* Pero la publicación de las tres grandes novelas sobre la dictadura, *El recurso del método, Yo el Supremo* y *El otoño del patriarca,* en 1974 y 1975, demuestra que el *boom* continúa y no da señales todavía de agotarse. Lo que ha sucedido es que a la sombra del *boom* se ha creado un *«boom junior»;* han surgido autores como Puig, Sarduy, Bryce, Del Paso y Elizondo, quienes (sobre todo en el caso de Puig) disputan la preeminencia del grupo original. Al contrario de lo que sucedió después de los años 20 (la década de *Doña Bárbara, La Vorágine* y otras novelas de la tierra) cuando hubo un periodo de transición y búsqueda de nuevas direcciones, no ha habido en este caso solución de continuidad. La nueva promoción de novelistas se codea con los más maduros y resulta imposible deslindar territorios o fijar épocas. Si hay forzosamente que establecer distinciones, quizás quepa hablar de un primer periodo (finales de los 50 y la década de los 60) en que, consolidando el trabajo de muchos autores anteriores, un grupo genial derribó victoriosamente los dogmas literarios entonces imperantes, abriendo (por así decirlo) las esclusas, y creando un nuevo público de lectores capaces de seguir a los novelistas por el camino de la experimentación. Los novelistas más importantes de este periodo (Onetti, Cortázar, Asturias, Carpentier, García Márquez, Fuentes y Vargas Llosa) conquistaron el territorio en el que podían moverse ya más libremente los novelistas más jóvenes o los que se afianzaron más tarde. En este capítulo agrupamos a algunos que pueden adscribirse a ese *boom* junior.

## Fernando del Paso (Méjico, 1935)

En Méjico, como en otros países de Hispanoamérica, la década de los 40 fue de importancia crítica. Aunque no hubo ningún escritor que, como Onetti en Uruguay, sirviera de enlace entre la novela tradicional y la nueva novela, merecen mencionarse dos autores que fueron precursores del gran cambio que significa la entrada en escena de Rulfo en 1953 y de Fuentes en 1958. Nos referimos a José Revueltas (1914-1976) y Agustín Yáñez (1904). Las seis novelas de Revueltas, publicadas entre 1941 y 1969, ilustran su doctrina de «realismo crítico», una curiosa amalgama de marxismo militante y sentimiento trágico de la vida. Para Revueltas, mediante la revolución, se pueden cambiar las condiciones materiales de la vida, pero no el sufrimiento inherente a la condición humana. No sorprende que el novelista fuese expulsado del Partido Comunista que sucesivamente procuró rodear su obra narrativa de un muro de silencio. Lo que hoy importa de aquella obra es quizás menos su descripción ambigua de la situación del revolucionario o su visión fatalista de una condición existencial eternamente la misma, que el hecho de que *El luto humano* (1943) fuese la primera novela mejicana moderna que incorporase técnicas realmente innovadoras. Irby indica como determinante la influencia de Faulkner [1]. Yáñez, por su parte, ha confesado que en *Al filo del agua* (1947), «Me propuse aplicar a un pueblo pequeño la técnica que Dos Passos emplea en *Manhattan Transfer* para describir la gran ciudad» [2]. Más ambiciosa y más lograda que *El luto humano, Al filo del agua* viene considerándose como la novela que cierra triunfalmente el ciclo de la novela de la Revolución Mejicana, a la vez que abre el camino hacia la nueva novela por su uso de monólogos interiores, inversiones del tiempo cronológico, prosa poética y, en cierto modo, por la introducción de un personaje colectivo, la ciudad.

---

El asterisco que aparece en las notas indica que el número de las páginas entre paréntesis en el texto se refiere a la misma edición que se cita en la nota.

[1] J. E. Irby, *La influencia de William Faulkner en cuatro narradores hispanoamericanos,* Méjico, 1957.

[2] Cit. E. Carballo, *Diecinueve protagonistas de la literatura mexicana del siglo XX,* Méjico, 1965, pág. 291.

Por desgracia, ni Revueltas ni Yáñez lograron superar en lo sucesivo estas novelas relativamente tempranas y nos quedamos con la neta impresión de que el cambio de sentido en la narrativa mejicana fue producido por dos autores de importancia secundaria, cuyos logros fueron eclipsados casi totalmente por el impacto posterior de Rulfo y Fuentes. Más recientemente, según el novelista y dramaturgo mejicano José Agustín, surgieron tres grupos dentro de la narrativa moderna mejicana: «las mafias» (la grande: Paz, Fuentes, Benítez, Xirau y otros; y la pequeña: García Ponce, Monsiváis y otros); la transición: Leñero, Ibarguengoitia y Pacheco; y los *steppenwolves:* Del Paso, Arturo Azuela y otros [3]. Nos falta espacio para comentar este interesante esquema, pero lo cierto es que entre el periodo dominado por las «mafias» (finales de los 50 y principios de los 60) y los años 70 el acontecimiento decisivo no fue la publicación de un libro ni la aparición de un nuevo autor o grupo, sino la rebelión estudiantil de 1968. Este levantamiento puso fin al sueño de estabilidad política en Méjico e inauguró una nueva época de grandes tensiones. No es casual que su reflejo forme el clímax narrativo de la segunda novela de Del Paso, *Palinuro de México* (1977).

Su primera novela *José Trigo* (1966), Premio Villaurrutia, fue el fruto de más de siete años de laboriosa gestación. Junto con *Gazapo* de Gustavo Sáinz y *Farabeuf* de Salvador Elizondo, publicadas ambas en 1965, anunció la llegada de un nuevo modelo de creación novelística, correspondiente, en cierto modo, a lo que significó para las letras cubanas la publicación de *Tres tristes tigres* de Cabrera Infante en 1967. Para buscar los orígenes del cambio tenemos que volver la vista, una vez más, a la obra de M. A. Asturias. El inolvidable exordio de *El Señor Presidente,* seguido por los alardes lingüísticos de *Mulata de tal* (1963) y la definición de la novela por el propio Asturias como «una hazaña verbal», hacen del novelista guatemalteco el profeta de la «nueva onda».

*José Trigo* es un libro amargo. Su escenario principal lo constituyen unos «campamentos» de ferrocarrilleros al norte de la ciudad de Méjico, vastas «villas miseria» donde las familias pobres vivían en chabolas y furgones abandonados por inútiles. Aquí llega *José Trigo,* personaje enigmático y quizás simbólico, durante una huelga del año 1960. Tras varias peripecias, presencia una riña en la que el líder de la huelga, Luciano, resulta muerto por motivos fútiles. Luego desaparece. La novela, mediante una técnica ostentosamente joyceana, narra la historia de la iglesia del lugar desde su fundación en el siglo XVII, la de los ferrocarriles mejicanos, la de varios personajes, la

---

[3] J. Agustín, *Three Lectures,* Universidad de Denver, 1978, 15-29.

de una batalla de la Guerra de los Cristeros en 1927-28 y la de la huelga inútil de 1960. En el fondo se trata de dos derrotas, la de los cristeros y la de los huelguistas, o sea, de dos movimientos populares, mal dirigidos, a la vez heroicos y absurdos, condenados de antemano al fracaso. Triunfa la modernidad antipática y deshumanizada, simbolizada por el nuevo barrio que desplaza los campamentos, y por la nueva estación Buenavista.

Como las mejores «nuevas novelas» *José Trigo* funciona a varios niveles: histórico, social, psicológico y hasta filosófico. Un elemento de primera importancia, que enlaza *José Trigo* de nuevo con Asturias, y aún más con el Fuentes de *La región más transparente,* es el uso de elementos mitológicos. Dagoberto Orrantia, en el único artículo serio sobre *José Trigo* [4], demuestra que la forma piramidal de la novela, con Buenaventura a su ápice, está influida por la mitología azteca. Así identifica a Luciano con Quetzalcoatl y a Manuel Ángel con Tezcatlepoca, de modo que la novela refleja la batalla entre las dos divinidades. Discrepamos de las conclusiones de Nora Dottori [5], según las cuales, al cubrir los hechos «con el ropaje del mito», Del Paso «definitivamente los traiciona». Al contrario, el resultado nos proporciona un claro ejemplo de cómo el empleo de correlativos mitológicos cumple la función de integrar la acción de la novela, lo contingente, con procesos más duraderos y universales: en este caso el conflicto tradición-modernidad, tema verdadero de la obra.

Del Paso parece sugerir en el interludio entre la parte primera de la novela y la segunda («Y lo que vi lo cuento con sólo mis palabras, y con nada más que mis palabras») [6] que las mayores innovaciones tienen que ver con el aspecto verbal. Aquí y en *Palinuro* hay como una embriaguez de palabras que recuerda la afirmación de Carpentier de que «el legítimo estilo del novelista latinoamericano es el barroco» [7]. Valgan como ejemplos la página magistral de la parte segunda, capítulo V, sobre los ruidos diversos que se oyen durante una batalla, o este trozo deliciosamente satírico del sermón de un cura cristero:

> que siendo nuestras vidas como briza arrastrada por la brisa, y basto y acerbo el vasto acervo de vuestros pecados, a través de la Virgen nos abocáramos a Dios para que Él avocara nuestra causa; que era inútil rebelar nuestros espíritus por revelar los designios divinos,

[4] D. Orrantia, «The Function of Myth in Del Paso's *José Trigo*», en *Tradition and Renewal,* ed. M. H. Foster, Urbana, Illinois, 1975, págs. 129-38.
[5] N. Dottori, «*José Trigo,* el terror a la historia», en *La nueva novela latinoamericana,* ed. J. Lafforgue, Buenos Aires, 1972, I, págs. 262-99.
[6] F. del Paso, *José Trigo,* 6.ª ed., Méjico, 1977*.
[7] A. Carpentier, *Tientos y diferencias,* Méjico, 1964, pág. 43.

desmayar por desmallar los misterios empíreos, pues ciervos siervos somos del Señor, hijos pequeños insipientes por incipientes, y por adolescentes adolecentes de imperfección (pág. 368).

o bien el aliterado fragmento:

> A la chusma de muchas y chácharas de rojas y choznas chapetas que chascan la lengua fragollan chapuzan su ropa borracha chafada y chorreante y chotean chacotean clarlotean cuchichean y traman chanchullos y chanzas y chungas las dulces muchachas, las dulces y chulas muchachas chismeras carajas (pág. 244).

Pero donde Del Paso realmente confirma lo fundamentadas que son las palabras de Fuentes, según las cuales «La nueva novela hispanoamericana se presenta como una nueva fundación del lenguaje contra los prolongamientos calcificados de nuestra falsa y feudal fundación de origen y su lenguaje igualmente falso y anacrónico»[8] es en *Palinuro de México* (Premio de Novela, Méjico, 1975).

En esta vasta obra las técnicas verbales (especialmente la enumeración) ensayadas en *José Trigo* llegan a veces a un extremo delirante. Se enteran del nacimiento de Palinuro, por ejemplo, no menos de 128 personajes imaginarios desde Dick Tracy y Mandrake hasta Hans Castorp e (inevitablemente) Leopold Bloom, sin olvidar a Pedro Páramo, Doña Bárbara, Artemio Cruz y José Trigo, más todos los personajes de Balzac, Zola, los bandidos de Río Frío, etc. No sin razón critica Saldívar[9] el afán totalizador de Del Paso (su sueño de «un libro dionisíaco que afirma triunfalmente la vida con toda su oscuridad y su horror»)[10] afirmando que sólo lo logra «saltando por encima del personaje, haciendo de éste un pretexto que le permite, en muchos casos, engarzar anécdotas-portadoras-de-enciclopedismo». Pero si hay un fallo fundamental en esta novela genial y monstruosa no es éste. Más grave es el hecho de que la estructura episódica de la narrativa, que constra esencialmente de una larga serie de hallazgos cómicos y eróticos, no expresa bien la dualidad que caracteriza el mundo novelístico de Del Paso. Indicios de tal dualidad abundan por dondequiera en *Palinuro* (por ejemplo, la locura/lucidez de la tía Luisa (pág. 549); la historia de los gemelos de Walter (pág. 597...), y, sobre todo, la importancia atribuida por Palinuro a las palabras «mundo», «Dios», «universo», «amor», etc., recurrentes en la novela

[8] C. Fuentes, *La nueva novela hispanoamericana*, Méjico, 1969, pág. 31.
[9] D. Saldívar, «La totalidad equívoca de *Palinuro de México*», *La Estafeta Literaria*, 15 de mayo de 1978, 3201-2.
[10] F. del Paso, *Palinuro de México*, Méjico, 1975, pág. 573*.

de su mujer Estefanía, al lado de palabrotas y referencias a los órganos sexuales y a las necesidades fisiológicas (pág. 700).

Esa dualidad crea la perspectiva en que hay que colocar la fabulosa comicidad de *Palinuro de México*. Es ya un lugar común de la crítica, después de *Rayuela* y *Cien años de soledad,* que, en el momento mismo en que la nueva novela profundiza más su visión del hombre y de la condición humana, surge un inesperado humorismo. Cuando se escriba la historia de este aspecto de la nueva narrativa hispanoamericana, *Palinuro de México* ocupará un sitio de relieve, sobre todo por su humor negro, de sala de disección. Los episodios del robo del cadáver de la mujer en el capítulo XVI y de la «priapíada» en el capítulo XX, constituyen algo auténticamente *sui generis*. Pero no todo en *Palinuro* es cómico. No hay que olvidar la feroz sátira del mundo de la publicidad, en el que Del Paso trabajó durante catorce años, y la protesta contra la represión de los estudiantes en 1968. En realidad, en el fondo de este libro exuberante, joyceano y rebelaisiano a la vez, con su buena dosis de *nonsense* anglosajón, luchan dos conceptos de la vida: el del primo Walter, según quien «al fin y al cabo el mundo, así como es, no está mal» (página 213), y el del médico-interlocutor del capítulo XVIII consciente como nadie del abandono, la soledad y la angustia que, con la multitud de males físicos, la vida depara a los hombres.

## Gustavo Sáinz (Méjico, 1940)

Ya antes de la rebelión de los estudiantes en Ciudad de Méjico, en 1968, la popularidad de los jefes de la mafia «grande» parecía entrar en una fase de relativo declive, al surgir un nuevo grupo de autores más jóvenes. El momento de transición parece coincidir con los años 1964-66, como lo indica la publicación de *La tumba* de José Agustín (1964), de *Farabeuf* de Salvador Elizondo (1965), de *Gazapo* de Gustavo Sáinz (1965) y de *José Trigo* de Del Paso (1966). Hay quien intenta contraponer el concepto de «la escritura» de Elizondo a la aparente anticultura de «la onda» capitaneada por Agustín y Sáinz con su interés por el mundo *pop* de los jóvenes y su rechazo de toda solemnidad [11]. Agustín mismo se niega a admitir tal contraste y prefiere insistir en la tendencia común a renovar la técnica narrativa; pero también él subraya la importancia del tema de la adoles-

---

[11] L. Leal, en *Onda y escritura en México,* ed. M. Glantz, Méjico, 1971, páginas 29-30.

cencia y cita con aprobación palabras de Emmanuel Carballo, según las cuales los novelistas de «la onda», entre risotadas y palabrotas, dinamitan todo lo que antes se consideraba sagrado. También se refiere Agustín a una actitud gozosa y esperanzada visible entre los escritores jóvenes [12]. Todo eso cuadra perfectamente con libros como *La Princesa del Palacio de Hierro* de Sáinz o *Palinuro de México* de Del Paso, pero de ningún modo con *Farabeuf* o con la más reciente novela de Sáinz, *Compadre Lobo*. Según nuestro parecer, lo primordial en los jóvenes escritores mejicanos es la rebelión no ya contra la sociedad burguesa, sino contra sus valores.

Donde se refleja esta rebelión es lógicamente en el mundo de los jóvenes. En efecto, Sáinz ha precisado que su propósito en *Gazapo* era escribir «la novela de jóvenes», empleando «el lenguaje de los jóvenes, para desarrollar el tema de «la traición de la adolescencia en el núcleo urbano de México» [13]. *Gazapo* narra unos episodios, bastante banales en sí mismos, de la vida de una pandilla de adolescentes que habitan una zona céntrica de la ciudad de Méjico: conversaciones en cafeterías y restaurantes, una fiesta en casa, una excursión a Chapultepec, una riña a puñetazos, pero sobre todo una serie de pequeñas escaramuzas eróticas llenas de ingenuidad y torpeza juvenil, que constituyen la iniciación del héroe Menelao a la vida sexual. Es el mundo que volvemos a encontrar en el episodio de *El tamaño del infierno* de Arturo Azuela (1973), en el que unos chicos se aprovechan de una visita a su profesora para robarle unas prendas íntimas. El atractivo del libro proviene de la abierta nostalgia de un autor todavía joven (Sáinz, como Vargas Llosa al escribir *Los jefes* en 1959, tenía veinticinco años) por la espontaneidad, la despreocupación y la fundamental inocencia, a pesar de todo, de la adolescencia. No hay ningún rechazo del mundo de los adultos como en Onetti. Menelao y sus amigos sencillamente hacen caso omiso de él o lo toleran de mala gana.

Siguiendo el ejemplo de Rulfo, Sáinz se esfuerza por evitar la presentación de los episodios cronológicamente desde el punto de vista de un único narrador, y la primera lectura de *Gazapo* resulta algo desconcertante. Pero los recursos que Sáinz emplea: cintas magnetofónicas, conversaciones telefónicas, *flashback,* conjeturas mentales de Menelao, intervenciones de otros componentes de la pandilla, no son de ningún modo arbitrarios. La forma del libro refleja el des-

---

[12] J. Agustín, *ob. cit.,* pág. 24.
[13] G. Sáinz, en J. P. Dwyer, «Una palabra con J. Sáinz», *RevIb,* 90, 1975, página 88.

orden de la vida de Menelao y su mentalidad obsesiva, poco madura y narcisista.

«Terminada la adolescencia, no hay más que cretinez» [14], piensa el narrador de *Obsesivos días circulares* (1969), la segunda novela de Sáinz; y Sáinz mismo recalca a propósito del libro: «Escribo de sensaciones, soledad, opresión, todo lo que puede fatigar muchos de nuestros días» [15]. El personaje principal de la novela es un Menelao más experimentado (un divorcio, una nueva mujer), un novelista que trabaja de portero en una escuela de niñas y que abruma a sus amigos con cartas kilométricas contándoles su vida, sus ensueños, sus aventuras eróticas, su soledad y su miedo. La novela viene a ser una larga confesión escrita por un ser inauténtico que termina dándose cuenta de que su existencia no es más que «una acumulación de citas, conversaciones, palabras ajenas, párrafos sueltos, preocupaciones sin sentido» (pág. 252). Es precisamente el más alto nivel de conciencia del narrador, su incipiente angustia mal apaciguada por el alcohol y el sexo, que marca la diferencia entre *Obsesivos días circulares* y *Gazapo*. También aparece (con el pistolero Sarro) la violencia, que según intuye confusamente el narrador, tiene algo que ver con la autenticidad y con cierto sentido heroico de la vida. Veremos que estos tres elementos: angustia, erotismo y violencia, aquí bastante mal combinados, volverán a aparecer en la novela hasta ahora más importante de Sáinz, *Compadre Lobo*.

Mientras tanto, Sáinz vuelve a su tema preferido, la adolescencia. *La Princesa del Palacio de Hierro* (1974) es, con *Palinuro de México* de Del Paso, una de las dos novelas más cómicas del Méjico actual. Tanto en los diálogos de *Gazapo*, como en el largo monólogo de *Obsesivos días circulares*, Sáinz había dado prueba de su fabuloso dominio de la lengua hablada. En *La Princesa...* habla exclusivamente la anónima protagonista, una chica de buena familia, casquivana y superficial, pero simpatiquísima y ocurrente, narrando, como en un largo telefonazo a una amiga, los recuerdos de su vida prematrimonial a principios de los años 50. Amoríos y orgasmos, chismes y problemas familiares, drogas, violencia, diversiones y asesinatos, todo se mezcla en el monólogo espontáneo y gracioso, lleno de palabrotas y desbordante de *joie de vivre*. Como todas las novelas de Sáinz, *La Princesa...*, consta de una mera sucesión de episodios, esta vez sin más unidad que la que proporciona la presencia siempre *en scène* de

---

[14] G. Sáinz, *Obsesivos días circulares*, Méjico, 1969, pág. 234*.
jico, 22 de noviembre de 1970, pág. 13.
[15] G. Sáinz, en R. Rodríguez Castañeda, «Gustavo Sáinz», *Excelsior*, Mé-

la protagonista, de cuyo sabrosísimo lenguaje y visión caricaturesca damos un solo ejemplo consistente en la descripción de la tía Ema:

> ... Porque ella reza mientras ve televisión, ¿no? Cuando veía las peleas de box en mi casa cogía su rosario. Entonces empezaba Dios te salve María, *llena eres de gracia.* ¡El Señor es contigo! ¡SANTA MADRE DE DIOS! ¡Pégale, pendejo, mátalo, mátalo! ¡No te midas, pégale, mátalo, mátalo! Y luego Padre nuestro que estás en los cielos, santificado... ¡Hijo de la chingada, ya te volvieron a pegar! ¡Cabrón!... PÉGALE DURO EN LOS BAJOS, MÁTALO ... Y así rezaba el rosario ¿Ves? [16].

Con todo, el lector atento vislumbra detrás de la caricatura la crueldad, la incomprensión y el egoísmo del mundo en torno a la narradora. Sus propias observaciones en raros momentos de lucidez («En el fondo yo era culpable de todas esas situaciones. Bastaba no ceder, mostrar la ferocidad aprendida de todos ellos», pág. 190; «Carecíamos de un lenguaje común», pág. 304; «Yo creo que la gente no me ha entendido nunca, nunca», pág. 307) y sobre todo la dura censura de su amante Alexis en el momento de separarse de él en el capítulo XIX, dejan entrever ya el mundo de *Compadre Lobo* (1975):

> Siempre la misma ausencia de armonía, la resaca de la violencia, el odio de los otros, la victoria definitiva de los otros como balanceando raras ocasiones de felicidad, de bebida, de risas [17].

Es de nuevo el mundo de la adolescencia, pero ya sin la inocencia de *Gazapo* o el fresco y franco regocijo de *La Princesa...* Lobo y sus compañeros integran un grupo de jóvenes vandálicos, salvajes y borrachos, en perpetua excitación erótica y, a pesar de todo, en el fondo desesperados y temerosos de un futuro que ya se revela vacío o amenazador. La narración oscila de modo algo confuso entre un narrador, actor y espectador a la vez, y Lobo, su íntimo —y traidor— amigo, hasta que por fin Sáinz se decide por Lobo y termina adoptando una actitud más o menos omnisciente con respecto a él. Precisamente el defecto principal del libro resulta de que el narrador y Lobo se asemejan demasiado, de modo que al final uno de los dos tiene que desaparecer. Por eso el lector queda indeciso, sin poder compaginar esta declaración del narrador:

> ¿Qué puedo hacer sino escribir precisamente esto, este libro donde expongo *mi* desesperación por no haber hecho nada, y peor aún, por no tener nada, pero nada que hacer en este mundo? (pág. 120).

---

[16] G. Sáinz, *La Princesa del Palacio de Hierro,* Méjico, 1974, págs. 203-4.
[17] G. Sáinz, *Compadre Lobo,* Méjico, 2.ª ed., 1977, pág. 148*.

con otra en que al hablar de Lobo afirma que la novela es un «texto que intenta rescatar *sus* toscas maldiciones, *su* espontánea sublevación, *su* irrupción en mitad del mediodía» (pág. 145). Al fin y al cabo da lo mismo, pues los dos persiguen los mismos «mitos de rebeldía y superioridad» para caer juntos finalmente en la más absoluta derrota.

Lo que distingue a Lobo de todos los demás personajes de Sáinz es su lucha contra la autodestrucción, o lo que Sáinz llama «la noche». Hay unas páginas fundamentales en el centro de la novela (páginas 232-33), en las que se explica la atracción que ejerce sobre Lobo la noche, la nada, el absurdo, el impulso a «rebelarse contra toda norma», «ser el gran vengador», hacerse culpable de una «traición absoluta de la existencia». La lujuria, la violencia y la golfería se convierten para Lobo en defensas contra «la noche», en métodos de evasión de la angustia, hasta que en las últimas páginas de la novela se afirma algo, poco verosímilmente, como pintor. Entonces, por fin, logra «construir su existencia coherentemente». La cultura vence a las fuerzas oscuras.

A pesar de lo arbitrario de su desenlace *Compadre Lobo* es una novela lograda que recuerda vagamente algunos aspectos de la obra de Arlt en un contexto más moderno. Con ello y con *La Princesa...* Sáinz ha superado los tanteos de *Obsesivos días circulares* y se ha ganado un lugar destacado entre los novelistas mejicanos de ahora.

## Salvador Elizondo (Méjico, 1932)

En su primera novela *Farabeuf* (1965) Elizondo, según Jorge Ruffinelli, «se propuso la 'crónica de un instante' —como dice su subtítulo—, precisamente el instante en que el orgasmo, la muerte y el suplicio se dan cita. Si el relato por definición se encarga de dar cuenta de hechos desarrollados en el tiempo, vemos que *Farabeuf*, por el contrario, intenta anular esa condición novelística, pues el instante es la negación de lo histórico, el instante es la congelación del devenir en el ahora eterno» [18]. He aquí los dos propósitos de Elizondo en esta obra: presentar una visión del coito como un ritual sádico cuyo instante supremo preanuncia la muerte y, simultáneamente, crear una novela experimental en la que por medio de

---

[18] J. Ruffinelli, «Tendencias formalistas en la narrativa hispanoamericana contemporánea», *Bol. de la Asociación Internacional de Profesores de Español*, Madrid, xi, núm. 19, 1978, pág. 104.

obsesivas repeticiones se intenta vencer la incapacidad del lenguaje de expresar lo simultáneo. El propio Elizondo ha indicado que «*Farabeuf* no sigue otro esquema que el de la ilación irracional metódica» [19].

A la negación del tiempo en *Farabeuf* corresponde la identidad de dos instantes. En uno, los dos protagonistas (a veces «Tú» y «Yo», a veces «él» y «ella»), al volver de un paseo por la playa, hacen el amor en una casa cerca del mar, tras haber mirado una fotografía que muestra una escena de tortura en la China de 1901. En el otro instante, los mismos protagonistas (Farabeuf, cirujano y fotógrafo, y una monja) presencian la tortura y Farabeuf saca la fotografía. La primera y la última palabra de la novela son «¿recuerdas?». Se habla insistentemente de un signo trazado en el cristal empañado de una ventana y de un enigma o secreto capaz de trastrocar las vidas de los dos amantes al revelarles su identidad verdadera. El signo es un ideograma chino, «liú», que significa el número seis. Evoca la forma de la estrella de mar putrefacta que la mujer había recogido durante el paseo por la playa, y también la actitud del supliciado chino en la fotografía. Enlaza la escena del suplicio con la del paseo por la playa y con el «ahora» de la novela. Éste se refiere a un momento impreciso de la vida de los dos protagonistas en una casa de la Rue de l'Odéon en París, donde Farabeuf está preparándose para someter al personaje femenino a una serie de operaciones quirúrgicas que imitan la tortura china que muestra la fotografía.

La interpretación del secreto o enigma nos lleva al oscuro centro de la novela. Para Sarduy, se trata en *Farabeuf* de «la ruptura de la metáfora que representa todo signo, el hallazgo del fundamento real que se esconde bajo toda señal» [20]. Es decir, la novela constituye un vasto ideograma cuyo sentido nos toca identificar. Según José Agustín, la ceremonia que se lleva a cabo en la casa parisina no es cosa que un rito de muerte y resurrección sugerido por la idea nietzscheana del Eterno Retorno [21]. Hay indudablemente en *Farabeuf* una serie de indicaciones que sugieren que la llegada del viejo cirujano a la casa de la Rue de l'Odéon cumple «una cita concertada a través de las edades» [22]; que Farabeuf busca una forma de «seguridad» (pág. 17), que la amante anhela identificarse totalmente con la monja que acompañaba a Farabeuf en 1901, y que, al someterse a las operaciones de éste, se identificará también con el supliciado chino, en quien, a

[19] Cit. J. A. Arcocha y F. Palenzuela, «Entrevista, S. Elizondo», *Consenso,* Pennsylvania, 2, 1978, 37-42.

[20] S. Sarduy, *Escrito sobre un cuerpo,* Buenos Aires, 1969, pág. 28.

[21] J. Agustín, *ob. cit.,* pág. 23.

[22] S. Elizondo, *Farabeuf,* Méjico, 1975, pág. 13*.

su vez, se puede reconocer un nuevo Cristo en la cruz. El rito sádico y sangriento debe culminar, pues, en un instante de éxtasis, el descubrimiento borgesiano de que todo está en todo, de que todo el tiempo está contenido en un sólo instante, y de que no existe la personalidad individual. En este plano de la novela Elizondo se esfuerza por borrar la distinción entre amor sagrado y amor profano, entre orgasmo y muerte y entre dolor y placer. Todo contibuye igualmente al instante de epifanía que coincide con «el paroxismo de un dolor que está colocado justo en el punto en que la tortura se vuelve un placer exquisito, y en que la muerte no es sino una figuración precaria del orgasmo» (pág. 42).

Pero el espejo en que se refleja el rito sugiere que una radical ambigüedad rodea los episodios y los personajes de *Farabeuf*. Las referencias a la ouija y al método adivinatorio chino implican una polarización en el texto, un *yin* y un *yang*, un sí y un no. De modo que al éxtasis (interpretado como una visión de la unidad del Todo, como la superación del tiempo y de la otredad) se contrapone la angustia que brota de la sensación de ser «un nombre escrito sobre el agua» (página 62), «una ilusión sin sentido forjada por... un mago inepto» (pág. 31). Es decir, si por una parte, como sugiere Durán [23], «Farabeuf avanza hacia un éxtasis, pasando por un sacrificio», por otra parte avanza hacia la comprensión de que no somos más que imágenes en un espejo, de que somos quizás sólo un sueño en la mente de un demiurgo alucinado. Todo en la novela, pues, está dominado por la idea de «la dualidad antagónica del mundo» (pág. 10). Sólo interrogando el instante mismo de la muerte se podría quizás llegar a poseer la clave de esta dualidad misteriosa. Por eso en el instante del orgasmo, que los amantes conciben como algo íntimamente relacionado con el instante de la muerte, ellos evocan la imagen del supliciado chino con su mirada fija en alto, símbolo del saber finalmente alcanzado. A pesar de su erotismo, entonces, *Farabeuf* es una novela esencialmente metafísica, cuyo tema fundamental nos recuerda más que nada el de «La escritura de Dios» de Borges.

Otro cuento de Borges, «Las ruinas circulares», que a su vez retoma el tema de *Niebla* de Unamuno, nos ofrece la clave para la comprensión de la segunda novela de Elizondo, *El hipogeo secreto* (1968), que, según el texto mismo, es «la historia, dicen, de un sueño y de un personaje que lo sueña» [24]. La filiación de Elizondo con Borges y Unamuno salta a la vista cuando leemos que la novela

[23] M. Durán, *Tríptico mexicano, Rulfo, Fuentes, Elizondo*, Méjico, 1973, página 156.
[24] S. Elizondo, *El hipogeo secreto*, Méjico, 1968, pág. 40*.

trata —posiblemente, al menos, porque las afirmaciones del autor son siempre ambiguas— «de un escritor que crea a otro escritor, pero que un día se percata de que él es un sueño de su propio personaje que lo ha soñado creándolo» (pág. 43). Ahora bien, tanto Borges como Unamuno han explicado claramente que «si los caracteres de una ficción pueden ser lectores o espectadores, nosotros, sus lectores o espectadores, podemos ser ficticios». Uno de los temas esenciales de *El hipogeo secreto* es, pues, nuestra propia irrealidad, «la revelación inquietante de nuestra condición solipsística» (pág. 46).

Del hecho de que el autor sueña a los personajes que a su vez le sueñan a él, se sigue que otro aspecto importante de *El hipogeo secreto* está constituido por los comentarios del «autor» (que a veces se refiere a sí mismo como «el Imaginado») sobre su modo de escribir la novela misma. Según Elizondo «no sólo se consigna en el texto del libro la fidelidad al plan original, sino que también se incluye éste»[25]. En una página importante del texto se afirma que «los personajes de este libro viven en función de las palabras que los constituyen, de las invenciones que los representan. Cabría pensar a veces que está siendo escrito al azar, sin un esquema preestablecido de la acción y de la pasión también. Lo que pasa es que existe un número infinito de ríos heraclíteos de la realidad». De tal proliferación de ríos, se afirma a continuación, surgen «las nuevas tramas que a cada momento se perfilan como nuevas posibilidades» en la novela (página 118). Es decir, mientras «la esencial imaterialidad de las palabras» refleje la irrealidad de los personajes (y, como acabamos de ver, de los lectores), la proliferación de tramas refleja el caos de la realidad y el entrecruzamiento de las infinitas líneas de tiempo subjetivo constituidas por las vidas individuales.

Pero otra vez interviene «la dualidad antagónica del mundo». Paradójicamente, y a pesar de reconocer que la condición esencial de toda novela es la de ser mentira, Elizondo quiere lograr la prueba de que «de alguna manera somos algo más que el sueño de otro» (página 47); que cada uno de nosotros es un «personaje de la novela cósmica que un Dios está escribiendo» (pág. 45); que hay algo más que «la casualidad pura» en el universo. Por eso alude incesantemente otra vez a un «secreto», a una «búsqueda» que llevará a los personajes, los miembros del *Urkreis* (un «modesto círculo de estudios filosóficos») al descubrimiento de «el patrimonio en que se sustenta la vida» (pág. 11), «los principios ocultos que rigen el curso de la vida» (pág. 26), «la clave del destino de los hombres» (pág. 15). del hombre.

---

[25] J. A. Arcocha y F. Palenzuela, *art. cit.*, pág. 41.

Por eso también el viaje de los personajes en busca del autor, hacia el final de la novela, alude claramente a la busca de Dios por parte del hombre.

El tema verdadero de *El hipogeo secreto* es, pues, la escritura, vista ya como un modo de acceder a la comprensión de la existencia, ya como la mera manifestación de un arte «que refleja un arte que se refleja a sí mismo infinitamente» pág. 74). Con esto está claro que Elizondo se encuentra en el mismo callejón sin salida que Cortázar. Ambos escritores quieren convencerse, y convencer a sus lectores, de que el arte puede proporcionarnos la clave del enigma de la vida humana, que puede llevarnos al «kibbutz» (Cortázar) o al «reducto» (Elizondo). Pero se quedan con la sospecha de que en realidad todo lo que hacen, al escribir sus novelas, no es más que jugar con todas las posibilidades de las palabras. Es lo que explica el prólogo frecuentemente citado:

> Escribo. Escribo que escribo. Mentalmente me veo escribir que escribo y también puedo verme ver que escribo. Me recuerdo escribiendo ya y también viéndome que escribía... [etc.].

que encabeza los experimentos narrativos que forman *El grafólogo* (1972). Los más importantes de estos experimentos vienen a ser algo así como meditaciones sobre el acto de escribir o de crear una obra artística; también las hay sobre el enigma de la personalidad y sobre el tiempo. El «Tractatus rethorico-pictoricus», que trata de cómo el artista puede analizar su propia experiencia de creador, contiene una frase que expresa una de las aspiraciones más profundas de Elizondo: «Toda tentativa de escritura de un tratado, aunque está condenado al fracaso —por el carácter imposible del lenguaje— es un intento de instaurar un orden» [26]. Las obras de Elizondo son precisamente tentativas de apresar la realidad dentro de un diseño artístico, a sabiendas de que la tarea es de antemano imposible.

*Severo Sarduy* (Cuba, 1937)

Ya hemos visto que el proceso de rechazar el realismo tradicional asume varias formas. Entre ellas encontramos el realismo mágico de Asturias y Carpentier: forma barroca en que el surrealismo que ambos escritores habían conocido en Francia le prepara para asimilar,

---

[26] S. Elizondo, *El grafólogo,* Méjico, 1972, pág. 57.

cuando regresan a América, elementos de la mentalidad indígena, incorporándolos a su visión de la realidad. Con Borges, por otra parte, surge la fantasía creadora basada en la duda de si existe alguna realidad fuera de la mente. Mientras en *62, modelo para armar* de Cortázar, *Abaddón el exterminador* de Sábato y *El obsceno pájaro de la noche* de Donoso, parece ser que los mecanismos mismos de causa y efecto, en que descansa cómodamente nuestro concepto de «la realidad», están puestos en tela de juicio.

Sobre todo al leer *El obsceno pájaro...*, nos quedamos con la impresión de que ha ocurrido una radicalización del proceso del que hablamos, de que ahora estamos en el punto extremo de la evolución antirealista. Y, sin embargo, no es así. Porque hasta en *El obsceno pájaro...* hay un «fondo», un «significado» o una pluralidad de significados; hay todavía una simbología que nos ilustra algo acerca de la existencia del hombre contemporáneo. Es con Sarduy con quien la nueva novela llega a la última etapa, la del «significado libre», la de «la expresión de una escritura libre por fin de la represión histórica en que la mantenían los privilegios del 'pensamiento'»[27]. El mismo Sarduy escribe que «el pensamiento burgués no sólo no se molesta, sino que se satisface ante la representación de la burguesía como explotación, del capitalismo como podredumbre. Lo único que la burguesía no soporta, lo que le saca de quicio, es la idea de que el pensamiento pueda pensar sobre el pensamiento de que el lenguaje pueda hablar del lenguaje, de que un autor no escriba *sobre* algo, sino escriba algo»[28].

La agresividad de estas palabras delata uno de los propósitos principales de Sarduy: subvertir el orden establecido. Si le gusta el barroco es porque subvierte el orden geométrico que está en la base de la estética renacentista y clásica; si le gustan la violencias, el erotismo y el absurdo es porque subvierten «las ideas recibidas»; si le gusta presentar caóticamente los episodios de sus novelas es porque así se subvierte la idea de una realidad racionalmente comprensible. Lo fundamental en él es, en efecto, el intento de destruir la realidad tal como estamos acostumbrados a verla dentro y fuera de la novela, convirtiéndola en «un espejismo de apariencia reducido al mito de su representación canjeada»[29]. Todo su empeño consiste en llegar a lo opuesto de la realidad, a una ficción escrita que se reconoce como una pura ficción. Por eso, como Cabrera Infante, dirige

[27] R. Barthes, «Sarduy, la faz barroca», en *Severo Sarduy*, ed. J. Ríos, Madrid, 1976, pág. 109.
[28] Cit. E. Rodríguez Monegal, «Entrevista con Severo Sarduy», *ibíd.*, página 53.
[29] S. Sarduy, *Maitreya*, Barcelona, 1978, pág. 120*.

nuestra atención constantemente la calidad de libro que tienen sus novelas: «Se cogieron, la Señora y su doble concentrado, un odio mortal... De modo que para complacerla —y que pueda el desocupado lector disfrutar de las peripecias que esperan a los personajes de este relato—, vamos a eliminar a la Señorita...»[30]. Pero tales actitudes y procedimientos comportan el riesgo de caer en lo arbitrario y lo gratuito; no siempre Sarduy evita este peligro en sus novelas.

En *Gestos* (1963) Sarduy transige, hasta cierto punto, con el lector tradicional (el que en *De dónde son los cantantes* vocifera «Lo que yo quiero son hechos. Sí, hechos, acción, desarrollo, mensaje en suma»)[31] al construir el argumento rudimental en torno a una negra, dinamitera de la época precastrista. Lavandera de día, cantante y a veces actriz de noche, ella, después de poner otras bombas en locales públicos, hace saltar una planta eléctrica. A pesar de los esfuerzos de Sarduy para que la narración se limite a lo que llama Schulman «la presentación pictural de lo observado dentro de los límites de la llamada psicología conductista»[32], sobreviven vestigios de mensaje y comentario. ¿Cómo explicar, si no, el monólogo final de la negra con su insistente «Habrá que cambiarlo todo..., hay que virar la vida al revés»[33], y también el hecho de que ella actúe al mismo tiempo en una representación de la tragedia *Antígona* de Sófocles.

Lo que llama la atención, pues, en *Gestos* es la contradicción entre la técnica del libro [«un equivalente (¡ojalá!) del *action painting: Gestos* (escritura gestual)» lo ha definido Sarduy] y el tema aparentemente revolucionario. Al hacernos ver no el escenario de *Antígona,* sino las bambalinas «los sostenes de todo el montaje»; al hacer a la dinamitera una actriz borracha más preocupada de sus dolores de cabeza y de su amor imposibe que de la política; y al hacer decir a uno de los personajes «Aquí todos lo hemos perdido todo» (pág. 101), Sarduy parece vaciar las acciones de la negra de todo significado.

Semejante pesimismo subyace en el tríptico cubano *De dónde son los cantantes* (1967). Aquí Sarduy nos ofrece, con tono festivo, tres maravillosos pastiches que aluden a las tres culturas presentes en la Cuba actual: la española, la africana y la china. En las tres fábulas aparecen con distintos papeles, según la narración, tres personajes: Mortal, ora un viejo general rijoso, ora un político adulón, ora un

---

[30] S. Sarduy, *Cobra,* Buenos Aires, 1972, pág. 61*.
[31] S. Sarduy, *De donde son los cantantes,* Méjico, 1967, pág. 49*.
[32] J. A. Schulman, «Severo Sarduy», en *Narrativa y crítica de nuestra América,* ed. J. Roy, Madrid, 1978, pág. 390.
[33] S. Sarduy, *Gestos,* Barcelona, 1968, pág. 110*.

amante ausente que va a metaforizarse en Cristo; y dos chicas, Auxilio y Socorro. Sarduy presenta tres visiones carnavalescas de la cubanidad reducida a puro espectáculo. En «Junto al río de cenizas de rosa» crea, con elementos sacados del mundo chino de La Habana, una especie de *cartoon* animado verbal surrealista, en el que el general esperpéntico sufre las burlas de las dos chicas que se metamorfosean mágicamente, cambiando constantemente como figuras de un sueño de un fumador de opio. En «La Dolores Rendón» la forma dialogada privilegia no ya lo visual sino lo oral. Se trata de un «sainete» en diez escenas que cuenta el encumbramiento y la caída de la mulata Dolores, querida de un politicastro rufián del Presidente. Julio Ortega habla de «la causa perdida de esta mulata cubana elevada a símbolo nacional». Pero la auténtica causa perdida es la del lenguaje, ya que, como explica uno de los dos narradores, «tú coges el perro, que es la palabra, le echas encima un cubo de agua hirviendo, que es el sentido justo de la palabra. ¿Qué hace el perro?» (pág. 58). La respuesta nos la da el perro que huye aullando en varias escenas del sainete. Palabra = máscara: detrás de las máscaras, detrás de las palabras, no hay nada; en el centro del *Big-Bang,* de la creación (del universo, de la literatura) hay un vacío.

La tercera fábula, «La entrada de Cristo en La Habana» cierra la novela y completa su diseño. Las dos chicas, Auxilio y Socorro, emprenden una alegórica persecución del amado (Mortal/Cristo), y al dar con su imagen de Santiago de Cuba, la llevan a La Habana siguiendo la ruta de Fidel desde el cuartel Moncada en Santiago por la Sierra Maestra hasta la capital. Pero durante la peregrinación la madera se pudre. Triunfa el tiempo, que convierte todo incluso la tradición (hispánica) y la fe en anacronismos. Amor, poder y fe, los tres elementos del tríptico, rinden homenaje por fin a «la impermanencia y vacuidad del todo».

Éstas son las últimas palabras de *Maitreya* (1973) —ya escritas en 1974—, palabras hacia las que todo tiende en la obra de Sarduy. Maitreya, el buda futuro de los tibetanos, simboliza el deseo de la humanidad de resolver sus problemas con la ayuda de un nuevo redentor. Sarduy parodia este deseo al asociarlo con personajes grotescos y con la perversión sexual. El nuevo guía espiritual elude toda respuesta a las preguntas de los adeptos y, en cierto momento, anuncia su entrada en el nirvana, pero sólo después de haber escuchado los resultados del fútbol. Uno de sus acólitos, el enano, proclama «Nuestro propósito es el caos total» (pág. 113). Otro, Leng, concibe la realidad «como un lugar vacío, un espejismo de apariencias» (página 120). La parodia engloba tanto el budismo como el mahometanismo (e implícitamente cualquier forma de religión). Por medio del humor y del erotismo Sarduy degrada sistemáticamente toda aspiración espiritual.

El aspecto referencial, muy perceptible en *Maitreya,* nos ayuda a comprender el libro más complejo de Sarduy, *Cobra* (1972). En ambas novelas el eje central es, como apuntó el autor en una larga entrevista con Emir Rodríguez Monegal[34], el contrapunto Oriente-Occidente. Hay además un componente fundamental: la búsqueda religiosa o mística. En el caso de *Cobra,* Sarduy ha explicado que se inspiró en «los teatros rituales del Oriente. Esos teatros en que el travestimento y la religión (el texto) forman una sola entidad»[35]. Pero a pesar de la variedad de los escenarios utilizados en la novela, y a pesar de la idea de una búsqueda, que implica movimiento, la novela padece de cierto fijismo. Detrás de la acumulación de transformaciones inesperadas, en la que se hace patente, una vez más, el influjo de la cosmovisión surrealista, todo está inmóvil. Las varias máscaras que asume Cobra, los tratamientos a que se somete para cambiarse físicamente, no forman un diseño en el sentido de traducir momentos de la evolución de una conciencia o etapas de un intento de recuperar una identidad perdida. Como Macedonio Fernández, Sarduy nos obliga a preguntarnos por qué, si hay cambios y transformaciones, no hay movimiento ni progreso. La respuesta nos la da la filiación de Sarduy con el teatro y la narrativa del absurdo. Allí forma y contenido son uno; la técnica es parte integral del significado o de la ausencia de significado. Mientras tanto, un humorismo omnipresente corroe todo sistema posible de valores, contagiando a éstos a cada paso con lo incongruo, lo caótico y lo insensato. Todos los aspectos del rechazo de lo normal típico de la literatura del absurdo están presentes en *Cobra:* ausencia de trama, acumulación de episodios grotescos e ilógicos, falta de motivación psicológica en los personajes, exageración clownesca de detalles y desvaloración del lenguaje por medio del uso constante de clichés. Sobre todo se reemplaza el *suspense* auténtico por situaciones seudodramáticas o anticlimáticas que, como anuncia Rosa en el texto, teatralizan la inutilidad del todo.

Es aquí donde *Cobra* y *Maitreya* coinciden profundamente. Son en el fondo alegorías en el sentido de que «la paradoja de la alegoría reside en que fija y desplaza simultáneamente el significado, aplazando y desplazando un momento de plenitud que va dejando una serie

[34] E. Rodríguez Monegal, «Conversación con Severo Sarduy», *RO,* 31, número 93, 1972, 315-43.
[35] *Ibíd.,* pág. 317.

de significantes huecos, vacíos» [36]. No hay más que transformación, metamorfosis perpetua, disgregación. El acto de novelar se convierte necesariamente en el proceso de construir lo que Sarduy llama un «estroma que varía al infinito sus motivos y cuyo único sentido es ese entrecruzamiento» [37]. Hemos llegado así al punto en que la novela se reduce a un puro sistema de relaciones.

## *Reynaldo Arenas* (Cuba, 1943)

Las cinco grandes novelas cubanas del periodo reciente, si exceptuamos las últimas de Carpentier, son *Paradiso* (1966) de Lezama Lima, *Tres tristes tigres* (1967) de Cabrera Infante, *El mundo alucinante* (1969) de Arenas, *Cobra* (1972) de Sarduy y *Perromundo* (1972) de Carlos Montaner. Pero conviene tener en cuenta que las fechas de publicación de estas cinco novelas encubren el hecho de que sus autores representan nada menos que tres generaciones de escritores cubanos. Lezama Lima, nacido en 1912, pertenecía en realidad al periodo prerrevolucionario. Cabrera Infante, nacido en 1929, representa una generación intermedia. En cambio Sarduy, nacido en 1937, junto con Arenas y Montaner, ambos nacidos en 1943, ya son novelistas cuya madurez coincidió plenamente con el establecimiento del régimen de Fidel Castro. Ilustran las dos facetas antitéticas de la narrativa cubana moderna, un «nuevo realismo» en el caso de Montaner, y un antirrealismo radical en los casos de Sarduy y Arenas.

La primera novela de Arenas, *Celestino antes del alba* (1967) obtuvo la primera mención en uno de los concursos periódicamente organizados por la Unión de Escritores Cubanos, siendo publicada dos años después. Tiene la forma de un largo monólogo por parte de un niño, quizá algo retrasado mentalmente, que recuerda al Macario del cuento de Rulfo. «A mí no me gusta vivir tan lejos de la gente —confiesa el niño—, pues se pasa la vida entera viendo visiones» [38]. Estas visiones contradictorias y llenas del sufrimiento del niño solitario, maltratado por su familia estrafalaria, crean la realidad alucinante de la novela. Poco a poco vamos comprendiendo que Celestino es un compañero imaginario inventado por el hablante para ayudarse

---

[36] R. González Echevarría, en *Severo Sarduy*, ed. J. Ríos, Madrid, 1976, página 83.

[37] S. Sarduy, *Escrito sobre un cuerpo*, Buenos Aires, 1969, pág. 66.

[38] R. Arenas, *Celestino antes del alba*, La Habana, 1967, pág. 76.

a sobrellevar la pobreza, el hambre y la falta de amor que dominan su vida. La manía de Celestino de escribir poesías interminables en la corteza de los árboles simboliza la batalla de la imaginación contra la dura realidad. En efecto, como indica Waller [39], el tema de *Celestino antes del alba* no es otro que el triunfo de un mundo fantástico y mágico sobre una realidad decepcionante. Pero aunque Arenas logra presentar los episodios de crueldad y violencia con la misma indiferencia inquietante que encontramos en Rulfo, en esta primera novela no logra encerrar su desbordante fantasía dentro de un diseño artístico suficientemente claro y reconocible. El tema desaparece detrás de la técnica, y el lector, al principio intrigado, se queda al final con la impresión de habérselas con un extenso ejercicio verbal.

*El mundo alucinante* (1969), la segunda novela de Arenas, parece ser, a primera vista, la biografía novelada de Fray Servando Teresa de Mier (1763-1827), dominico mejicano perseguido por sus ideas religiosas y políticas antes y durante la época de la Independencia. En realidad la obra pertenece, como *Megafón* de Marechal, *Maitreya* de Sarduy, *El hipogeo secreto* de Elizondo y *Siberia blúes* de Néstor Sánchez, a la categoría de novelas alegóricas, categoría que ha vuelto a gozar de cierto prestigio conforme ha ido ganando terreno el concepto de una novela que fuese a la vez antirrealista y capaz de revelar aspectos desconocidos de la realidad. La vida de Fray Servando, tal como la concibe Arenas, está constituida por una larga serie de huidas de las numerosas cárceles en que se encontraba preso, para caer en la cuenta al final de que la vida misma no es más que una cárcel, y más todavía, de que cada uno está preso dentro de su propia personalidad.

A pesar de algunos episodios picarescos, *El mundo alucinante* no es propiamente una novela picaresca. Si bien se puede ver la influencia de Quevedo, más fuertes aún son las de Rabelais (en el episodio de Borunda, capítulo V, y en el de las cadenas, capítulo XXV) y de Gracián. Como el de Andrenio en *El criticón,* el viaje de Fray Servando se convierte en una larga peregrinación en busca de lo quimérico; la libertad, la justicia, el triunfo de la razón. También se nota en el simpático fraile algo del Candide de Voltaire, un optimismo ingenuo que sólo la edad y las repetidas decepciones logran destruir.

Julio Ortega compara *El mundo alucinante* con *El siglo de las luces* de Carpentier [40]. Ambas novelas tratan del fracaso de los ideales

[39] C. J. Waller, «Reynaldo Arenas' *El mundo alucinante*», KRQ, 19, 1972, páginas 41-50.

[40] J. Ortega, «El mundo alucinante de Fray Servando», *Revista de la Universidad de México,* 94, 1971, también en *Review,* Nueva York, Spring, 1973, páginas 45-48 (en inglés).

revolucionarios cuando pasan desde Francia a América. Pero a pesar de citar una de las frases-clave de la obra «[Servando] presintió que durante toda su vida había sido estafado» [41], Ortega evita la conclusión de que ésta es una novela francamente antirrevolucionaria (y, como tal, prohibida en Cuba). En efecto, según Gordon [42], en el fondo de la estructura de *El mundo alucinante* hay un proceso dialéctico. Tesis, la Hispanoamérica colonial; antítesis, la Europa revolucionaria y contrarrevolucionaria; síntesis, la Hispanoamérica seudorevolucionaria. Tanto Gordon como Waller insisten en la visión irónica y hasta trágica de Arenas, que se hace manifiesta sobre todo en el capítulo XIV, el clímax ideológico de la novela. Servando, en este capítulo, visita los jardines del rey Carlos IV y allí encuentra a los buscadores de imposibles, «gentes que trataban de hacer oír a los pies. Mujeres que pretendían cargar el sexo en la frente. Hombres enterrándose vivos. Viejos que querían hacer hablar a los árboles y niños que a toda costa trataban de detener al tiempo» (pág. 94). Para el rey que hace las veces de Critilo frente a Servando, nuevo Andrenio, los ideales del fraile —su «constante búsqueda de la razón» (pág. 98), sus batallas contra «los engaños religiosos» (pág. 145), su ilusión de cambiar el mundo y de «ver a la América libre de todas sus plagas impuestas por los europeos», lo cual «sólo puede lograrse a través de una total independencia» (pág. 146)— son otros tantos empeños imposibles.

> ¿Para qué quieres modificar lo que precisamente te forma?, dijo, no creo que seas tan tonto como para pensar que existe alguna manera de liberarte. El hecho de buscar esa liberación, ¿no es acaso entregarse a otra prisión más terrible?... Y además..., suponiendo que encuentras esa liberación, ¿no sería eso más espantoso que la búsqueda? (pág. 95).

Con tales salidas de tono no sorprende que en la Cuba de principios de los años 70, después del caso Padilla, Arenas estuviera algún tiempo prácticamente en arresto domiciliario.

Escribir una biografía imaginaria presenta serias dificultades a un autor que, como Arenas, no sólo se propone convertir la realidad de una vida histórica en una serie de episodios fantástico-alegóricos, sino que también procura alejarse de la narración lineal. Para resolver el problema, Arenas echa mano de tres narradores simultáneos, el «yo» de Servando mismo, un «tú» que ofrece otra versión (no me-

[41] R. Arenas, *El mundo alucinante,* Méjico, 1978, pág. 214*.
[42] A. Gordon, «The Two Lives of Friar Servando», *Review,* Nueva York, primavera, 1973, págs. 40-44.

nos fantástica) de los hechos, y las intervenciones de una narrador omnisciente en tercera persona que a veces amplifica a veces contradice y a veces comenta las narraciones en primera y segunda persona. Estamos de acuerdo con Waller cuando sugiere que el empleo de esta técnica resulta a veces arbitrario e inconsistente, pero aparte de añadir un elemento de variedad a la narración le permite a Arenas imponer su concepto (ya presente en *Celestino antes del alba*) de una realidad paradójica y contradictoria que sólo se puede describir por medio de afirmaciones y negaciones alternantes.

A los que hayan leído *Cien años de soledad* lo mágico-fantástico de *El mundo alucinante* les resultará ya familiar y posiblemente algo más cerebral, a pesar del humorismo, debido al énfasis puesto en lo alegórico. Pero la comparación con *Cien años de soledad* pone de manifiesto que el gran acierto de Arenas es haber encontrado el tono justo para expresar uno de los descubrimiento fundamentales de Servando, «la conclusión de que aún en las cosas más dolorosas hay una mezcla de ironía y bestialidad que hace toda tragedia verdadera una sucesión de calamidades grotescas» (pág. 117). Como García Márquez, Arenas mira la lucha del hombre contra su destino circular con ironía compasiva y, al incorporar lo grotesco, mitiga y humaniza la tragedia eterna del fracaso de los ideales.

## Salvador Garmendia (Venezuela, 1924)

Entre 1935 (la muerte del dictador Juan Vicente Gómez) y 1958 (la caída de Marcos Pérez Jiménez) Venezuela sufre una violenta transformación. En poco más de veinte años se va creando en el país una caótica sociedad industrial cuyo símbolo más obvio es la ciudad de Caracas en vertiginoso crecimiento. Seguidamente, la aparición de la primera obra importante de Garmendia, *Los pequeños seres* (1959) establece, según Ángel Rama, «el aparte de aguas en la narrativa venezolana contemporánea» [43].

La palabra-clave de *Los pequeños seres* es «desmoronamiento». El protagonista de la novela, Mateo Martán, empleado modelo de una corporación comercial, siente que, con la muerte repentina de su jefe de sección, «Algo va desplomándose dentro» [44]. Asistir al entierro del hombre cuyo puesto en la compañía él pasará a ocupar pro-

[43] A. Rama, *Salvador Garmendia y la novela informalista*, Caracas, 1975, página 10.
[44] S. Garmendia, *Los pequeños seres*, Caracas, 1977, pág. 19*.

voca en Martán una aguda crisis de soledad, cansancio y confusión mental. Paradójicamente provoca también un instante de lucidez en el que reconoce que

> todo lo ocurrido hasta ahora a través de mi vida, no pasa de ser una yuxtaposición de contingencias absurdas de las que nunca podré extraer un total convincente y esclarecedor (pág. 84).

En vez de volver a su despacho, Martán deambula por varios ambientes: un circo (donde presencia un accidente mortal), un burdel y finalmente una estación abandonada donde se imagina «caminando por dentro de sí mismo, entre cosas derribadas por el tiempo, mudas e inanimadas, evadidas de todo destino» (pág. 110). De ese modo la ciudad entera se convierte en un entorno simbólico en donde «todo tiene un sentido de vida pasajera» (pág. 128). Por fin la muerte repentina consuela su desamparo moral y su deseo de reposo.

De nuevo en *Los habitantes* (1961) los episodios se concentran en un sólo día, como para sugerir que en la vida de los personajes todos los días resultan igualmente llenos de acontecimientos insignificantes. La narración pasa de uno a otro de los habitantes de dos casas contiguas en uno de los barrios humildes de Caracas. Nos enteramos de los detalles de sus vidas pobres y grises, de sus recuerdos, de sus fantasías y de su abúlica frustración. Con calculada ironía Garmendia introduce al final la representante de un grupo de cristianos que someten a Engracia, la mujer de un camionero desocupado y borracho, a un largo parlamento sobre la ira divina.

Al contrario de *Los pequeños seres,* en *Los habitantes* no pasa nada. A pesar de la pobreza en que viven los personajes, no se le nota a Garmendia ninguna tendencia hacia la protesta o la denuncia social. Le basta la simple descripción impersonal y omnisciente de unas vidas fracasadas en las barriadas de la gran metrópoli. Es precisamente por medio de la ausencia de dramatismo, de emotividad y de rebelión como Garmendia nos transmite una aguda sensación de malestar espiritual. A nadie en la novela se le ocurre buscar un sentido a su existencia. Todos o vegetan o se resignan pasivamente. No así Miguel Antúnez de *Día de ceniza* (1963). Poeta frustrado a quien las necesidades de la vida han convertido en abogado, Antúnez simboliza el contraste irónico entre la realidad y el deseo. Durante unos días de carnaval él y sus amigos se entregan obsesivamente a la búsqueda del placer físico como medio de evadirse, siquiera momentáneamente, de su vida mediocre. La tentativa fracasa. Ni la embriaguez, ni el sexo, ni la compañía de otros hombres tan frustrados como el protagonista, ofrecen una salida. Poco a poco Antúnez llega a dudar de la realidad en torno suyo: «le parecía que pisaba o que flotaba sobre una superficie falsa, una monstruosa amplificación fotográfica, cuya ilusión de relieve y de profundidad y su prodigiosa animación, le maravillaban como el más sorprendente espectáculo» [45]. De repente se da cuenta también de su total soledad: «Desembocó en la plaza. La esquina vacía. La plaza desierta y silenciosa. —¡Qué hago ahora!» [46]. La respuesta la proporciona un tiro de pistola, disparada no sabemos si por él mismo o por su mujer.

Tres aspectos de *Día de ceniza* anuncian las novelas posteriores de Garmendia. Uno es la insistencia con que el autor vuelve al tema de las inmundicias, las funciones excretorias y la podredumbre. El mundo en que Antúnez irónicamente anhela recobrar la inspiración poética es un mundo sucio, lleno del olor a partes íntimas, de sudor, de orines y de la hediondez de aguas estancadas; es un mundo poblado de «personajes desgastados por el tiempo, criaturas roídas por reumas y malos humores» (pág. 71). Hasta en los edificios «la corrupción de toda la materia escamoteada por el estuco y la tapicería, el óleo y el mosaico ofendidos por la grasa, habían aniquilado ya toda memoria de una vida anterior» (pág. 120). El segundo aspecto es precisamente esa «vida anterior»; en el caso de Antúnez y sus compañeros, la niñez perdida que todos recuerdan con intensa nostalgia. En tercer lugar la narración ahora empieza a diluirse, a perder su precisión. Pasa bruscamente desde el ángulo de visión de uno de los personajes al de otro, y también se intercalan inesperadamente episodios que sólo después el lector identifica como recuerdos o sueños.

Con todo eso, es esencialmente con *La mala vida* (1968) donde se da el cambio de signo en la obra de Garmendia. Hasta entonces él había figurado como el novelista de la vida charra y gris de la clase obrera y de la pequeña burguesía caraqueñas, preocupado sobre todo por «no despegarse enteramente del funcionamiento verosímil de lo real» [47]. Con *La mala vida,* en cambio, a pesar de los elementos realistas todavía presentes —se trata otra vez de la vida banal de un empleado insignificante—, Garmendia entra de lleno en una de las corrientes centrales de la nueva novela. Aquí la conciencia que tiene el protagonista de la falta de sentido de su vida se asocia inseparablemente a toda una serie de reflexiones sobre el desarrollo de la forma narrativa que éste va elaborando para contarnos parte de su autobiografía:

---

[45] S. Garmendia, *Día de ceniza,* Caracas, 1968, pág. 159.
[46] *Ibíd.*
[47] A. Rama, *ob. cit.,* pág. 22

No es nada fácil contar una historia y mucho menos la propia historia; porque uno llega y se pregunta a la mitad ¿dónde está el asunto, verdaderamente?, y de seguro se queda sin respuesta. Sé que hay algo por allí, hacia el fondo; un sedimento que... guarda secretos de nostalgia, de viejos y sordos latidos, de pálpitos oscuros y de fatigadas recurrencias. Una vida cualquiera tiene algo... [48].

Pero ese *algo* no se encuentra. El narrador, quien, para enfatizar su falta de personalidad, nunca se nombra, escribe, «He buscado por todas partes el punto perdido, el núcleo de todo. En cambio los pequeños caminos recorridos han acabado ante el mismo pedazo de muro, puesto allí como una señal» (pág. 257). La ausencia del 'núcleo' reduce la vida de los personajes a una vida sin trama, sin asunto, todo lo contrario de la vida de los personajes del novelón decimonónico, los cuales (apunta Garmendia con un punto de envidia) «se pasean seguros entre las líneas de la imprenta, viviendo y muriendo sin dolor y sin prisa» (pág. 140). Ya que su vida carece de dirección, el narrador está consciente de que tiene «plena libertad, el recurso de abordar el relato a mi manera, con toda la insidia, deslealtad y malicia de que soy capaz» (pág. 191). Todo viene a ser totalmente gratuito: al examinar su método narrativo el protagonista concluye: «preferí quedarme con un número exiguo de esquemas o puntos de partida, dentro de los cuales conseguía moverme con holgura y satisfacción algo prometida, agregando variantes, cambios de situación y perspectiva; y cuando todo, insensiblemente. hubiera madurado para el trance, me dejaría llevar al clímax» (pág. 201). Así es: se termina la historia de veinte años fútiles y aburridos con una escena de hilaridad trágica y repugnante en que una vez más el excremento humano simboliza el asco que experimenta el narrador ante el espectáculo de la existencia.

La referencia en *La mala vida* al 'mismo pedazo de muro' que bloquea todo movimiento hacia adelante nos deja con la impresión de que tanto el narrador como el autor se encuentran en una suerte de *impasse*. Tal impresión resulta confirmada por *Los pies de barro* (1973), en la que se repiten, uno por uno, los procedimientos ensayados en la novela anterior. Otra vez el narrador acumula conscientemente «un almacenamiento de piezas seccionadas de algún imaginario organismo principal» [49], en vez de estructurar deliberadamente su relato, y sobre estos fragmentos se para de vez en cuando a meditar. «Salgo de pronto del vacío —escribe Miguel Ángel, al pensar

---

[48] S. Garmendía, *La mala vida,* Montevideo, 1968, pág. 92*.
[49] S. Garmendía, *Los pies de barro,* Caracas, 1973, pág. 245*.

185

en su propia actuación en la novela—, gesticulo, sueño aunque sin apartarme demasiado de los lados de la vigilia, me extravío en confusiones mentales... Alguien puede muy bien pensar que nada ha pasado todavía; sin embargo, puedo escuchar de cerca el sonido aturdidor del tiempo» (págs. 113-4). En efecto, el inmobilismo de la novela revela ahora no sólo la falta de una meta por alcanzar en la vida de Miguel Ángel, sino también la fuerza de atracción que tiene para él el pasado. Eso explica por qué durante su breve relación con la estudiante Graciela se siente obligado a volver con ella a los sitios que había visitado con Inda, su enamorada anterior. Este buceo compulsivo dentro de su propio pasado lleva a Miguel por fin al momento traumático de su niñez, en que, al lado del lecho de muerte de su madre se descubrió como «algo enteramente absurdo e inútil» (pág. 306). Al trasadarse más tarde a Caracas con su padre y su hermana se da cuenta de que todo en él anhela desesperadamente aquel mundo de antes en que «todo era espacioso y tranquilo y... el tiempo no tenía medida» (pág. 264).

Los relatos de *Memorias de Altagracia* (1974) surgen de ese anhelo. Con ellos termina el proceso que había ido desarrollándose desde el comienzo de la obra de Garmendia. Mientras su narrativa desde *Los pequeños seres* a *Los pies de barro* se había caracterizado por su fidelidad a la temática original; *Memorias de Altagracia* representa la decisión de volverse de espaldas a la vida alienante de la gran urbe, a la suciedad y al desgaste ocasionado por el tiempo, para refugiarse en el mundo transparente e inofensivo de su niñez. Es posible que esos relatos deliciosos abran un nuevo ciclo en la producción del más importante novelista contemporáneo en Venezuela.


*Adriano González León* (Venezuela, 1931)


No podía faltar en la nueva novela la figura del guerrillero urbano. Ya la encontramos en *El acoso* de Carpentier y la volveremos a encontrar en *El beso de la mujer araña* de Puig. Semejante por su concepción a aquélla, la única novela de González León, *País portátil* (1968), se desarrolla alrededor de un viaje a través de Caracas que hace el protagonista, Andrés Barazarte, actor y espectador al mismo tiempo de la violencia caraqueña de los años 60, durante el gobierno de Betancourt. Uno de los logros del autor es el haber elegido este método de estructurar la narración. El viaje de Andrés es a la vez un viaje de autodescubrimiento, un viaje por el contexto físico y social (la ciudad de Caracas) que determinó su adhesión a la lucha armada, y un viaje hacia el pasado: suyo y de su familia. La forma narrativa le permite a González León pasar ágilmente desde un presente, que dura una tarde y parte de la noche, a un pasado reciente en que Andrés recibe su bautismo de fuego en una manifestación política, y también a un pasado más remoto que contiene la descripción del medio pueblerino en que han vivido varias generaciones de la familia Barazarte. Gnutzmann [50] apunta certeramente que se trata de «impulsos exteriores visuales y auditivos [el hueco de una ventana, la luz de un semáforo] que desprenden una cadena de recuerdos. De igual modo el personaje vuelve a través de objetos reales del pasado al presente». Se amalgaman así un enfoque psicológico (las reacciones de Andrés durante el viaje), un enfoque político-social (el proceso que lleva a Andrés a la acción política) y un enfoque histórico-simbólico (el enlace entre los llanos y la ciudad, la emigración desde la provincia hacia la capital y, en general, la tesis sarmentiana de la oposición ciudad-campo).

Como el acosado de Carpentier, Andrés no pasa de ser un joven provinciano totalmente desprovisto de preparación ideológica quien, al verse captado para la militancia, «participa en el juego con curiosidad, por deseo de hacer algo concreto, a la espera de nuevas experiencias» [51]. Hipnotizado por *slogans* baratos y por la tradición machista de su familia de caciques y terratenientes venidos a menos, se deja convencer para participar en una última acción política condenada de antemano al fracaso, sin comprender siquiera sus propios motivos: «¿Por qué él, sin voluntad ni pericia? Andrés Barazarte, hijo de Nicolasito, nieto de Papá Salvador, biznieto de Epifanio. Estuvieron ensangrentando el Estado, pero había que ser hombre... Se va solo. Con el maletín, las indicaciones, el miedo y el sudor» (página 176).

El libro está dividido en cuatro partes, las cuales, como ha explicado María Luisa Cresta, están constituidas por secuencias (14-15-15-1) «que se interfieren, intercalan e integran entre sí», de modo que «se producen series de interacciones y cambios abruptos, debido a que se cuenta siempre desde adentro, con tono omnisciente a pesar de los diversos usos de las personas gramaticales» [52]. A partir

[50] R. Gnutzmann, «*País portátil,* entre el documento y la ficción», *HispI,* número 63, 1978, 89-92.
[51] A. González León, *País portátil,* Barcelona, 1969, pág. 78*.
[52] M. L. Cresta de Leguizamón, «Ensayo crítico sobre *País portátil*», ponencia presentada al XIX Congreso del Instituto Internacional de Literatura Iberoamericana, Caracas, 1979.

del comienzo del viaje de Andrés, hay como un proceso de expansión en la novela que se desenvuelve por medio de la presentación en forma alternada de elementos contrastantes de la vida anterior de Andrés, ya sea en el campo, ya sea en la ciudad. Luego, en el último breve capítulo, los tres planos temporales confluyen en la mente de Andrés. Una sola secuencia culminante cierra el proceso entero: en el momento de iniciar el combate contra la policía Andrés se encuentra solo, con el temor y la sensación del fracaso, mientras una voz interior pronuncia su réquiem: «Pequeño burgués, de estirpe feudal, andino, tú no entiendes» (pág. 274).

Estamos de acuerdo con Gnutzmann en lo que toca a la «ironía» que se desprende del personaje central de *País portátil*. En la historia de Andrés, González León vierte toda la frustración y la amargura del intelectual latinoamericano que condena la opresión política, pero que duda de la eficacia de la rebeldía juvenil esporádica y mal organizada.

### Enrique Congrains Martín (El Perú, 1932)

A pesar de la importancia evidente del problema de la pobreza urbana, la vida de las barriadas y rancherías que afean las afueras de las grandes ciudades latinoamericanas figura sólo esporádicamente en la nueva novela. Sirve de fondo a *José Trigo* de Del Paso, la entrevemos momentáneamente en *Coronación* y *Este domingo* de Donoso y en *Los habitantes* de Garmendia, pero sin que ocupe un lugar de veras importante en estas obras. Sólo en *El zorro de arriba y el zorro de abajo* de Arguedas penetramos con frecuencia en este ambiente de miseria y humillación. Es curioso que la otra novela digna de mención dedicada enteramente a los auténticos desheredados haya sido escrita por su compatriota Enrique Congrains. Pero *No una, sino muchas muertes* (1958), de la que han salido tres ediciones en tres países latinoamericanos diferentes, merece nuestra atención no sólo porque explota un filón que otros novelistas más comprometidos que Congrains han desdeñado, sino porque además, en medio de la negatividad y el pesimismo que dominan las actitudes de la mayoría de los escritores que vamos estudiando, esta novela trae un mensaje de esperanza. Como acertadamente afirma Higgins, quien más que nadie ha comprendido la originalidad de esta obra, «es mucho más que un documento de la vida en la periferia de Lima y una protesta contra la injusticia social. Su tema verdadero es más universal y eterno: la necesidad que siente el hombre de alcanzar su propia plenitud»[53]. No hay contradicción, pues, entre incluir aquí esta novela y afirmar que la novela de protesta social ha sido una de las víctimas del auge de la nueva novela.

*No una, sino muchas muertes* tiene como escenario un vasto basural en las cercanías de Lima, donde la protagonista, Maruja, trabaja como cocinera en un lavadero de botellas. El título, sacado de un poema de Neruda, sugiere que para los habitantes de la barriada cada día se convierte en «una muerte pequeña» y que el basural, como la Comala árida de Juan Rulfo, simboliza una forma de existencia sin valores humanos. En los episodios de la trama, Congrains, sin excluir del todo los elementos tradicionales (véanse, por ejemplo, la descripción de la escualidez de la casa de Maruja, y las lamentaciones de su madre) se aparta bruscamente de realismo social, desviándose hacia un tremendismo que tiene pocos antecedentes en la narrativa hispanoamericana. Se trata de que el lavadero funciona a base del trabajo forzado de un grupo de locos secuestrados en las calles de Lima por la dueña del establecimiento. Maruja logra ponerse en contacto con una banda de golfos adolescentes a quienes convence de la oportunidad de asaltar el lavadero, apoderándose de los locos y de todas las utilidades, para explotarlos ellos. Si el plan fracasa no es por consideraciones humanitarias, sino porque los adolescentes se revelan demasiado estúpidos y codiciosos como para llevarlo a cabo.

Aprovechándose del intenso interés y del fuerte dramatismo de este argumento, Congrains estudia la evolución de Maruja, quien, al principio de la novela, ya se encuentra dispuesta a reconsiderar la validez de las ideas en que había basado su vida hasta entonces. Hay en ella la exigencia de alcanzar cierta armonía dentro de su propia personalidad, un «afán de perfeccionamiento y superación»[54] que no puede satisfacer el simple placer físico de ocasionales aventuras sexuales. Maruja es un ser voluntarioso que necesita dificultades que vencer. No la interesan mayormente ni el dinero ni la posibilidad de mejorar su posición social. Lo que la atrae en el proyecto de adueñarse del lavadero es la oportunidad de desplegar su energía interior, de templarse el carácter, de afirmarse como un ser humano. Por eso el fracaso no la desanima. El episodio, en el que logró convertirse en la jefa de una pandilla de jóvenes violentos, dominándoles a todos con su valor y su inteligencia, ha sido «como un en-

[53] J. Higgins, «A Forgotten Peruvian Novelist», *IAr*, 2, 1971, 112-20.
[54] E. Congrains Martín, *No una, sino muchas muertes*, Lima, 1974, pág. 30*.

trenamiento» (pág. 242). Ha descubierto sus propias fuerzas y está lista para aceptar el reto de la gran ciudad.

Hay en *No una, sino muchas muertes,* como indica Higgins, una respuesta, si bien un tanto ingenua a veces, al pesimismo que tipifica la nueva novela en general. Congrains cree todavía, algo anacrónicamente quizá, en la lucha por la vida y en la posibilidad de forjarse una existencia más digna. No minimiza las dificultades; la omnipresencia del basural en el que la gente vive precariamente a base de los desperdicios todavía útiles, nos recuerda a cada momento la hostilidad del ambiente. Pero aun así, parece afirmar Congrains, surgen algunas raras oportunidades que puede aprovechar el individuo dotado de voluntad e inteligencia. Por eso el verdadero interés de la novela estriba no en la descripción del ambiente en sí, ni en los episodios de crimen y violencia, sino en el contraste entre Maruja y los otros jóvenes a quienes se les presenta la oportunidad de transformar su vida y quienes, uno por uno, se demuestran incapaces de aprovecharla. Maruja, en cambio, cumple durante toda la novela una suerte de peregrinación hacia el santuario de un dios desconocido que por fin se revela como una búsqueda de sí misma.

Otro aspecto de *No una, sino muchas muertes* que la aproxima a la nueva novela posterior es la riqueza de su simbología. Un tubo fluorescente, milagrosamente intacto en el basural, simboliza al principio, por «su absurda sobrevivencia», la posibilidad de resistir la hostilidad de las circunstancias. Más tarde, al romperse, indica el fracaso inminente del asalto al lavadero. De las covachitas de Maruja, una queda destruida durante el asalto y la otra sirve de tumba para la dueña asesinada; simbolizan el modo de ser anterior de la protagonista. También Congrains emplea simbólicamente algunos elementos naturales, un matorral, un barranquito e incluso el polvo mismo del basural, que está asociado con la cobardía de Alejandro, uno de los adolescentes. Finalmente, se establece una y otra vez el contraste entre el fuego (la energía y el entusiasmo de Maruja) y la oscuridad (la ceguera de los demás ante la oportunidad de mejorar su suerte).

No cabe duda que tal simbología resulta a veces excesivamente obvia y falta de polivalencia. También Congrains se permite intervenir demasiado en la narración para comentar algunos episodios y ciertos aspectos de la psicología de los personajes. En toda la novela se advierte la preocupación del autor por explicarse, por no dejar nada ambiguo. Sin embargo, y a pesar de que el tremendismo de Congrains haya quedado sin sucesión en novelas posteriores, *No una, sino muchas muertes* ocupa un sitio especial y algo solitario dentro del panorama de la nueva novela, por su escenario y por su visión optimista de las potencialidades humanas.

*Alfredo Bryce Echenique* (El Perú, 1939)

El rasgo más acentuado de la narrativa peruana actual es la excesiva limitación de su temática. Cabe afirmar, con todo el respeto debido a los éxitos de Vargas Llosa, que hasta ahora nadie ha recogido en su totalidad la herencia dejada por Arguedas. Simbólico es el hecho que en 1977, el año de *Tantas veces Pedro* de Bryce, se publicaran en el Perú catorce novelas de cierto interés, pero casi todas o estaban ambientadas en Lima o trataban de la clase acomodada del país. Poco se escribe acerca de la sierra, nada acerca de los pescadores y campesinos de la costa, y nada tampoco de la selva que cubre un 70 por 100 del territorio nacional. La novela peruana actual se escribe desde la clase media urbana para la clase media urbana.

El ejemplo arquetípico nos lo ofrece Bryce con sus dos novelas: *Un mundo para Julius* (1970) y *Tantas veces Pedro* (1977). *Un mundo para Julius* pertenece a la corriente central de la nueva narrativa peruana, es decir, el *Bildungsroman* o novela de iniciación a la vida; en este caso la iniciación del niño Julius a la vida superficial y despreocupada de la clase alta limeña. Como Donoso en *Coronación* y *Este domingo,* Bryce opta por contrastar la vida hueca, elegante y superficial de los ricos, pasada en cócteles, en campos de golf y en viajes a Europa, con la vida de los criados. Frente a la madre de Julius, Susan, y a su padrastro, Juan Lucas, con sus amigos «los preferidos, los que sabían vivir sin problemas..., un grupo perfecto de gente bronceada, de deportistas ricos, donde nadie era feo o desagradable» [55], Bryce coloca a los sirvientes «grotescos en su burda imitación de los señores, ridículos en su seriedad, absurdos en su filosofía, falsos en sus modales y terriblemente sinceros en su deseo de ser algo más que un nombre que sirve una mesa y en todo» (pág. 247). Entre los dos mundos Julius pasa su niñez desde los seis a los once años.

La mayor parte de la novela resulta deliberadamente caricaturesca. Al contrario de Donoso, Bryce no analiza. A excepción de Julius, sus personajes son planos, simples fantoches que el autor manipula con intención humorística más que satírica. Algunas escenas (Juan Lucas en la iglesia, Pericote en el Country Club, la lectura de

---

[55] A. Bryce Echenique, *Un mundo para Julius,* Barcelona, 1970, págs. 105-6\*.

la composición de Julius) son de una comicidad deliciosa, todo lo contrario de las descripciones hirientes y agresivamente críticas de la *High Life* mejicana que Fuentes, por ejemplo, nos brinda en *La región más transparente*. A este lado fácil y atractivo de la novela corresponde el «orden» que rodea a Julius, un «orden» en que todo conspira para aislarle del mundo auténtico, el mundo del sufrimiento, de la pobreza, de la degradación moral y de la muerte. Lo realmente valioso de *Un mundo para Julius* es la descripción del descubrimiento hecho por Julius de ese otro mundo. Empezando con la muerte de su hermana Cinthia, el hada protectora de su infancia, culmina con la transformación de otra muchacha, la hermosa chola Vilma, su segunda madre, en una prostituta barata. En ese momento Julius se da cuenta finalmente del «vacío grande, hondo, oscuro» que le circunda. Intuye, como antes en el Country Club, que «no hay absolutamente nadie, absolutamente nada» en torno suyo, «sólo la amenaza de la pena que es ya tú tristeza y que no sabes por qué no tarda en ser peor» (pág. 286). Con esto, como el protagonista del cuento de Onetti, «Bienvenido Bob», Julius está a punto para entrar en el mundo sucio y maloliente de los adultos.

El protagonista de *Tantas veces Pedro*, Pedro Balbuena es un Julius cuarentón, un *playboy* peruano inconteniblemente romántico, juvenil y simpático, que durante quince años ha ido persiguiendo la quimera de un amor imposible por diversos países a ambos lados del Atlántico. La novela consta de una serie de episodios amorosos, más o menos cómicos, que proporcionan a Bryce la oportunidad de agrupar en torno a su héroe una galería de personajes más cosmopolitas, pero en el fondo tan convencionales como los de su primera novela. Así Pedro pasa de la chica universitaria californiana, mal vestida, seudointeligente y terriblemente sincera, a la *bohémienne* maoísta y a la francesita romántica de buena familia provinciana que sueña con el *latin-lover*, antes de funcionar como el don Giovanni de turno en un curso italiano para extranjeros en Perugia. Como en *Un mundo para Julius* sólo el protagonista tiene una vida interior. Obsesionado desde su juventud por una sola mujer, Sophie, cuyo recuerdo trata de borrar con sus otros amoríos, Pedro ha dejado que su vida se convierta en «una broma bastante excesiva y que esconde algo poco normal y peligroso» [56]. Ese algo es precisamente la misma intuición de la fría y solitaria tristeza de la vida que tuvo Julius. Es la sensación de que «me vuelven a suceder las mismas cosas, todo me vuelve a doler y hasta más que antes toda-

---

[56] A. Bryce Echenique, *Tantas veces Pedro*, Lima, 1977, pág. 49*. (De inminente aparición en Novela Cátedra.)

vía» (pág. 66). Produce la convicción de que «tal como veo las cosas en el mundo hoy por hoy, la neurosis y la paranoia son los únicos comportamientos que pueden tranquilizarte un poco la conciencia» (pág. 210).

*Tantas veces Pedro* es una novela muy antirromántica. Sophie, la mujer ideal, al materializarse en Perugia, se revela como una coqueta frívola y cruel que se mofa de Pedro y acaba matándole. Ella simboliza la felicidad que la vida ofrece engañosamente, para luego arrebatarla, dejando en su lugar el frío y la soledad que constituyen para Bryce la única realidad verdadera.


## David Viñas (La Argentina, 1929)

Novelista muchas veces premiado (ha ganado el Premio Municipal de Buenos Aires, el Premio Gerchunoff, el Premio Kraft, el Premio Losada y —sobre todo— el Premio Novela de la Casa de las Américas de La Habana) y crítico agresivo, David Viñas encarna el arquetipo del escritor latinoamericano comprometido. A principios de los años 50 aparece vinculado al grupo de la revista *Contorno* de Buenos Aires, grupo que también incluía a Noé Jitrik y a Adolfo Prieto, entre otros. Este grupo «parricida», radicalmente antagónico de la tradición literaria liberal-burguesa en la Argentina, prolongaba el revisionismo cultural de H. A. Murena exaltando a Arlt y Martínez Estrada por encima de Borges, Mallea y los demás escritores más o menos «cosmopolitas» o «europeizantes».

Se comprende, pues, que la primera fase de la obra novelística de Viñas se desenvolviese bajo el signo del realismo y aún, hasta cierto punto, del realismo socialista. Su primera novela, *Cayó sobre su rostro* (1955), trata de la vida y milagros de un jefe político local, paniaguado del presidente militar Julio A. Roca a finales del siglo pasado. *Los años despiadados* (1956) desarrolla el tema algo manoseado de la decadencia de una familia de la alta burguesía. Después de *Un dios cotidiano* (1957), Viñas publica una de sus novelas de éxito, *Los dueños de la tierra* (1959), que viene considerándose como la obra culminante de su primer periodo. En efecto, la edición española de 1978 es la decimoséptima edición de la obra en menos de veinte años. Es una novela política, situada en la Patagonia de los años 20, cuando en Buenos Aires la primera presidencia de Irigoyen tocaba a su fin. Se insiste en la política indecisa y contradictoria del gobierno radical, cuyo emisario Vicente Vera (hijo del cacique Antonio Vera de *Cayó sobre su rostro*) llega a Gallegos con el encargo de mediar entre los estancieros y los obreros rebeldes. Inseguro de sí mismo, sin preparación política, sintiéndose más compadrito que funcionario, Vicente se deja engañar por los estancieros de mala fe, y por fin, previsiblemente, le toca al ejército terminar con la sublevación obrera con métodos brutales. Para comentar la acción desde el enfoque opuesto, Viñas coloca frente a Vicente, cuya actitud está caracterizada por la facilonería y la vaga idea de que «se puede mantener una armonía [social]»[57] a una chica judía, Yuda, resentida y feminista, pero de ideas claras. Su «es falso vivir así» define el desdén de Viñas ante los tanteos populistas de Irigoyen y los radicales. Es Yuda quien articula el mensaje, un tanto obvio, de la novela: «para poder actuar con algún sentido, hay que elegir, Vicente: o una cosa o la otra» (pág. 181). Cuando, después de presenciar un episodio de represión sangrienta, Vicente vuelve a Buenos Aires con Yuda, ha elegido en efecto. Se siente derrotado, pero no traidor ni asesino. Ha fracasado en su misión, pero se ha llevado a cabo en él una importante toma de conciencia.

Ya en las cuatro primeras novelas de Viñas se nota la intención de emprender lo que Rasi llama «un vasto panorama en el que se van destacando ciertos momentos críticos de la evolución social argentina, en la medida en que la nación iba pasando de una sociedad tradicional a una sociedad de masas»[58]. El mismo crítico cita el comentario de Viñas en 1972: «Yo diría que el elemento temático de esa serie de novelas intenta narrar lo que considero momentos-clave de la Argentina moderna.» Otros momentos clave aparecen en *En la Semana Trágica* (1966) ambientada en Buenos Aires durante la represión militar de las huelgas de enero de 1919 y en *Dar la cara* (1962), cuyo contexto es el periodo caótico después de la caída de Perón en 1955.

Con *Los hombres de a caballo* (1967) Viñas vuelve, ya con otra técnica, al tema de la decadencia que había tratado en *Los años despiadados*. Esta vez se trata de la decadencia de una familia militar, los Godoy. En *Los dueños de la tierra* uno de los puntos débiles de Vicente Vera era su confianza ingenua en el ejército: «la institución síntesis... Donde se encuentra el Ejército, en cualquier caso, allí tenía que estar el punto de equilibrio. Es decir, la verdad» (pág. 204). Emilio Godoy encarna la realidad que se esconde detrás de la ilusión de unas fuerzas armadas que «*naturalmente* buscan una equidistancia

---

[57] D. Viñas, *Los dueños de la tierra,* Madrid, 1978, pág. 150*.
[58] H. M. Rasi, «David Viñas, novelista y crítico comprometido», *RevIb,* número 95, 1976, 259-65.

entre cualquier tipo de conflicto que se produzca en el país» (ibíd.), que son, como afirma el general Valeiras, amigo y protector de Godoy, «lo previo y lo permanente; antes de la nación y sustancia de la nación»[59]. Hijo de uno de los generales que habían preparado el golpe de Uriburu en 1930, Godoy ha visto fracasar los pronunciamientos sucesivos del 45, del 55 y del 58; ha visto a su padre convertirse en un militar de salón y comprende que él mismo y sus compañeros ya no son más que «unos felices robots» (pág. 115). La acción de la novela gira en torno a dos ejes: las hazañas de los primeros Godoy, José María y Luciano, próceres de las Guerras de la Independencia, y la parodia de la guerra en que Emilio y un contingente de tropas argentinas se encuentran metidos cuando toman parte, junto con contingentes de otras naciones hispanoamericanas y el inevitable consejero yanqui, en unas maniobras militares en el Perú.

Paralelamente a la historia de estas maniobras grotescas, que terminan con la muerte de unos soldados paraguayos a causa de la torpeza de los oficiales, seguimos el progresivo encanallamiento de Emilio, quien, a sabiendas de que todo lo que hace es absurdo, destruye la carrera de su compañero Arteche que había tenido el valor de reconocer que «todo es una mierda» (pág. 249). Para colmo de ironía, al volver a Buenos Aires, Emilio se encuentra con que su hermano Marcelo, dado de baja del ejército, acaba de suicidarse porque «salir del ejército» es «vivir castrado». El diseño de la novela se revela en el fondo semejante al de Los dueños de la tierra, si bien la evolución hacia abajo de Emilio contrasta con la de Vicente hacia una más clara conciencia de la realidad social. Hasta aparece de nuevo la chica extranjera inteligente con la función de comentar lo que pasa. No encubre este diseño la nueva técnica narrativa empleada aquí por Viñas que, como apunta Carlos Cano[60], mediante cierto fragmentarismo calculado, con numerosos flashbacks a episodios del siglo pasado y monólogos interiores, incorpora el pasado al presente en una forma discontinua, creando la sensación de un «presente en crecimiento».

Cosas concretas (1969) es una novela de frustración política que sería interesante comparar con El libro de Manuel de Cortázar. Son obras que representan las dos caras de la novela política actual en Hispanoamérica. Una, la de Viñas, con un tono amargo de autocrítica y decepción, refleja el fracaso del ideal de militancia izquierdista. La otra, la de Cortázar, con cierto desasimiento humorístico y epi-

[59] D. Viñas, Los hombres de a caballo, Méjico, 5.ª ed., 1976, pág. 42*.
[60] C. J. Cano, «Épica y misoginia en Los hombres de a caballo», RevIb, números 96-7, 1976, 561-5.

sodios de farsa, narra un caso de concienciación que supera en importancia el fracaso de «la Joda».

*Jauría* (1974) es una obra menor, una novela histórica sobre un tema de celos y venganzas entre militares en la época de la guerra del Paraguay. Pero su forma narrativa (con bruscos saltos desde la tercera persona a la primera y el abandono de la linealidad cronológica como base para la organización del argumento) preludia el informalismo de *Cuerpo a cuerpo* (1979).

Todas las novelas de Viñas hasta *Cuerpo a cuerpo* han sido, cual más, cual menos, novelas escritas para lectores dispuestos a aceptar pasivamente las simpatías y los antagonismos del autor a cambio de unas horas de entretenimiento. Por eso estamos de acuerdo con Rasi cuando sugiere que si bien Viñas no desdeña las innovaciones estructurales de la nueva novela, «pocas veces logra presentar con hondura a sus protagonistas o estructurar equilibradamente una novela» [61]. Pero *Cuerpo a cuerpo,* publicada después de cinco años de silencio, parece iniciar una nueva fase. De los dos protagonistas, uno es un general juerguista con fama de intelectual, honrado a su manera, pero comprometido con la derecha. El otro es un periodista débil, bohemio, algo desilusionado pero bonachón, a quien encargan una serie de artículos de investigación sobre el militar peligrosamente carismático. Por primera vez Viñas parece simpatizar con todos sus personajes y adoptar una actitud equidistante del general Mendiburu (El Payito) y del periodista Yantorno (Goyo). En efecto, El Payito «mastín pero no gorila», decepcionado con el ejército («Ejército, no; gallinero. Eso somos») [62], con su matrimonio y con sus hijos Marcelo y Mariana; y Goyo, decepcionado con el periodismo militante, que «escribe para no tener miedo», humanamente tienen mucho en común: la entereza, por ejemplo, que hizo a Mendiburu rebelarse contra Perón, y que hace que Goyo siga con su encuesta a pesar de las amenazas desde arriba, y el humor socarrón con elementos de farsantería y escepticismo sereno. Así que esta novela que habría podido convertirse (como insinúa Viñas mismo) en «la polémica entre un intelectual y el poder», evita todo maniqueísmo. El tono, más que militante, es triste. Algo «lo carcomía ahí dentro» (pág. 227), escribe Viñas a propósito del general Mendiburu. Esto, que le carcome también a Yantorno, es la sensación del fracaso general, de ellos y del país entero. *Cuerpo a cuerpo* nos ofrece un cuadro desolado de la Argentina de los años 70 y de los orígenes del actual marasmo. Con una técnica mucho más fragmentaria que la de *Los hombres de a*

---

[61] H. M. Rasi, *art. cit.,* pág. 261.
[62] D. Viñas, *Cuerpo a cuerpo,* Méjico, 1979, pág. 107.

*caballo,* pero que poco a poco llega a configurar una visión orgánica de un país en descomposición, Viñas ha creado una novela que, bajo muchos aspectos, es el equivalente argentino de *Conversación en la Catedral* de Vargas Llosa, con respecto al Perú de Odría.

*Manuel Puig* (La Argentina, 1932)

Hacia el final de *Sobre héroes y tumbas* de Sábato, el héroe, Martín, tiene un encuentro curioso y simbólico con Hortensia Paz, una mujer sencilla, para quien escuchar los discos de Gardel significa la más pura felicidad. Con este pequeño episodio los mundos de Sábato y de Manuel Puig —tan diferentes entre sí— se tocan momentáneamente. Pero la inmensa diferencia entre los personajes de Sábato y los de Puig subraya la originalidad de éste. La mayoría de los personajes de Sábato, así como los de Mallea, de Cortázar, del primer Onetti y hasta cierto punto de Arlt, pertenecen a la *inteligenzia* porteña. Su característica esencial es la lucidez. La desesperación que muchas veces sufren está íntimamente relacionada con su capacidad de buscar en sí mismos, de analizar su entorno, de darse cuenta cabal de lo que significa vivir dentro de la realidad. Son muchas cosas, pero no son 'masa'. En cambio los personajes de Puig, sobre todo en sus primeras dos novelas, son precisamente eso: 'masa'. Aparte de las criadas, pertenecen —si bien con una pronunciada conciencia de clase— a un grupo intermedio entre el proletariado y la baja clase media. De mediocre inteligencia, emocional y sexualmente frustrados, condenados a una existencia gris y decepcionante, se entregan a pobres sueños que ni siquiera son suyos. A las mujeres sobre todo, y en las tres primeras novelas de Puig predominan personajes femeninos, la cultura *pop* les proporciona el modelo para construir mundos de fantasía en que refugiarse.

Para acentuar más el contraste entre la mezquina realidad y los ensueños inspirados por el cine, las fotonovelas y las canciones sentimentales, Puig ambienta *La traición de Rita Hayworth* (1968) y *Boquitas pintadas* (1969) en los años 30 y 40 y en el pueblo relativamente aislado de Coronel Vallejos, a casi quinientos kilómetros de Buenos Aires. *La traición...* nos ofrece una radiografía de la vida secreta de este villorrio de la pampa, mediante una serie de monólogos interiores, diálogos, diarios y cartas de un grupo de vecinos más bien jóvenes: un matrimonio no muy feliz, su hijo afeminado Toto, un sobrino más rudo, Héctor, y varios amigos y conocidos. El acierto esencial de Puig reside no tanto en el hecho de haber sabido apartarse de la novela urbana y existencial de Sábato y Cortázar, ni de haber incorporado a la psicología de sus personajes el influjo condicionante del *pop-art*, sino en su asombrosa capacidad de captar las distintas formas de expresarse de todos los personajes. «Lo que realmente cuenta en *La traición de Rita Hayworth* —afirma E. Rodríguez Monegal—, es el *continuo* de lenguaje hablado que es a la vez el vehículo de la narración y la historia misma» [63]. Este empleo del lenguaje oral exibe una técnica narrativa particular. Si exceptuamos los dos diálogos que constituyen la exposición, la novela consta simplemente de una sucesión de confesiones que cumplen un triple propósito. En conjunto ofrecen un cuadro penoso de las pequeñas envidias, los egoísmos, las rivalidades sociales y sexuales, la cursilería y el chismorreo que abundan en este modesto lugar de provincias. Poco a poco se va perfilando el tema central: la soledad del individuo y su necesidad de evasión psicológica. También cumplen la función de informar al lector acerca del desarrollo de la personalidad de Toto, cuya posición en el centro del grupo da una vaga unidad a la novela. En tercer lugar, las confesiones finales, las de Herminia y Berto, que no tienen ya nada que ver con sueños compensatorios, pero que en cambio aluden a creencias religiosas, concluyen la novela con un brusco viraje hacia lo espiritual, tal como ocurre en el capítulo IX de *El beso de la mujer araña*.

*Boquitas pintadas*, filmada por Torre Neilson en 1974, repite con hábiles variantes la fórmula de la novela anterior. «A mí me interesaba un aspecto en especial —afirmó Puig en 1977—, esta gente había creído en la retórica del gran amor, de la gran pasión, pero no habían actuado de acuerdo a ella. Es decir, por un lado creer en las letras de las canciones, y por otro una conducta de cálculo frío, una típica actitud de clase media ascendente. Yo quise reproducir esa contradicción en la forma dada a la novela, contar una historia de cálculos fríos en términos de novela apasionada...» [64]. Una vez más, las mujeres (sobre todo) identifican sus situaciones amorosas con las que han visto en el cine, o bien sueñan con transformar aquéllas en éstas. Como Héctor en *La traición...*, los dos hombres: Juan Carlos, un pequeño don Juan de provincias, egoísta y haragán, y Pancho Páez, el obrero (otra vez la 'lumpen'-burguesía junto al proletariado), son más brutalmente realistas. Ante sus rituales tentativas de seduc-

[63] E. Rodríguez Monegal, «*La traición de Rita Hayworth*», MN, 17, 1967, páginas 19-24.
[64] M. Puig, entrevista con M. Osorio, en *Cuadernos para el Diálogo*, número 231, 1977, pág. 52.

ción, las chicas, con miras al matrimonio, reaccionan con maniobras no menos rituales. Esta vez, sin embargo, habiéndose dado cuenta de lo inconexo de algunos episadios en su primera novela, Puig entrelaza con cuidado dos intrigas. Ambas son fuertemente paródicas: en una es el don Juan que muere, como «la dame aux camélias», de tisis; en la otra el que se niega a sacrificar su carrera al amor es un ex peón de albañil. El desenlace sangriento —y melodramático— de la segunda enlaza inesperadamente con la primera, pero sin impedir que ésta se resuelva mediante un par de matrimonios convencionales. *Boquitas pintadas* es, con mucho, la mejor estructurada de las cuatro primeras novelas de Puig, si bien la disposición de los episodios resulta algo mecánica, sobre todo cuando advertimos el contraste final entre la felicidad de Raba, la criada seducida y abandonada, y la aplastante vulgaridad matrimonial de Nené y Mabel.

El tema de *The Buenos Aires Affair* (1973) (durante algún tiempo prohibida en España) es la frustración sexual. Esta vez los trozos de diálogo que encabezan todos los capítulos, trozos sacados de películas de la Garbo, Bette Davis, Joan Crawford y otras estrellas de los años 30 y 40 comentan irónicamente los problemas sexuales de Gladys y Leo, los dos protagonistas. Para enmarcar de algún modo sus respectivas biografías, Puig construye una ingeniosísima parodia de una novela policíaca, con el aparente rapto de Gladys al principio, misterio, tensión, telefonazos anónimos a la policía, y una tentativa final de asesinato que se convierte burlescamente y —todo considerado— patéticamente en un fenomenal orgasmo. El influjo de Joyce, ya evidente en el uso de ciertos trucos técnicos en las dos obras anteriores, alcanza un clímax aquí con una detalladísima descripción de un acto de masturbación por parte de Gladys, al que corresponde un incidente espectacular de sadismo y sodomía (nada joyceano éste), en el que interviene Leo. No cabe duda, pues, que *The Buenos Aires Affair* marca un hito en el proceso de reacción contra los tabúes sexuales tan típicos de la novela tradicional en Latinoamérica. Hablando de *The Buenos Aires Affair,* Puig declara que fue escrita

con el propósito de desmitificar todo lo que haya de tenebroso, de tabú en la sexualidad... En este libro la protagonista es una muchacha que ha sido educada mal y ha elaborado una idea turbia del sexo, idea según la cual la mujer debe ser en algún modo manipulada por un ser superior que la domina y tiene sobre ella todos los poderes. Mi protagonista lo que busca es un ser superior y lo que encuentra es un sádico que se interesa por su condición de masoquista; por su condición de mujer ávida de mal trato; pero ella no es una verdadera masoquista[65].

La novela interesa por el eficaz contraste entre el estudio serio de los dos casos de frustración sexual y los elementos caricaturescos que los enmarcan. Las divisiones de la narración revelan la característica simetría que domina la estructuración de las novelas de Puig. Pero si nos fijamos en la conclusión, nos damos cuenta de que aquí, como en *El beso...*, el interés de Puig por la novela no-literaria ha tendido, una vez que sale del ámbito de la parodia, a contagiarle de convencionalismo. La yuxtaposición del grupo Leo-Gladys-María Ester y el matrimonio feliz formado por el radiotelegrafista y su mujer, no deja de parecer algo ingenua y sentimental.

La cuarta novela de Puig inicia un cambio de rumbo. Con respecto a las dos novelas anteriores, *The Buenos Aires Affair* se había revelado más compacta por lo que se refiere a los temas, y más concentrada en torno a la problemática sexual de los protagonistas. *El beso de la mujer araña* (1976) representa otro paso hacia adelante en el mismo proceso. Aquí no hay dispersión del interés; no hay parodia ni alardes de erotismo. Todo se reduce a la convivencia de dos individuos, un joven montonero y un homosexual, en una celda de la penitenciaría de Buenos Aires. Ésta es la primera novela auténticamente «comprometida» de Puig. El contacto sexual entre el activista y el afeminado Molina hacia el final simboliza claramente la unión de las fuerzas políticas progresistas con el movimiento de la liberación sexual. Pero la novela no decae en alegoría, ni se construye exclusivamente a base de los lugares comunes de la literatura «enrolada», si bien ambos protagonistas resultan ligeramente idealizados. Mediante nuestra progresiva autoidentificación con ellos y con sus respectivas evoluciones ideológicas, Puig cumple una de las principales funciones sociológicas del escritor en una sociedad pluralista y libre: la de explicar a los demás las convicciones, los ideales y las aspiraciones de determinados grupos sociales, desmitificándolos e insertándoles en su contexto. En este caso su interés primordial recae en la liberación homosexual, interés que se manifiesta no sólo en la mayor importancia atribuida al personaje de Molina, respecto a Valentín, el montonero, sino también en varias notas a pie de página que discuten, con gran cantidad de datos científicos, las varias teorías acerca de la homosexualidad. En la entrevista ya mencionada anteriormente, Puig afirma que en Molina quiso crear «un personaje femenino que creyese todavía en la existencia del macho superior», mientras Va-

[65] *Ibíd.*

lentín «no se presta al juego. Es un hombre que está contra todo tipo de explotación, pero que, de algún modo, inconscientemente, recrea dentro de las cuatro paredes de la celda en que se encuentran, un sistema de explotación». En este sentido el propósito fundamental de Puig, tanto en *The Buenos Aires Affair* como en *El beso de la mujer araña*, es el de destacar lo que llama «el erotismo de explotación».

Idéntico tema reaparece en *Pubis angelical* (1979). Ana, la protagonista, una argentina todavía joven, aquejada de una enfermedad incurable, espera la muerte en una clínica mejicana. Allí reflexiona sobre su matrimonio corto e infeliz y recibe las visitas de Beatriz que trabaja en el movimiento feminista, y de Pozzi, un activista de izquierdas que quiere organizar, con la ayuda de Ana, un secuestro político. A intervalos Puig introduce episodios de dos relatos paralelos, ultrarrománticos y sentimentaloides, leídos o quizá imaginados por Ana. Por una parte las heroínas hermosísimas, inteligentísimas y trágicas de estas historias representan, una vez más, los sueños compensatorios de Ana. Emotiva y físicamente frustrada, ella odia su condición de mujer llena de miedo y de inseguridad en un mundo dominado por hombres groseros y machistas que explotan a las mujeres. Mientras espera a un inexistente «hombre digno de respeto», Ana se refugia en «todas estas historietas que nos ayudan a veces». Otra vez Puig echa mano del tema de la evasión barata de un mundo opresivo y monótono. Pero los dos relatos intercalados (magistrales parodias ambos de la novela rosa) desempeñan también otra función. Los enlaza el tema de la lectura de los pensamientos ajenos, es decir, la superación de la otredad de los demás. Traicionadas, las heroínas se vengan de sus respectivos amantes, quienes querían poner el don adivinatorio de las dos mujeres al servicio de fuerzas políticas. Puig parece querer contraponer ese don, símbolo quizás de la poderosa intuición femenina, al sexo, «ese punto débil entre las piernas», que somete a la mujer a la dominación masculina. Así se explica el título: los ángeles no tienen sexo.

Puig es a la vez un novelista irónico y sentimental. Luchan en él la tendencia hacia la sátira despiadada y la compasión hacia los débiles y los ingenuos. Como los films de Charlot, sus novelas suscitan dos reacciones simultáneas, aunque en esta ocasión no parece que lleguen a fundirse siempre.

*Néstor Sánchez* (La Argentina, 1935)

En 1967, es decir, apenas publicada *Nosotros dos* (1966), Emir Rodríguez Monegal ya clasificaba a Néstor Sánchez con Puig, Sarduy y Sáinz como uno de los cuatro novelistas novísimos «de indiscutible importancia» [66]. Creemos que, a pesar del desconcierto que han sembrado entre algunos críticos [67], las novelas posteriores de Sánchez confirman ampliamente este juicio. Si aceptamos el postulado de Dellepiane en su útil ensayo «La novela argentina desde 1950 a 1965» [68] de que existían en aquel periodo dos grandes grupos de novelistas argentinos, los «comprometidos» y los «existenciales», Sánchez pertenece indudablemente al segundo. Pero un comentario frecuentemente citado de Cortázar en *La vuelta al día en ochenta mundos* sugiere que gran parte de la originalidad de su compatriota estriba no tanto en la temática de su obra cuanto en su «sentimiento musical y poético de la lengua».

En realidad el estilo de Sánchez, sobre todo en *El amhor, los Orsinis y la muerte* (1969) iba a parecerse, cada vez más, al estilo que Elizondo quería describir al afirmar que en el fondo de la creación de *Farabeuf* estaba «la ilación irracional metódica». El ideal de Sánchez parece ser el de crear un estilo que refleje, por medio de interrupciones, paréntesis, disonancias y bruscas dislocaciones incluso en el diálogo, frases incompletas y sintaxis deformada, la irracionalidad de la mente humana y la inseguridad de la memoria, temas ambos que ocupan un lugar importante en su obra.

Con obvias reminiscencias de Arlt, Macedonio Fernández y Cortázar, las tres influencias primordiales sobre Sánchez en esa época, se perfila en *Nosotros dos* una situación cuyos dos componentes, la vida en el umbral de la criminalidad y el sentimiento de desorientación existencial reaparecerán en las dos próximas novelas. El narrador, que tiene algo del sentimentalismo, la incapacidad de adaptarse a la vida y la falta de naturalidad de Erdosain, abriga, como

---

[66] E. Rodríguez Monegal, «Los nuevos novelistas», *MN*, 17, 1967, reproducido en *La crítica de la novela iberoamericana,* ed. A. M. Ocampo, Méjico, 1973, págs. 100-111.

[67] Típica es la reacción perpleja del norteamericano J. S. Brushwood en su *The Spanish American Novel,* Austin, Tejas, 1975, pág. 362.

[68] A. B. Dellepiane, «La novela argentina desde 1950 a 1965», *RevIb,* número 66, 1968, págs. 237-82.

Oliveira, la aspiración de «encontrar un orden», de dejar atrás lo que llama «mi repetida desgracia de seguir todavía en el centro de la orquesta sin saber qué clase de cosas intentar con el instrumento en la mano»[69]. Por fin encuentra ese orden con Clara, quien, como la Maga de *Rayuela,* necesita que le expliquen lo que es «sentirse vivir» o lo que significa «el mal de este siglo». Con su «fe madonna del Giotto», su «serenidad de madre tribal», Clara le ofrece al narrador el refugio y el amor que busca. Pero él, con su pasado de pequeño rufián vergonzante de putas baratas, se revela incapaz de resistir la vida gris del matrimonio, y al final se halla de nuevo solo «sin encontrarle un lugar estable a la alegría» (pág. 129). Vista desde la perspectiva de ahora, *Nosotros dos* no es una novela plenamente lograda. La combinación, tan admirable en el Larsen de Onetti, de la vida rufianesca y la angustia metafísica, aquí no convence. Pero esta primera novela de Sánchez sirve para mostrar que su autor ya había descubierto los procedimientos técnicos y estilísticos con que iba a enfrentar el problema de superar las limitaciones expresivas de la novela tradicional.

La palabra que designa el malestar existencial en Sánchez es «leucemia». Esta enfermedad espiritual («la manoseada tristeza sin sentido»)[70] aflige de nuevo al narrador de *Siberia blúes* (1967), cuya migración desde una zona de la periferia de Buenos Aires (Siberia) a la ciudad está presentada como una suerte de alegoría de la vida humana. Así como el personaje central de *Nosotros dos* vacilaba entre la influencia de Santana, quien lo había iniciado en la vida rufianesca, y la de Clara, el narrador de esta segunda novela vacila entre su admiración por el «Obispo», personaje esta vez francamente criminal, y la tentación de una vida menos dramática como empleado en una sastrería. Durante toda la novela Siberia funciona como símbolo de la vida despreocupada y llena de las ilusiones típicas de la juventud. Se habla con nostalgia de «esos años invencibles de Siberia» (pág. 42) y de «la Siberia de los años heroicos» (pág. 139), como si la zona y sus habitantes medio hampescos representasen una forma de autenticidad vital. En efecto, Sánchez no esconde su preferencia por este ambiente. Hablando con su traductor francés afirmó: «Mi atracción por el mundo marginal se debió, fundamentalmente, a que el mundo no marginal me parece de una pobreza sobrecogedora. Todavía hoy si tengo que elegir entre un buen ladrón y un buen sociólogo prefiero cenar con el primero»[71].

[69] N. Sánchez, *Nosotros dos,* Barcelona, 1971, pág. 27*.
[70] N. Sánchez, *Siberia blúes,* Buenos Aires, 1967, pág. 112*.
[71] N. Sánchez en «Entretiens, Néstor Sánchez», *Car,* 23, 1974, págs. 155-7.

Pero la Siberia de la juventud del narrador está condenada a desaparecer, dejando atrás sólo «una Siberia que al mismo tiempo se desdibuja y la asfaltan» (pág. 30). La derrota de Siberia, la pérdida con el tiempo de la autenticidad y la alegría, está expresada por medio de incidentes en la vida del «Obispo» y de su amigo el narrador, quien, como él, es «un cruzante de la frontera». El «Obispo» hace un viaje infructuoso a Chile en busca de mejor suerte, luego pasa algunos meses en la cárcel. El narrador abandona su empleo y durante una buena temporada en la vida del «Obispo» participa en sus aventuras, pero al aproximarse a los treinta años («esa edad espantosa») se deprime e intenta suicidarse. Otros compañeros criminales mueren y la vida del narrador pierde su dirección. Vuelve de modo obsesivo el recuerdo de un simbólico caballo blanco que atraviesa la ciudad desde el barrio de la Floresta a Siberia, tratando en vano de dejar atrás al viejo Natalio y su mensaje fatídico «esto así como lo viste acaba de terminar y a otra cosa Obispo» (pág. 80).

Los temas de *Siberia blúes* son, pues, la pérdida de las ilusiones, el triunfo del tiempo, la omnipresencia de la muerte y todo lo que subyace a las preguntas del «Obispo», «¿pero qué soy, qué carajo espero?». Al mismo tiempo el estilo más denso y difícil representa otro paso adelante en la creación de lo que Julio Ortega llama «la radical confluencia de narración y poesía en un lenguaje liberado en su fervor aleatorio, aventurado en su riesgo asociativo»[73].

Una de las dificultades de Sánchez en sus dos primeras novelas fue la de conciliar su deseo de crear obras «poemáticas» (y metafísicas) con su atracción por el mundo del hampa bonaerense. En *El amhor, los Orsinis y la muerte* (1969) resolvió el problema prescindiendo de todo elemento convencionalmente realista. La novela deriva hacia la fantasía simbólica y el humor. Aparentemente describe algunos momentos de la vida de algunos personajes extraordinarios reunidos, más o menos casualmente en una casa de la calle Flores de Buenos Aires. Pero su tema fundamental tiene que ver con la distinción entre «lo felípico» y «lo orsínico» como actitudes existenciales. Hablando con Bensoussan, Sánchez explicó:

> Siento, como nunca antes, que en realidad estamos estafados por una visión minúscula del mundo, que es preciso realizar un gran (y doloroso) viraje interior para escapar de esta trampa de idiotez en la que nos ha metido una cultura basada en la mentira y en el secreto miedo a la muerte. En suma: necesito decirle a cada lector que va a

---

[73] J. Ortega, *Figuración de la persona*, Barcelona, 1971, pág. 301.

morirse muy, muy pronto, y que a pesar de todo vive como si fuese eterno [73].

Ahora bien, «lo orsínico en sí era haber aprendido a callar en un sentido último» [74]. En otras palabras, es una suerte de estoicismo llevado al extremo de no quejarse del «sinsentido global de una vida tan corta». A propósito de uno de los personajes, el pistolero mejicano Donald Gleason, se aclara que el concepto está relacionado con «la inutilidad del sufrimiento». Constituye una de las opciones posibles ante lo que otro personaje, el suicida futuro Ismael, llama «el ineludible llorar», la leucemia, el dolor existencial. «Lo felípico», en cambio, está relacionado con la invención de un instrumento mágico capaz de producir en quien lo escucha la sensación —cara a Macedonio Fernández— de la más total despersonalización. La música para por completo la vida psíquica y el oyente queda «allí en ese perfume escuchando nada más, nada más que esa música y en ninguna otra parte al mismo tiempo» (pág. 125).

La novela no tiene un argumento en el sentido normal de la palabra. Más bien se trata, según Julio Ortega, de «una progresión poética», una «figura de asociaciones que se tejen en una novela» [75]. En el centro de esta figura está la serie de episodios que tienen como escenario la casa de Felipe en la calle Flores, el encuentro del narrador con Batsheva y la llegada de la pareja a la casa, la aparición de Gleason, el pistolero, después de un asalto a una banca de Boston, una fiesta en la que se fuma marihuana, la enfermedad y muerte de Felipe, otro asalto a una banca y el contraataque de la policía. Desde estos episodios la narración salta con una técnica asociativa a otros relacionados con el pasado de algunos de los personajes y con un pueblo imaginario, Ingeniero Maschwitz, símbolo de la existencia chata y convencional que los personajes rechazan. Sería posible reconstruir la sucesión cronológica de los eventos, pero aún así no se llegaría a la comprensión cabal de la novela, pues no se trata de una historia sino, una vez más, de una alegoría. La mayoría de los personajes (Felipe, Heriberto, Gleason, el narrador) regresan a la casa de Flores después de viajes que son búsquedas fracasadas. Otro, Ismael, emprende, con la ayuda de sus anotaciones y de su novela *El hombre de la bolsa,* un viaje interior hacia el descubrimiento de sí mismo y en busca de una respuesta a su angustia personal. También fracasa. La aventura final, la evasión por la acción, termina con la muerte

[73] N. Sánchez en «Entretiens», *ut supra*.
[74] N. Sánchez, *El amhor, los Orsinis y la muerte,* Barcelona, 1971, pág. 126*.
[75] J. Ortega, *ob. cit.,* pág. 302.

probable de los participantes en un tiroteo que deja también acribillado el simbólico instrumento de Felipe. Sólo se llega a la convicción de que «la existencia está en otra parte».

*Cómico de la lengua* (1973) continúa la búsqueda de esta existencia más auténtica «en otra parte». El título está explicado por uno de los apuntes de Ismael en la novela anterior, «Acaso nada más, cómico de la lengua, vigilo lo que no conozco». Sin embargo, Sánchez afirmó rotundamente que «La literatura es un instrumento de conocimiento». A pesar de la aparente contradicción, la conclusión resulta bastante clara: la literatura debe volverse de espaldas a los valores convencionales para explorar lo que Ismael confiesa no conocer, es decir, el misterio. En efecto, *Cómico de la lengua* es la historia de una peregrinación emprendida por un grupo de jóvenes bonaerenses hacia el Norte, y de la fundación en la selva de una comunidad dedicada a practicar una nueva forma de vida bajo la tutela de una pareja misteriosa, los Kressel. Es una novela accesible, sin mayores complicaciones, al menos para el lector ya acostumbrado a los alardes técnicos de la nueva novela. Su argumento es la lucha entre «lo leucémico» y «aquella especie de locura colectiva capaz de sintetizarse en la única frase con todas mayúsculas LA CONFIANZA EN LA VIDA»[76]. La fase ascendente de la novela culmina con el encuentro de Roque Barcia y su amigo Mauro Chavarría con los Kressel, encuentro que, a su vez, conduce a la reunión de los componentes de la comunidad futura para escuchar de labios de Mauro la buena nueva.

La doctrina de los Kressel coincide con una forma de vitalismo semejante al de Borges en «El inmortal». A lo largo del texto de la novela «la tontez irrisoria del nocapaciente angustiado», es decir, el malestar existencial, está equiparada a la inveterada tendencia del hombre a cultivar su propio sufrimiento espiritual, a vivir «esclavizado desde adentro». Los Kressel y Mauro parecen preconizar la aceptación de la vida considerada como pura contingencia, el rechazo de toda fe en lo eterno, y la práctica de ciertas técnicas contemplativas destinadas a acrecentar la sensación de vivir plenamente en medio del *hic et nunc*. Kressel, sin embargo, muere fortuitamente en un incidente de carretera y la comunidad se desintegra. Barcia vuelve a la inautenticidad y se gana la vida componiendo «gingles» publicitarios. Pero le obsesionan «la derrota de haberse sentido nada» y «la otra derrota a veces simultánea de volver a olvidar por completo haberse sentido nada» (pág. 32), es decir, su experiencia espiritual en la selva y su recaída en «la tontez del nocapaciente». El suicidio

---

[76] N. Sánchez, *Cómico de la lengua*, Barcelona, 1973, pág. 26*.

de Barcia parece motivado por la vergüenza al darse cuenta Roque de su propia incapacidad (y la del hombre en general) de quedar fiel a la tarea de «buscar un centro o eje» dentro de la vida misma (de preferir el hilo rojo al cordón de plata, para emplear el lenguaje simbólico de la novela). Pero, al morir, deja atrás la crónica de sus experiencias y en ésta se basa la novela.

En el fondo todas las novelas de Sánchez giran en torno al mismo tema, la búsqueda de algo capaz de devolver un significado a la vida. No estamos de acuerdo con Allen cuando afirma que el estilo de nuestro autor no le permite manejar ideas [77]. Al contrario, Sánchez continúa la novela metafísica de Sábato, Cortázar y, en general, de los escritores rioplatenses. Donde se diferencia de ellos es en su elaboración de un nuevo estilo en que, como ocurre con la enumeración caótica en la poesía de Neruda, se expresa «el caos sin ton ni son», los «entrecruzamientos y superposiciones» que constituyen nuestras percepciones. Efectivamente, como, por ejemplo, *Tentativa del hombre infinito* de Neruda, las novelas de Sánchez expresan una visión de la vida en términos de una peregrinación a través de lo casi incomprensible hacia una meta intensamente anhelada, pero sólo vagamente definida.


## Jorge Edwards (Chile, 1931)


Más conocido como cuentista y autor de *Persona non grata* (1973), relato testimonial sobre la Cuba de principios de los 70 que tuvo en su momento un *succès de scandale,* Jorge Edwards ha escrito también dos novelas que ocupan un lugar importante en la moderna narrativa chilena. *El peso de la noche* (1964) y *Los convidados de piedra* (1978), como *Coronación* y *Este domingo* de Donoso, tienen como tema central la decrepitud moral, más que social o económica, de la vieja burguesía chilena. Con *Un mundo para Julius* de Bryce y (a pesar del distinto enfoque) *Los hombres de a caballo* de Viñas y *La consagración de la primavera* de Carpentier, las cuatro novelas chilenas forman un grupo interesante no sólo desde el punto de vista literario, sino también del sociológico, ya que todas ellas esclarecen la situación de una clase poderosa, pero miope, bajo la amenaza de un cataclismo social.

---

[77] R. F. Allen, «En busca de la novelística de Néstor Sánchez y Julio Cortázar», *CHA,* 237, 1969, págs. 711-25.

En *El peso de la noche* el momento de Allende está todavía lejos, si bien algunas referencias a radicales y a socialcristianos dejan entrever un proceso político en rápida evolución. Estamos en el período de tanteos que iba a desembocar en el gobierno de Frei y el fracaso de los partidos moderados. Durante este interregno político una respetable familia santiagueña entra en crisis con la enfermedad y la muerte de la matriarca, misiá Cristina, última representante de la autoridad tradicional serena e inapelable. Su fallecimiento significa el fin de la estabilidad, «un vacío extraño, un desamparo..., un hueco que se podía palpar como de casa desmantelada»; de ahora en adelante triunfará «la eficacia disimulada y silenciosa del tiempo que de pronto se había cerrado sobre los días de la señora Cristina y que continuaría quemando etapas implacablemente» [78].

Al entierro de misiá Cristina, en el capítulo VII (y último) asisten su hijo Joaquín, la oveja negra de la familia, alcohólico y jugador, y el joven Francisco, quien representa la tercera generación de los González. Los seis capítulos anteriores de la novela alternan entre las experiencias de Francisco y Joaquín el día de la muerte de la matriarca, y mediante una serie de *flash-backs* relatan parte de su vida. La técnica, si bien algo mecánica, resulta eficaz. Joaquín y Francisco son personajes complementarios. El comportamiento ignominioso de aquél, incapaz de terminar sus estudios de Derecho, de conservar siquiera un modesto empleo, de respetar la agonía de su madre, denota un estado de paralización de la voluntad. Frente a él, Francisco, en plena crisis adolescente, alterna lecturas de Unamuno con visitas furtivas a una prostituta vieja. Hay algo intensamente patético en los intentos que hace este chico, de inteligencia mediocre, por creerse un ente espiritualmente preocupado cuando en realidad no se halla capaz de superar el sentimiento de pecado que le inspiran sus míseros deslices carnales. Lo que en Joaquín es franca abulia, en Francisco es pseudoangustia juvenil. Ni Joaquín logra rebelarse con éxito a las rígidas normas sociales que gobiernan el comportamiento público de la familia, ni Francisco logra sacudir el yugo de los mandamientos farisaicos que en sus parientes ocupan el sitio de la conciencia moral. Los dos personajes personifican lo que Edwards va a llamar «el secreto deseo de muerte de la clase alta» [79].

*Los convidados de piedra* vuelve al estudio de este mundo hueco y anacrónico de la alta burguesía chilena en el momento del triunfalismo (algo vergonzante) que siguió a la caída de Allende. En octubre de 1973, un grupo de amigos se reúne para celebrar una fiesta

---

[78] J. Edwards, *El peso de la noche*, Barcelona, 1971, pág. 200.
[79] J. Edwards, *Los convidados de piedra*, Barcelona, 1978, pág. 64*.

de cumpleaños, en la que la charla informal evoca episodios recientes y remotos, mientras se recuerda a los conocidos (los «convidados de piedra») que a causa de las circunstancias políticas no han podido asistir a la fiesta. Aparentemente los ausentes eran los que «habían desdeñado ese mínimo de cálculo que nosotros aplicábamos siempre, sobre todo en los momentos más vertiginosos, de mayor peligro, y que a la larga nos permitió sobrevivir». Pero en realidad la actitud del narrador principal hacia ellos es sumamente ambigua. Se pregunta si ¿eran «los más íntegros, los de fibra más sólida?», o si, al contrario, ¿eran «los más desesperados y los menos lúcidos?» (página 15). En el resto de la novela la ambigüedad cobra cada vez más importancia.

Al principio todo parece repetir, en un escenario más amplio, la fórmula de El peso de la noche. Ocurren dos incidentes banales. En el primero, uno de los satélites del grupo burgués, Silverio, venga, de un navajazo, una supuesta afrenta al orgullo de clase de la burguesía. En el otro se apedrea la estatua de un prohombre mercantil. Estos incidentes significan «el comienzo de la decadencia» (pág. 77). Indican que lo que defendió Silverio «eran tradiciones que habían hecho crisis» (pág. 87). Los episodios siguientes, escenas de la vida secreta de una clase gravemente amenazada, derivan cada vez más hacia lo grotesco. Buena muestra es la descripción de Tito el masturbador y la máquina antimasturbatoria, ideada naturalmente por un sacerdote. Pero al lado del humor, existe siempre el temor de que «nuestros cálculos, después de todo, en definitiva, nos habían permitido obtener una prórroga, pero no conseguirían salvarnos, no se salvaría nadie, nuestro plazo por fin se cumpliría» (pág. 229).

El encargado de cumplir la amenaza, el auténtico convidado de piedra, sería Silverio, convertido en la cárcel a la militancia comunista y luego jefe de una célula local del partido. Pero aquí Edwards, como Donoso y González León, se aparta de la vieja novela comprometida. Ya no se trata de presentar al grupo privilegiado desde fuera; el grupo se autopresenta por medio de recuerdos colectivos, sin encubrir su egoísmo, su parasitismo y su desprecio de los demás. Tienen plena conciencia de ser lo que son, «hijos del fuero parlamentario, del cohecho, de los privilegios caciquiles», llenos de una rebeldía absurda que «se manifestaba en un espíritu de destrucción, una exasperación anárquica sin posibilidades de acción social efectiva, puesto que se basaba en el fondo en el desprecio, en un desdén clasista» (pág. 91). En cambio, se llega a dudar, como lo hace el narrador principal, si el furor izquierdista de Silverio no es más que «otro matiz de la misma realidad, una nueva y engañosa máscara» (pág. 91).

209

Se podría objetar que Edwards escamotea, detrás de la estolidez de Silverio, con su puerilidad política y su forma de vida absurda, la verdad de la experiencia socialista de Chile. Pero nosotros opinamos que Edwards no habría podido cambiar el personaje de Silverio o su actuación en la novela sin apartarse de lo que parece haber sido su propósito fundamental: superar el ingenuo maniqueísmo de la novela de protesta, presentado a su país «indeciso entre una izquierda petrificada, burocratizada, y una burguesía desdeñosa, implacable» (pág. 205). Es este propósito de sugerir que tanto los de derechas como los de izquierdas eran en realidad cómplices y víctimas de sus respectivos sistemas de ideas, más que los juegos de perspectivas y niveles de narración, lo que hace de *Los convidados de piedra* una de las muy escasas novelas políticas recientes escritas en Latinoamérica que merecen la atención de la crítica.

## Capítulo VII

# Conclusión

Tendencias dentro de la nueva novela.—Ambigüedad y pesimismo.—La sublevación contra la tradición realista.—Humor y erotismo.—Innovaciones técnicas.—«Subversiones interiores».

Existe la tentación de considerar las novelas como simples bienes de consumo y de explicar el *boom,* al menos en parte, por factores de mercado. Si bien, por ejemplo, novelistas como García Márquez o Roa Bastos provienen de países que no tienen una gran tradición en el campo de la narrativa; salta igualmente a la vista que Méjico y la región en torno al Río de la Plata constituyen los dos puntos de máxima concentración de la novela en Hispanoamérica. Y eso por obvios motivos demográficos e industriales que favorecen la producción. Está claro que el desarrollo de la industria editorial en estos dos centros y la actividad de Seix Barral, por ejemplo, en Europa, han ejercido una influencia enorme en la masiva divulgación reciente de la novela hispanoamericana.

Pero inherente al concepto de factores de mercado está la cuestión del gusto del público. Y aquí conviene hacer una importante distinción. Si en las diferentes subculturas, empleando el término en el sentido lato, para referirnos, por ejemplo, a la novela no-literaria, las películas comerciales, la música *pop,* etc., el factor gusto-del-público resulta determinante, en la gran cultura no es siempre así. Antes bien, la novela literaria, la moderna música orquestal, el arte no-figurativo, etc., crean hasta cierto punto su propio público y forman o cambian importantes aspectos de su gusto. Pero para lograr eso es preciso que se cumplan ciertas condiciones. Ante todo debe surgir un número suficientemente grande de creadores dentro de un lapso de tiempo relativamente breve y el nivel cualitativo de sus creaciones debe superar el nivel normal. Cuando estas condiciones no se cumplen, como en el caso de los movimientos prerrafaelista y futurista en el arte europeo, la novedad tiende a no superar los límites de cierta zona geográfica o de cierta lengua.

Eso es lo que explica la diferencia entre el éxito de la «novela de la tierra» en Hispanoamérica y la nueva novela. A pesar de lograr grandes éxitos individuales (Doña Bárbara, Don Segundo Sombra), no surgieron suficientes novelistas bien dotados entre 1915 y 1929, ni los que surgieron produjeron suficientes obras importantes (véase, por ejemplo, el fenómeno del «mononovelista» Rivera, entre otros). Por eso, aunque conquistó al gran público americano, imponiéndole nuevos gustos literarios, y aunque fueron traducidas las obras más sobresalientes, la novela de la tierra no trascendió. En cambio, con los nuevos novelistas no sólo se advierte un aumento numérico y un salto cualitativo, sino que, al mismo tiempo, se produce un cambio radical en la actitud de los novelistas hacia la novela misma. Es más, como recientemente señaló Siebenmann, «el carácter renovador o revolucionario de una obra ha llegado a ser nada menos que una condición del éxito inmediato»[1].

Al escribir en 1898, en Los trabajos de Pío Cid, que «Cuando un escritor cambia de punto de vista, ha de cambiar también de procedimiento», Ángel Ganivet enuncia una de las leyes fundamentales de la creación literaria: que todo intento válido de renovación formal deriva, en último análisis, de un cambio en la cosmovisión del escritor. La existencia de esta ley ha sido ampliamente confirmada a lo largo de nuestro recorrido por la narrativa moderna latinoamericana. Hemos visto que existe un grupo, si bien minoritario, de escritores (algunos muy destacados, Vargas Llosa, Arguedas, Viñas, Garmendia, Edwards) que basan su obra en la idea tradicional de la mimesis. Es decir, aceptan grosso modo la idea de un paralelismo entre la observación y lo observado, entre la realidad y la imitación o copia de la realidad por parte del escritor. Después de referirse a esta «visión del mundo severamente unitaria y jerarquizada», Luis Gregorich señala acertadamente que «muchos de los narradores jóvenes de lengua española que continúan fieles, bajo uno u otro rótulo, a esta línea realista sorprenden muchas veces al lector a pesar de sus audacias

¹ G. Siebenmann, «Técnica narrativa y éxito literario», IRom, 7, 1978, páginas 50-66.

técnicas por una inconsciente y tanto más vigorosa adhesión a una imagen homogénea del mundo [2].

Pero ya desde Arévalo Martínez y Macedonio Fernández, otro grupo de escritores, ahora mayoritario, ha ido abandonando como anacrónico lo que Unamuno, otro gran precursor de la actual renovación de la novela en lengua castellana, ya llamaba «el engañoso realismo de lo aparencial». Dos influencias sobre todo han reforzado esta tendencia. Primero el surrealismo que, en zonas cada vez más anchas de la novela, ha ido socavando los fundamentos de la cómoda visión tradicional que permitía al escritor la ilusión de presentar las cosas «tales como son». Ya vimos cómo novelistas tan diferentes como Asturias, Carpentier, Cortázar y Sábato, para nombrar sólo a algunos, han reconocido su deuda para con el movimiento capitaneado por Breton. La segunda influencia, claro está, es la de Borges. «No hay —reconocía Cabrera Infante en su entrevista con Rita Guibert— un sólo escritor hispanoamericano que escriba ahora y que pueda echar a un lado la influencia de Borges en su escritura» [3].

Más que ningún otro escritor, con la posible excepción de Asturias, de cuya obra, al fin y al cabo, una parte apunta en la misma dirección, Borges desbrozó el camino que se aleja de la representación directa de la (supuesta) realidad, pero que vuelve a lo humano por medio de la fantasía. En efecto, como afirma Benzedú, «el 'fabulador moderno' no huye de ella [la realidad], sino que la penetra más profundamente y la interpreta con otros recursos técnicos de la narración contemporánea, y, de esta manera, responde al grave interrogante del destino de la novela después del agotamiento de la novela realista» [4]. No hubo en realidad una ruptura abierta con la novela tradicional. Más bien se trata de un proceso de lento desarrollo. Pero hemos señalado algunas fechas clave: 1926, la aparición de Arlt; 1932, la primera redacción de *El Señor Presidente;* 1939, *El pozo* de Onetti; 1944, *Ficciones* de Borges, y en general la importancia decisiva de la década de los 40.

Fue, sobre todo, la década de Borges y Asturias. «Para mí —afirmó Fuentes en 1970— ha habido dos grandes renovadores: Borges y Asturias, por extraña que parezca esta aproximación» [5]. La aproxi-

---

[2] L. Gregorich, «Tres tristes tigres, obra abierta», en *Cabrera Infante,* ed. J. Ríos, Madrid, 1974, pág. 143.

[3] G. Cabrera Infante, entrevista con Rita Guibert, *RevIb,* 76-7, 1971, página 552.

[4] E. Benzedú, «Donoso, fabulación y realidad», en *José Donoso, la destrucción de un mundo,* ed. A. Cornejo Polar, Buenos Aires, 1975, pág. 165.

[5] C. Fuentes, entrevista con E. Rodríguez Monegal, en *Homenaje a Carlos Fuentes,* ed. H. F. Giacoman, Nueva York, 1971, pág. 60.

mación en realidad no tiene nada de extraño, pues miradas desde cerca las dos líneas que integran el llamado «realismo mágico», tienen su punto de origen precisamente en la obra de Asturias y Borges. Se puede distinguir entre el realismo mágico propiamente dicho (que es el de Asturias y Carpentier en primer lugar, y luego el de Arguedas, Rulfo y García Márquez) y el «realismo fantástico», para llamarlo de alguna manera, de Borges, Cortázar, Lezama Lima, Fuentes, Donoso y Arenas, entre otros). El realismo mágico, más intrínsecamente americano, surge «por un alteración insólita de la realidad» en que se halla presente cierta visión mítica que originariamente Asturias y Carpentier habían descubierto en la mentalidad indígena americana. En cambio el realismo fantástico surge «de un esfuerzo individual de la imaginación que busca en la invención deliberada el mejor medio para explicar y revelar la realidad que no perciben los sentidos: se relaciona con las ciencias, la gnoseología y la eterna inquietud metafísica» [6]. Pero tanto el realismo mágico, con sus raíces en lo mítico-legendario americano, como el realismo fantástico, que tiene su remoto origen en los románticos alemanes (Hoffmann, los hermanos Grimm) y más recientemente en Kafka, encuentran su máximo estímulo en el surrealismo y forma parte de ese movimiento más vasto que constituye la reacción contra el realismo tradicional.

Importa subrayar, sin embargo, que al examinar esa reacción, la encontramos sumamente ambigua. Por una parte, se tiende a postular un resultado positivo. Es decir, al pasar de la realidad observada, cada vez más enajenante y deshumanizadora, del mundo de hoy, a la realidad creada por la imaginación, se aspira a trascender el plano meramente estético y encontrar una nueva dimensión de lo real, cuyo descubrimiento traerá consigo una suerte de respuesta a la ansiedad metafísica. Por eso se ha llegado a hablar de «la dignificación cognoscitiva» de la nueva novela. «Basta pensar en los ejemplos de *José Trigo* de Fernando del Paso, de *Farabeuf* de Salvador Elizondo, o en los más conocidos de *Cambio de piel* de Fuentes, o de *Rayuela* de Cortázar —escribe Fernando Ainza—, para entender que la novela en Latinoamérica es hoy más un instrumento de prospección y un descubrimiento que un arte concebido como instrumento de demostración» [7]. Carpentier, en *Tientos y diferencias,* presenta la exploración de lo real maravilloso como un medio para «llegar a lo hondo —a lo realmente trascendental— de las cosas»; Sábato se pregunta

---

[6] J. Valdivielso, *Realidad y ficción en Latinoamérica,* Méjico, 1975, páginas 66-7.
[7] F. Ainza, en *Novelistas hispanoamericanos de hoy,* ed. J. Loveluck, Madrid, 1976, pág. 32. Compárense las palabras de Roa Bastos citadas más arriba.

en *El escritor y sus fantasmas* si, por medio de la nueva visión de la realidad, no se llegará a «una absurda metafísica de la esperanza»; y Cortázar ha escrito:

> Si la física o las matemáticas proceden de la hipótesis a la verificación e incluso postulan elementos irracionales que permiten llegar a resultados verificables en la realidad, ¿por qué el novelista ha de rehusarse estructuras hipotéticas, esquemas puros, telas de araña verbales en las que acaso vendrán a caer las moscas de nuevas y más ricas materias narrativas [8].

Pero al lado de esta aspiración al «descubrimiento de la misteriosa relación entre el hombre y su circunstancia» [9], que Luis Leal encuentra en el realismo mágico, existe el postulado opuesto de un mundo caótico e incomprensible. Esto es, se pasa del *cuestionamiento* de la realidad convencional a la *negación* de la realidad, o al menos a la negación de la capacidad del hombre de dar razón unívoca de ella. De ahí que el tono predominante en la narrativa latinoamericana moderna desde Arlt y Onetti hasta Donoso y Sáinz, pasando por Rulfo, García Márquez y Vargas Llosa, sea hondamente pesimista. Ya nos hemos referido, muchas veces en capítulos anteriores, a la inversión de mitos cristianos en algunas novelas (*El Señor Presidente, Pedro Páramo, Cien años de soledad, El lugar sin límites*) como simbólico de ese pesimismo. La idea dominante es la del infierno; el mal prevalece sobre el bien; todo parece creado por un Dios maligno; y el hombre vive rodeado por la soledad y la violencia, sin esperanza de redención. A la visión de la historia que nos ofrece Carpentier, en la que todo retroceso prepara un nuevo avance, responde la visión de García Márquez en la que todo es meramente circular. Al mundo de Borges en el que, a pesar del caos revelado por el aleph, se salva el postulado de un posible orden misterioso, se contrapone el mundo pesadillesco de Fuentes en *Cambio de piel,* de Donoso en *El obsceno pájaro de la noche* o de Elizondo en *El hipogeo secreto.*
En efecto, podemos afirmar que en general la nueva novela tiende a polarizarse en torno a dos extremos. En uno el escritor dota a su obra de una estructura muy visible que funciona como una consciente respuesta artística a la desintegración caótica de la realidad. Es el caso, por ejemplo, de Vargas Llosa, según quien «la realidad es caótica. No tiene ningún orden. En cambio cuando pasa a la novela,

---

[8] J. Cortázar, en *Literatura en la revolución y revolución en la literatura,* ed. O. Collazos, Méjico, 1971, pág. 73.
[9] L. Leal, «El realismo mágico», *Cuadernos Americanos,* Méjico, 26, número 4, 1967, págs. 230-5.

sí tiene un orden»[10]. Al otro extremo se colocan aquellos novelistas que deliberadamente ocultan el diseño —siempre existente— de sus novelas, de modo que el fragmentarismo y la ambigüedad que resultan parezcan reflejar directamente la desintegración a la que nos hemos referido. Así se explica, para tomar un ejemplo de este grupo, el que Elizondo, al hablar de *El hipogeo secreto* (dentro de la novela misma), insista en que «Este libro... es como un espejo y su naturaleza es similar a la del mundo», pero que rechace «un libro que simplemente describiera la vida de los hombres y la vida de las mujeres». Su intención es «transmitir una visión que es quizá o tal vez incomprensible, quizá o tal vez incomunicable». De ahí la complejidad formal de la obra.

Según Pope, «La parálisis de la historia, la imposibilidad del héroe, la reducción del individuo al estamento, el pesimismo engranado en el actuar, son consecuencias naturales de la historia de toda Latinoamérica. Las sucesivas dictaduras, colonialismos y neocolonialismos, los reformismos vanos, las culturas indígenas vegetando oprimidas durante cinco siglos. Pero la visión pesimista proviene, sobre todo, de una clase media consciente de todos estos factores pero incapaz de alterarlos. La visión del hombre como atrapado y sin fuerzas para modificar su historia es la de gran parte de la burguesía, y esto explica su éxito»[11].

Nosotros no creemos que la pérdida de unidad significativa del universo que acompaña el derrumbe de todos los viejos valores absolutos sea sencillamente la manifestación filosófico-literaria del colapso del sistema de creencias y mitos burgueses. Creemos, con Cortázar y Sábato, que se trata del reflejo de una crisis espiritual «en que se ha dislocado una imagen del mundo, desapareciendo con ella la sensación de seguridad que los mortales tienen en lo familiar. El hombre se siente entonces a la intemperie, el antiguo hogar destruido. Y se interroga sobre su destino»[12]. El realismo, cimentado en la idea de una realidad objetiva y comprensible, formaba parte de ese «antiguo hogar» y con él queda destruido. Entonces el escritor se encuentra ante la alternativa de modificar su visión de la realidad, de modo que incluya «el irracional misterio de la existencia», o bien de rechazar por completo la noción de una relación directa entre realidad y arte. La mayoría de las novedades técnicas y estilísticas típicas de la nueva novela resulta de la conciencia del autor de encontrarse ante esta alternativa.

---

[10] Cit. N. Osorio, *Asedios a Vargas Llosa,* Santiago de Chile, 1972, pág. 70,
[11] R. Pope, «La apertura al futuro», *RevIb,* 90, 1975, pág. 23.
[12] E. Sábato, *El escritor y sus fantasmas,* Buenos Aires, 1967, pág. 37.

Característico es el renovado interés por el lenguaje. No es casual que, al poco rato de haber descubierto la filosofía actual que las categorías dentro de las que percibimos los objetos o la realidad son eminentemente verbales y que la palabra es muchas veces parte de la experiencia misma, la lengua haya empezado a preocuparles a los novelistas, no ya como elemento estilístico o mero vehículo de expresión, sino en sus relaciones más secretas con lo real. Fuentes, en su «Muerte y resurrección de la novela» *(Casa con dos puertas)*, insiste —como antes lo hubo hecho Asturias— en que «la novela es ante todo una estructura verbal». Y prosigue, «la nueva novela... abandona las comodidades de una previa justificación —eficacia social, reflejo de la realidad aparente, sollozantes derechos de la angustia privada— y se abre a la aventura de mantener, renovar, transformar las palabras de los hombres. Al hacerlo, multiplica sus auténticas funciones sociales y, también, su real función psicológica, que son las de dar vida, mediante la construcción y la comunicación verbales, a los diversos niveles de lo real». En esto coincide perfectamente con Cortázar, quien define al novelista contemporáneo como «un intelectual creador, es decir, un hombre cuya obra es el fruto de una larga, obstinada confrontación con el lenguaje que es su realidad profunda, la realidad verbal que su don natural utilizará para aprehender la realidad total en todos sus múltiples contextos» [13].

Ahora bien, eso significa que tanto en Fuentes como en Cortázar sobrevive cierto concepto de la realidad —más compleja, más misteriosa, más ambigua, si se quiere, que antes— o cierta idea de la multiplicidad de lo real, junto con el postulado de una literatura cuya tarea es afirmar y quizá explicar este misterio o esta multiplicidad. Pero queda siempre la otra posibilidad, más raramente mencionada por escritores y críticos, pero no por eso menos explícitamente prevista en muchas de las novelas que hemos comentado. Es la posibilidad enunciada por Sarduy en *Escrito sobre un cuerpo*:

Todo en él [el realismo], en su vasta gramática, sostenida por la cultura, garantía de su ideología, supone una *realidad* exterior al texto, a la literalidad de la escritura. Esa realidad, que el autor se limitaría a expresar, a traducir, dirigiría los movimientos de la página, su cuerpo, sus lenguajes, la materialidad de la escritura. Los más ingenuos suponen que es la del «mundo que nos rodea», la de los eventos; los más astutos desplazan la falacia para proponernos una entidad imaginaria, algo ficticia, un «mundo fantástico». Pero es lo mismo: realistas puros —socialistas o no— y realistas «mágicos» promulgan y se remiten al mismo mito. Mito enraizado en el saber

[13] J. Cortázar, en O. Collazos, *ob. cit.*, pág. 75.

aristotélico, logocéntrico, en el saber del *origen,* de algo primitivo y *verdadero* que el autor llevaría al blanco de la página [14].

Otra vez encontramos la misma polarización dentro de la nueva novela, entre los que todavía (como Fuentes y Cortázar) tienen fe en la posibilidad de «aprehender la realidad» mediante la palabra, y los que (como Borges, Sarduy o Elizondo) dudan de tal posibilidad y sienten el imperativo «de hablar contra la palabra, de escribir contra la escritura» [15].

Resumiendo lo ya dicho, podemos reafirmar que la característica más sobresaliente de la nueva novela es la sublevación que representa contra la vieja tradición realista, o lo que T. E. Lyon llama el paso desde lo mimético a lo simbólico [16], la aspiración a acceder a «un nivel de la realidad menos evidente, pero infinitamente más cierto» [17], y por otra parte, la idea opuesta, la idea borgiana de que no sabemos lo que es la realidad.

Entre los resultados del rechazo del realismo tradicional figuran:

*a)*   La desaparición de la vieja novela «criollista» o «telúrica», de tema rural, y la emergencia del neoindigenismo de Asturias y Arguedas.

*b)*   La desaparición de la novela «comprometida» y la emergencia de la novela «metafísica». En vez de mostrar la injusticia y desigualdad sociales con el propósito de criticarlas, la novela tiende, cada vez más, a explorar la condición humana y la angustia del hombre contemporáneo, en busca de nuevos valores. «Toda buena novela —ha escrito García Márquez— es una adivinanza del mundo.»

*c)*   La tendencia a subordinar la observación a la fantasía creadora y la mitificación de la realidad.

*d)*   La tendencia a enfatizar los aspectos ambiguos, irracionales y misteriosos de la realidad y de la personalidad, desembocando a veces en lo absurdo como metáfora de la existencia humana.

Es evidente que el escepticismo de la mayoría de los nuevos novelistas en cuanto a la posibilidad de comprender la realidad forma parte de una crisis más profunda de valores intelectuales y espiritua-

---

[14] S. Sarduy, *Escrito sobre un cuerpo,* Buenos Aires, 1969, pág. 47.
[15] A. Roa Bastos en «Entretiens, Roa Bastos», *Car,* 17, 1971, pág. 218.
[16] T. E. Lyon, «Orderly Observation to Symbolic Imagination», *HBalt,* número 54, 1971, págs. 445-51.
[17] S. Elizondo, *El hipogeo secreto,* Méjico, 1968, pág. 107.

les. De ahí el intenso pesimismo que informa gran parte de la nueva novela. Lyon asocia con este pesimismo:

e) La tendencia a desconfiar del concepto del amor como soporte existencial, y de enfatizar, en cambio, la incomunicación y la soledad del individuo. Cabe hablar, pues, del intenso antiromanticismo de la nueva novela.

f) La tendencia de quitar valor al concepto de la muerte en un mundo que es ya de por sí infernal.

g) La rebelión contra toda forma de tabúes morales, sobre todo los relacionados con la religión y la sexualidad. Y (pensando en Sábato, Donoso y Elizondo, entre otros) la tendencia paralela a explorar lo que Elizondo ha llamado «las visiones demenciales, mediante las que la riqueza oculta del mundo se nos manifiesta en la tenebrosa magnitud de nuestra vida secreta» [18].

Todas estas características de la nueva novela, vista desde el punto de vista de su contenido, son harto conocidas. Por eso basta catalogarlas brevemente. Pero hay otros dos aspectos importantísimos que merecen un tratamiento más detallado. Nos referimos al humor y al erotismo.

Hasta recientemente era imposible discrepar de la opinión de Cabrera Infante cuando escribió que «la literatura latinoamericana peca de una excesiva seriedad, de solemnidad en ocasiones. Es como una máscara de palabras solemnes que escritores y lectores se colocaran ante los ojos de mutuo acuerdo». Por su parte, declara Cabrera Infante, «escribo con un gran sentido de diversión, con el empeño de jugar primero y luego de observar el juego casual o causal que se establece entre las palabras». Al comentar el éxito de *Tres tristes tigres* afirma, «con el tiempo he tendido a explicarlo pensando que el humor y el erotismo, de los cuales el libro está colmado, han facilitado considerablemente la lectura» [19]. Fijémonos en la yuxtaposición de humor y erotismo en esta cita; no cabe duda de que en la nueva novela los dos se desarrollan a la par.

No es nada fácil analizar las diversas formas de humor que han surgido en la nueva narrativa, sobre todo porque formas diferentes tienden a coexistir en la misma obra individual. Pero es posible establecer tres grandes categorías, que nos ayudan no sólo a describir

---

[18] S. Elizondo, *El grafólogo,* Méjico, 1972, pág. 67.
[19] G. Cabrera Infante, en *Cabrera Infante,* ed. J. Ríos, Madrid, 1974, páginas 29 y 34.

sino también a interpretar este fenómeno relativamente tan nuevo. En la primera de estas categorías habría que poner el humorismo satírico, el más tradicional y familiar. Para darse cuenta de cómo la sátira ha ido progresivamente reemplazando el «compromiso» en la nueva novela basta comparar «Los funerales de la Mamá Grande», una de las más importantes e innovadoras obras satíricas de la moderna literatura latinoamericana, con la novela anterior de García Márquez, *La mala hora*. Al ataque frontal contra la oligarquía, el autor ha sustituido el método más indirecto, pero no por eso menos eficaz, de satirizarla, exagerando la inmensidad de su poderío. Lo mismo ocurre con Vargas Llosa, como se ve al cotejar *La ciudad y los perros* con *Pantaleón y las visitadoras,* dirigidas ambas obras contra al mentalidad militar y la hipocresía burguesa, pero con técnicas totalmente diversas. En realidad son tantos los ejemplos de humorismo satírico que se podrían citar que, según MacAdam, la sátira constituye ya la «nueva tradición» de la narrativa latinoamericana contemporánea [20].

Como siempre, fue Borges quien abrió el camino con el tono burlón de relatos como «El Zahir» y «El Aleph», donde pone en ridículo, con personajes como Teoldelina Villar y el poeta Danieri, la petulancia porteña. Y es precisamente una frase de Borges la que introduce la segunda categoría importante de humor en la nueva novela. Hablando con F. Sorrentino, Borges afirmó que «el humorismo escrito es un error»; pero, refiriéndose a «El Aleph», concedió que «la broma es perdonable porque está incluida en un contexto quizá trágico» [21]. En realidad, a lo que se refiere Borges es al famoso «bufo-trágico» de Unamuno. De este tipo de humor el máximo exponente en la nueva novela es sin duda alguna Cortázar. Él mismo indicó a Harss que los orígenes de «la patafísica» se encuentran en la obra del presimbolista francés Alfred Jarry. «Jarry —sostiene Cortázar— se dio perfecta cuenta de que las cosas más graves pueden ser exploradas mediante el humor; el descubrimiento y la utilización de la patafísica es justamente tocar fondo por la vía del humor negro» [22]. Un típico ejemplo ocurre en *Rayuela* cuando Oliveira y Talita se encuentran en el depósito de cadáveres del manicomio donde trabajan. En el gran frigorífico que contiene a los pacientes muertos, uno de los locos ha dejado abierta una puerta y se ven unos pies que

---

[20] A. J. MacAdam, «Northrop Frye and the New Literature of Latin America», *Revista Canadiense de Estudios Hispánicos,* Toronto, 3, 1979, 287-90.

[21] Cit. L. Sorrentino, *Siete conversaciones con J. L. Borges,* Buenos Aires, 1973, pág. 79.

[22] J. Cortázar, en L. Harss, *Los nuestros,* Buenos Aires, 1966, pág. 282.

salen del hielo. La reacción de Oliveira es simplemente de cerrar la puerta y acto seguido de abrir otra para sacar una botella de cerveza que se tiene al fresco al lado de los muertos. El hecho de que sea eso lo que introduce el único momento de «iluminación» en la novela entera, ofrece una perfecta ilustración del uso que hace Cortázar de lo bufo-trágico para conseguir efectos a la vez cómicos y profundamente serios. No sin razón Rodríguez Monegal y Carlos Fuentes han saludado a Cortázar como el gran innovador, después de Borges, en el humorismo literario [23].

Falta un estudio sistemático del humor «ontológico», «metafísico» o simplemente «trágico» que, después de su aparición en las obras de Arlt y Borges, entra en una nueva fase de desarrollo con Cortázar, Donoso y García Márquez, entre otros. Ahora constituye uno de los grandes descubrimientos de la nueva novela. Pero aun sin tal estudio podemos concluir que es, sobre todo, gracias al humor como se contrarresta la angustia que brota de la comprobación del absurdo existencial.

La categoría más novedosa del humor en la nueva novela es, sin duda, la del humor puramente lúdico, que tiene sus grandes encarnaciones en el inolvidable Bustrófedon de Cabrera Infante, y en los no menos geniales personajes Palinuro de Del Paso y la Princesa del Palacio de Hierro de Sáinz. Aquí cabe hablar de un humor, por así decirlo, químicamente puro, exento de toda preocupación social o existencial, y que brota directamente de la libre fantasía creadora.

La otra gran novedad de la nueva novela, en lo que se refiere al contenido, es su exasperado erotismo. A partir de Arlt y Onetti los escritores hispanoamericanos se han adelantado cada vez más en el estudio no sólo de la sexualidad normal, sino también y preferentemente en el análisis de formas de comportamiento sexual que convencionalmente se han considerado como aberrantes. Basta mencionar el tema del incesto en *Pedro Páramo, Sobre héroes y tumbas* y *Cien años de soledad;* el tema de la homosexualidad y el lesbianismo en *Conversación en la Catedral, 62, modelo para armar, El lugar sin límites, Paradiso* y *El beso de la mujer araña;* el tema del erotismo anal en *Maitreya* y del sadismo sexual en *Farabeuf* y, finalmente, las referencias a la masturbación en *Los premios, La ciudad y los perros* y *Los ríos profundos,* y al coito anal entre hombre y mujer en *El libro de Manuel, Los pies de barro, Cambio de piel* y *Palinuro de México.* Tampoco hay que olvidar que en *Megafón, El lugar sin lími-*

---

[23] E. Rodríguez Monegal, «Entrevista con Carlos Fuentes», en *Homenaje a Carlos Fuentes,* ed. H. F. Giacoman, Nueva York, 1971, pág. 55.

*tes, La Casa Verde, Juntacadáveres* y otras novelas, aparece el burdel casi como un símbolo de la vida hispanoamericana.

No hay que pensar que los escritores nos obliguen a enfrentarnos con estos temas por mero capricho, para seguir la moda, o por cálculo, ni mucho menos que se trate de «democratizar la pornografía», como sugirió Marechal en *El banquete de Severo Arcángelo*. Si tocan estos temas es, a nuestro parecer, por razones análogas a las que explican el auge del humorismo. Es decir, en primer lugar, que a diferencia de lo que ocurría en la novela tradicional, el erotismo ahora está visto en el contexto de la orfandad espiritual del hombre, o, como escribe Sábato:

> El sexo, por primera vez en la historia de las letras, adquiere una dimensión metafísica. El derrumbe del orden establecido y la consecuente crisis del optimismo... agudiza este problema y convierte el tema de la soledad en el más supremo y desgarrado intento de comunión, se lleva a cabo mediante la carne y así ... ahora asume un carácter sagrado [24].

Es innegable, por ejemplo, que el tema del incesto en *Pedro Páramo, Cien años de soledad* y *Sobre héroes y tumbas* adquiere esa «dimensión metafísica» de la que habla Sábato. La presencia del amor incestuoso entre Donis y su hermana y la ausencia del amor natural entre Pedro Páramo y Susana San Juan indica claramente el predominio del mal en Comala, así como el amor entre Alejandra y su padre en *Sobre héroes y tumbas* simboliza, de alguna manera, la inversión de todos los valores en otro mundo no menos infernal. De modo semejante la enajenación de los Buendía del amor normal simboliza no tanto la tendencia a buscar el conocimiento prohibido, como la enajenación del hombre moderno de los valores positivos tradicionales.

En cambio, en algunas novelas (como, por ejemplo, *La vida breve* de Onetti o *El libro de Manuel* de Cortázar) el sexo se revela no sólo como un recurso válido contra la incomunicación y una manera de vencer la otredad de los demás, sino como el camino que nos permite evadirnos incluso de la angustia existencial. Lanzándose de cabeza en una nueva forma de vida como amante de la Queca, el Brausen de Onetti logra su salvación personal y se reconcilia con la vida. Análogamente Andrés en *El libro de Manuel,* al sodomizar a Francine, encuentra que liberándose de sus tabúes sexuales se ha liberado de su crisis espiritual. Está claro que Cortázar (como Lezama Lima, Fuen-

[24] E. Sábato, *ob. cit.*, pág. 84.

tes o Elizondo) tiende a considerar los desvíos sexuales, en ciertos casos-límite, como una etapa obligatoria del camino hacia el *kibbutz,* el autodescubrimiento o la resurrección individual. Quizá el autor que más claramente define el papel del sexo en la narrativa contemporánea sea Gustavo Sáinz, que escribe en *Compadre lobo:*

> Cada noche amenazaba constantemente hundirlo en el absurdo, donde ninguna relación era posible, donde toda fórmula carecería de sentido, donde no había misiones que cumplir ni fines que alcanzar... ¿La lujuria no era su mejor defensa contra la noche? ...Ser una pasión que lo arrasara todo, entregarse a sus impulsos, rebelarse contra toda norma [25].

No siempre, empero, la metafísica desplaza lo social. En varios autores se revela claramente la intención de echar mano de lo erótico para atacar ciertos aspectos de la sociedad burguesa. Los casos más notorios son, claro está, Vargas Llosa y Manuel Puig. En *La ciudad y los perros,* por ejemplo, las obsesiones eróticas de los cadetes (como las de los alumnos del colegio de Abancay en *Los ríos profundos* de Arguedas) logran su pleno significado sólo dentro del contexto de la crítica social que contienen las dos novelas. La masturbación, el bestialismo y la violencia tienen la precisa función de simbolizar la degradación de una sociedad que privilegia el machismo brutal y la agresión sexual. Tampoco en las novelas de Puig se trata de alcanzar la liberación del individuo por medio de sexo. Ya hemos visto que lo que Puig le interesa es efectuar un cambio en las ideas convencionales de los lectores acerca de lo sexual, e incluso, en *El beso de la mujer araña,* identificar la liberación de los tabúes con la liberación de otras formas de opresión social. En resumen, si por una parte en la nueva novela lo erótico tiene que ver con una nueva visión de la condición humana, por otra parte se enlaza con una más vieja tradición de protesta social. «Si no podemos hacer la revolución social —proclama un personaje de Sáinz— hagamos la revolución moral» [26].

Si pasamos del estudio del contenido de la nueva novela a la consideración de su forma, nos percatamos de que la emergencia de una nueva cosmovisión (pues de eso se trata) ha traído consigo la necesidad de una revisión total de la técnica narrativa. Ya en 1947 Sartre, en Francia, había previsto la inminencia de cambios revolucionarios en la actitud de los novelistas hacia el acto de la creación:

---

[25] G. Sáinz, *Compadre Lobo,* Méjico, 1977, pág. 232.
[26] G. Sáinz, *Obsesivos días circulares,* Méjico, 1979, pág. 203.

Il s'agît de contester le roman par lui-même, de le détruir sous nos yeux dans le temps qu'on semble l'édifier, d'écrire le roman d'un roman qui ne se fait pas, qui ne peut pas se faire, de créer une fiction qui soit aux grands oeuvres composées de Dostoievsky et de Meredith ce qu'était aux tableaux de Rembrandt et de Rubens cette toile de Miró intitulée *Assassinat de la peinture* [27].

Intentemos ahora catalogar las más importantes innovaciones técnicas que hemos mencionado en el curso de los capítulos anteriores. Quizás las más llamativas sean:

i)  La tendencia a abandonar la estructura lineal, ordenada y lógica, típica de la novela tradicional (y que reflejaba un mundo concebido como más o menos ordenado y comprensible), reemplazándola con otra estructura basada en la evolución espiritual del protagonista, o bien con estructuras experimentales que reflejan la multiplicidad del lo real.

ii)  La tendencia a subvertir el concepto del tiempo cronológico lineal [28].

iii)  La tendencia a abandonar los escenarios realistas de la novela tradicional, reemplazándolos con espacios imaginarios.

iv)  La tendencia a reemplazar al narrador omnisciente en tercera persona con narradores múltiples o ambiguos.

v)  Un mayor empleo de elementos simbólicos.

En los términos más generales se puede hablar de *una sublevación contra todo intento de presentación unívoca de la realidad,* sea la exterior a los personajes, sea la realidad interior psicológica, y de *la creación de obras esencialmente abiertas que ofrecen la posibilidad de múltiples lecturas.* Al mismo tiempo es obligado mencionar lo que Ruffinelli [29] ha bautizado «la tematización de la forma», es decir, la creciente tendencia a enfatizar la «ficcionalidad» de la novela, a discutir la narración dentro de la narración misma, de modo que «la forma comienza a ser registrada por el discurso novelístico e irrumpe en él un conflicto, a menudo incluso con fuerza dramática, con la vivacidad equivalente a la representación de un personaje».

Para concluir, la novela en Latinoamérica nació de la disidencia.

---

[27] J. P. Sartre, prefacio a la novela de N. Sarraute, *Portrait d'une inconnue,* 1947.

[28] Véase el excelente estudio de P. Ramírez Molas, *Tiempo y narración,* Madrid, 1978, sobre Borges, Carpentier, Cortázar y García Márquez.

[29] J. Ruffinelli, «Tendencias formalistas en la narrativa hispanoamericana contemporánea», *Bol. de la Asociación Internacional de Profesores de Español,* Madrid, xi, núm. 19, 1978, pág. 101.

Desde *Amalia* de Mármol a *Week-end en Guatemala* de Asturias hubo siempre novelas en las que el propósito supremo del escritor era el de «concienciar» a sus lectores, de cumplir con el deber cívico del novelista, que consistía en emplear su talento como arma de combate contra la opresión y la injusticia. Hoy en día sobrevive aún (especialmente en la «poesía de compromiso») el concepto del escritor como parte de la «conciencia» de su país y de la literatura como elemento de subversión del orden político-social imperante. Pero como ya apuntó Jean Franco en 1967 [30], entre los novelistas sobre todo ha cundido la idea de que lo verdaderamente revolucionario es desquiciar las ideas habituales de los lectores, realizar lo que Elizondo llama «subversiones interiores», más que atacar de frente las estructuras del poder social y político. Quizás sea García Márquez quien mejor haya conciliado los dos extremos. «¿Cuál sería la novela ideal?», se pregunta, hablando con Fernández Braso. «Una novela absolutamente libre, que no sólo inquiete por su contenido político y social, sino por su poder de penetración en la realidad: y mejor aún si es capaz de voltear la realidad al revés para mostrar cómo es del otro lado» [31]. Algo semejante escribió Gustavo Sáinz en 1974 al afirmar que «La novela, cualquier novela, tiene la obligación de cambiar los hábitos perceptivos del lector» [32]. Nosotros creemos que éste ha sido y es el gran logro de la nueva novela hispanoamericana.

[30] J. Franco, *La cultura moderna en América Latina*, Méjico, 1971, pág. 351.
[31] Cit. M. Fernández Braso, *La soledad de Gabriel García Márquez*, Barcelona, 1972, pág. 101.
[32] G. Sáinz en una entrevista con M. García Flores, *Onda*, suplemento de *Novedades*, Méjico, 20 de octubre de 1976, págs. 6-7.

# Bibliografía

La bibliografía que va a continuación es selectiva, dando preferencia a libros recientes y a los artículos más asequibles. Las obras bibliográficas más útiles son: D. W. Foster y H. J. Becco, *La nueva narrativa hispanoamericana, bibliografía,* Buenos Aires, 1976, y D. W. Foster, *The 20th Century Spanish American Novel,* Metuchen, New Jersey, 1975. Hay una excelente bibliografía general en *Novelistas hispanoamericanos de hoy,* ed. J. Loveluck, Madrid, 1976. Como fuentes de material adicional son excelentes *The Year's Work in Modern Language Studies* (The Modern Humanities Research Association, Inglaterra) y *The Modern Language Association of America International Bibliography.* Ambas se publican anualmente. Los artículos en números de homenaje y las colecciones dedicadas a un autor no están incluidos individualmente.

*Obras generales*

ALEGRÍA, F., *Historia de la novela hispanoamericana,* Méjico, 1966.
AMORÓS, A., *Introducción a la novela hispanoamericana actual,* Salamanca, 1971.
AVALLE-ARCE, J. B., *Narradores hispanoamericanos de hoy,* Chapel Hill, Carolina del Norte, 1973.
BACARISSE, S. (ed.), *Contemporary Latin American Fiction,* Edimburgo, 1980.
BELLINI, G., *La protesta nel romanzo ispano-americano del novecento,* Milano, 1957.
—, *Il laberinto magico, studi sul nuovo romanzo ispano-americano,* Milano, 1973.
BENEDETTI, M., *Letras del continente mestizo,* Montevideo, 1968.

BLEZNICK, D. W. (ed.), *Variaciones interpretativas en torno a la nueva narrativa hispanoamericana,* Santiago de Chile, 1972.

BORELLO, R., «Habla y lengua literaria, balance y perspectivas de la narrativa hispanoamericana actual», *CHA,* 274, 1973, 141-7.

BROTHERSTON, G., *The Emergence of the Latin American Novel,* Cambridge, 1977.

BRUSHWOOD, J. F., *The Spanish American Novel,* Austin, Tejas, 1975.

COLLAZOS, O., *Literatura en la revolución y revolución en la literatura,* Méjico, 1970.

CONTE, R., *Lenguaje y violencia, introducción a la nueva novela hispanoamericana,* Madrid, 1972.

DÍAZ-SEIJAS, P., *La gran narrativa latinoamericana,* Caracas, 1976.

DONOSO, J., *Historia personal del boom,* Barcelona, 1972.

EYZAGUIRRE, L. F., *El héroe en la novela hispanoamericana del siglo XX,* Santiago de Chile, 1973.

FERNÁNDEZ MORENO, C., *América Latina en su literatura,* Méjico, 1972.

FLORES, A., y SILVA CÁCERES, R. (eds.), *La nueva novela hispanoamericana actual,* Nueva York, 1971.

FOSSEY, J. M., *Galaxia latinoamericana,* Las Palmas, 1973.

FOSTER, D. W., *A Dictionary of Contemporary Latin American Authors,* Tempe, Arizona, 1975.

FOSTER, M. H., *Tradition and Renewal,* Urbana, Illinois, 1975.

FUENTES, C., *La nueva novela hispanoamericana,* Méjico, 1969.

GARCÍA MÁRQUEZ, G., y VARGAS LLOSA, M., *La novela en América Latina,* Lima, 1968.

—, y otros, *Los monstruos cuentan,* Montevideo, 1973.

GERTEL, Z., *La novela hispanoamericana contemporánea,* Buenos Aires, 1970.

GONZÁLEZ DEL VALLE, L., y CABRERA, V., *La nueva ficción hispanoamericana a través de M. A. Asturias y G. García Márquez,* Nueva York, 1973.

GUIBERT, R., *Seven Voices,* Nueva York, 1973.

GUILLERMO, E., y HERNÁNDEZ, J. A., *Quince novelas hispanoamericanas,* Long Island, Nueva York, 1971.

HARSS, L., *Los nuestros,* Buenos Aires, 1966.

IRBY, J. E., *La influencia de Faulkner en cuatro narradores hispanoamericanos* (Revueltas, Rulfo, Novás Calvo y Onetti), Méjico, 1956.

JANSEN, A., *La novela hispanoamericana actual y sus antecedentes,* Barcelona, 1972.

228

JITRIK, N., y otros, *Actual narrativa hispanoamericana*, La Habana, 1970.

LAFFORGUE, J. (ed.), *La nueva novela lationamericana*, 2 tomos, Buenos Aires, 1969 y 1972.

LIBERTELLA, H., *Nueva escritura en Latinoamérica*, Buenos Aires, 1977.

LOVELUCK, J., *La novela hispanoamericana*, Santiago de Chile, 1972.

— (ed.), *Novelistas hispanoamericanos de hoy*, Madrid, 1976.

MATAS, J., *La cuestión del género literario*, Madrid, 1979.

NAVAS RUIZ. R., *Literatura y compromiso. Ensayos sobre la novela política hispanoamericana*, São Paulo, 1962.

—, *Nueva Narrativa Hispanoamericana*, Nueva York, II, 1972, número 1 (número dedicado a la novela contemporánea en varios países).

OCAMPO DE GÓMEZ, A. M., *La crítica de la novela iberoamericana actual*, Méjico, 1973.

ORTEGA, J., *La contemplación y la fiesta*, Lima, 1968.

—, *Letras hispanoamericanas de nuestro tiempo*, Madrid, 1976.

POLLMANN, L., *La nueva novela en Francia e Iberoamérica*, Madrid, 1971.

RAMA, A., *Diez problemas para el novelista latinoamericano*, Caracas, 1972.

RAMÍREZ MOLAS, P., *Tiempo y narración* (Borges, Carpentier, Cortázar, G. García Márquez), Madrid, 1978.

RÍOS, R. E., *La novela y el hombre hispanoamericano*, Buenos Aires, 1969.

RODRÍGUEZ ALCALÁ, H., *Narrativa hispanoamericana*, Madrid, 1973.

RODRÍGUEZ ALMODÓVAR, E., *Narradores de esta América*, 2 tomos, Montevideo, 1969 y 1974.

—, *El boom de la novela latinoamericana*, Caracas, 1972.

ROY, J. (ed.), *Narrativa y crítica de nuestra América*, Madrid, 1978.

SANZ DE MEDRANO ARCE, L., «La novela hispanoamericana, una crisis aumentada», *ALH*, 1972, 87-105.

SCHULMAN, I. A., y otros, *Coloquio sobre la novela hispanoamericana*, Méjico, 1967.

SIEBENMANN, G., «La novela latinoamericana actual como reflejo de la situación social», *IRom*, 3, 1967, 244-52.

*TriQuarterly*, Evanston, Illinois, 13, 1968. Número dedicado a la novela en varios países de Hispanoamérica.

YATES, D. A. (ed.), *Otros mundos, otros fuegos, fantasía mágica en Iberoamérica*, Lansing, Michigan, 1975.

Vázquez Amaral, J., *The Contemporary Latin American Narrative*, Nueva York, 1970.

*Sobre la novela en países individuales*

Navarro, A., *Narradores venezolanos de la nueva generación*, Caracas, 1970.

Brushwood, J. S., *Mexico in its Novel*, Austin, Tejas, 1974.

Castellanos, R., «La novela mejicana contemporánea y su valor testimonial», *HBalt*, 47, 1964, 223-30.

Langford, W. E., *La novela mexicana*, Méjico, 1975.

McMurray, G. R., «Current trends in the Mexican novel», *HBalt*, número 51, 1968, 532-7.

Sommers, J., *Yáñez, Rulfo, Fuentes: la novela mexicana moderna*, Caracas, 1969.

Kapcia, A., «La novela cubana a partir de 1959», *CA*, 38, número 4, 1979, 33-65.

Menton, S., *Prose Fiction of the Cuban Revolution*, Austin, Tejas, 1975.

Araujo, O., *Narrativa venezolana contemporánea*, Caracas, 1972.

Ortega, J., *Notas sobre la narrativa cubana de la revolución*, Barcelona, 1973.

Souza, R. D., *Major Cuban Novelists*, Columbia, Missouri, 1976.

Zavaleta, C. E., «Narradores peruanos», *CHA*, 302, 1975, 454-64.

Dellepiane, A. B., «La novela argentina desde 1950 a 1965», *RevIh*, número 66, 1968, 237-83.

L. Gregorich, «Dos décadas de narrativa argentina», *Revista Nacional de Cultura*, Caracas, 236, 1978, 45-70.

Jitrik, E., *Escritores argentinos, dependencia o libertad*, Buenos Aires, 1967.

Viñas, D., *Literatura argentina y realidad política*, Buenos Aires, 1970

Dorfman, A., «Perspectivas y limitaciones de la novela chilena actual», *Anales de la Universidad de Chile*, 124, núm. 140, 1966, 110-67.

Promis, J., *La novela chilena actual*, Buenos Aires, 1977.

*Capítulo I*

Salgado, M. A., *Arévalo Martínez*, Boston, 1979.

Pagés Larraya, A., «Los extraños cuentos de Arévalo Martínez», *Universidad*, Santa Fe, Argentina, 76, 1968, 127-43.

AYORA, J., «Psicología de lo grotesco en 'El hombre que parecía un caballo'», *ETL*, 2, 1974, 117-22.

LARRA, R., *Roberto Arlt, el torturado*, Buenos Aires, 1956.

GONZÁLEZ LANUZA, E., *Roberto Arlt*, Buenos Aires, 1971.

GUERRERO, D., *Roberto Arlt*, Buenos Aires, 1972.

GOSTAUTAS, S., *Buenos Aires y Arlt*, Madrid, 1977.

FLINT, J. M., «Politics and Society in the Novels of Arlt», *IAr*, número 2, 1976, 155-63.

FERNÁNDEZ MORENO, C., *Introducción a Macedonio Fernández*, Buenos Aires, 1960.

GARCÍA, G. L. (ed.), *Hablan de Macedonio Fernández*, Buenos Aires, 1968.

BORINSKI, A., *Macedonio y sus otros*, Buenos Aires, 1975.

ENGELBERT, M J., *Macedonio Fernández and the Spanish American Novel*, Nueva York, 1978.

BARRENECHEA, A. M., «Macedonio Fernández y su humorismo de la nada», en *Textos Hispanoamericanos*, Caracas, 1978.

—, *Review*, Nueva York, 21, núm. 2, otoño, 1979, número dedicado a Macedonio Fernández.

*Capítulo II*

BARRENECHEA, A. M., *La expresión de la irrealidad en la obra de J. L. Borges*, Méjico, 1957.

GUTIÉRREZ GIRARDOT, R., *J. L. Borges, ensayo de interpretación*, Madrid, 1959.

CHRIST, R., *The Narrow Act*, Nueva York, 1969.

FERRER, M., *Borges y la nada*, Londres, 1971.

PÉREZ, A. C., *Realidad y suprarrealidad en los cuentos fantásticos de J. L. Borges*, Miami, 1971.

DUNHAM, L., e IVASK, I. (eds.), *The Cardinal Points of Borges*, Norman, Oklahoma, 1972.

SORRENTINO, F., *Siete conversaciones con J. L. Borges*, Buenos Aires, 1973.

ALAZRAKI, J., *La prosa narrativa de J. L. Borges*, Madrid, 2.ª edición, 1974.

—, *Versiones, inversiones, reversiones*, Madrid, 1977.

REST, J., *El laberinto del universo*, Buenos Aires, 1976.

DOYLE, R. H., *La huella española en la obra de J. L. Borges*, Madrid, 1977.

Rodríguez Monegal, E., *J. L. Borges. A Literary Biography*, Nueva York, 1978.

—, «Símbolos en la obra de Borges», en *El cuento hispanoamericano ante la crítica*, ed. E. Pupo-Walker, Madrid, 1973.

*Revista Iberoamericana*, Pittsburgh, 100-101, 1977, número dedicado a Borges.

Marechal, L., *Las claves de Adán Buenosayres*, Mendoza, Argentina, 1966.

Andrés, A., *Palabras con L. Marechal*, Buenos Aires, 1968.

Prieto, A., «Los dos mundos de Adán Buenosayres», en *Estudios de literatura argentina*, Buenos Aires, 1969.

Coulson, G., *Marechal, la pasión metafísica*, Buenos Aires, 1974.

Paternain, A., «Leopoldo o la alegría», *CHA*, 229, 1969, 111-30.

De la Fuente, A., «La estructura interna de Adán Buenosayres», *HBalt*, 58, 1975, 260-66.

Grieben, C. F., *Eduardo Mallea*, Buenos Aires, 1961.

Lichtblau, M. I., *El arte estilístico de Eduardo Mallea*, Buenos Aires. 1967.

Rivelli, C., *Eduardo Mallea, la continuidad temática de su obra*, Nueva York, 1969.

Barrenechea, A. M., *Ernesto Sábato, el hombre y su obra*, Nueva York, 1968.

Oberhelman, H. D., *Ernesto Sábato*, Boston, 1970.

Wainerman, L., *Sábato y el misterio de los ciegos*, Buenos Aires, 1971.

Giacoman, H. F. (ed.), *Homenaje a Ernesto Sábato*, Nueva York, 1973.

—, *Los personajes de Sábato*, Buenos Aires, 1972.

García Ramos, R., *Recopilación de textos sobre Onetti*, La Habana, 1969.

Ainsa, F., *Las trampas de Onetti*, Montevideo, 1970.

Ruffinelli, J., *Onetti*, Montevideo, 1973.

Moreno Aliste, X., *Origen y sentido de la farsa en la farsa en la obra de Onetti*, Poitiers, 1973.

Giacoman, H. F. (ed.), «Homenaje a J. C. Onetti», Nueva York, 1974, *CHA*, 292-4, 1974, número dedicado a Onetti.

Frankenthaler, M. R., *Onetti, la salvación por la forma*, Nueva York, 1977.

Ludmer, J., *Onetti*, Buenos Aires, 1977.

*Capítulo III*

LARCO, J. (ed.), *Recopilación de textos sobre J. M. Arguedas*, La Habana, 1973.

CASTRO KLAREN, S., *El mundo mágico de J. M. Arguedas*, Lima, 1973.

CORNEJO POLAR, A., *Los universos narrativos de J. M. Arguedas*, Buenos Aires, 1974.

MARÍN, G., *La experiencia americana de J. M. Arguedas*, Buenos Aires, 1974.

URELLO, A., J. M. *Arguedas, el nuevo rostro del indio*, Lima, 1974.

VERDUGO, I., *El carácter de la literatura hispanoamericana y la novelística de M. A. Asturias*, Guatemala, 1968.

BELLINI, G., *La narrativa de M. A. Asturias*, Buenos Aires, 1969.

CALLAN, R. J., *Miguel Ángel Asturias*, Boston, 1970.

GIACOMAN, H. F. (ed.), *Homenaje a Miguel Ángel Asturias*, Nueva York, 1971.

LÓPEZ ÁLVAREZ, L., «Conversaciones con Miguel Ángel Asturias», Madrid, 1974, *Revista Iberoamericana*, Pittsburgh, 67, 1969, número dedicado a M. A. Asturias.

MULLER-BERGH, K., *Asedios a Carpentier*, Santiago de Chile, 1972.

—, *Alejo Carpentier, estudio biográfico-crítico*, Nueva York, 1972.

MAZZIOTTI, N., *Historia y mito en la obra de A. Carpentier*, Buenos Aires, 1972.

MOCEGA GONZÁLEZ, E. P., *La narrativa de A. Carpentier*, Nueva York, 1975.

GONZÁLEZ ECHEVARRÍA, R., *Alejo Carpentier, The Pilgrim at Home*, Ithaca, Estados Unidos y Londres, 1977.

*Capítulo IV*

CURUTCHET, J. C., *J. Cortázar o la crítica de la razón pragmática*, Madrid, 1972.

ARONNE AMESTOY, L., *Cortázar, la novela mándala*, Buenos Aires, 1972.

GIACOMAN. H. F. (ed.), *Homenaje a Julio Cortázar*, Nueva York, 1972.

GENOVER, K., *Claves de una novelística existencial (Rayuela)*, Madrid, 1973.

NELSON, K. G., *Rayuela de J. Cortázar*, Madrid, 1973.

Sosnowski, S., J. *Cortázar, una búsqueda mística*, Buenos Aires, 1973.

Roy, J., *Julio Cortázar ante su sociedad*, Barcelona, 1974.

Simo, A. M., y otros, *Cinco miradas sobre Cortázar*, Buenos Aires, 1968.

Brody, R., *Julio Cortázar, Rayuela*, Londres, 1976.

Scholz, L., *El arte poético de Julio Cortázar*, Barcelona, 1978.

González Bermejo, E., *Conversaciones con Cortázar*, Barcelona, 1978.

Picón Garfield, E., *¿Es Julio Cortázar un surrealista?*, Madrid, 1975.

—, *Cortázar por Cortázar*, Vera Cruz, 1978.

Planells, A., *Cortázar, metafísica y erotismo*, Madrid, 1979.

*Revista Iberoamericana*, Pittsburgh, 84-5, 1973, número dedicado a Cortázar.

Pamies, A. N., y Berry, C. D., *Carlos Fuentes y la dualidad integral mexicana*, Miami, 1969.

De Guzmán, D., *Carlos Fuentes*, Boston, 1972.

Giacoman, H. F. (ed.), *Homenaje a Carlos Fuentes*, Nueva York, 1972.

Befumo Boschi, L., y Calabrese, E., *La nostalgia del futuro en Carlos Fuentes*, Buenos Aires, 1974.

Durán, G., *La magia y las brujas en la obra de Carlos Fuentes*, Méjico, 1976.

Gullón, R., *García Márquez o el olvidado arte de contar*, Madrid, 1970.

Amster, M. (ed.), *Nueve asedios a García Márquez*, Santiago de Chile, 1971.

Vargas Llosa, M., *García Márquez, historia de un deicidio*, Barcelona, 1971.

Arnau, C., *El mundo mítico de García Márquez*, Barcelona, 1971.

Giacoman, H. F. (ed.), *Homenaje a García Márquez*, Nueva York, 1972.

Ludmer, J., *Cien años de soledad, una interpretación*, Buenos Aires, 1972.

Maturo, G., *Claves simbólicas de García Márquez*, Buenos Aires, 1973.

Carreras González, O., *Mundo de Macondo en Gabriel García Márquez*, Barcelona, 1974.

Levine, S. J., *El espejo hablado*, Caracas, 1975.

Carrillo, G., *La narrativa de Gabriel García Márquez*, Madrid, 1975.

McMurray, G. R., *Gabriel García Márquez*, Nueva York, 1977.

234

Díez, L. A., *Mario Vargas Llosa's Pursuit of the Total Novel*, Cuernavaca, Méjico, 1970.
—, *Asedios a Vargas Llosa*, Santiago de Chile, 1972.
Oviedo, J. M., *Mario Vargas Llosa, la invención de una realidad*, Barcelona, 1970.
Giacoman, H. F. (ed.), *Homenaje a Mario Vargas Llosa*, Nueva York, 1971.
Alonso, M. R. (ed.), *Agresión a la realidad*, Tenerife, 1972.
Cano Gaviria, R., *El buitre y el ave fénix*, Barcelona, 1973.
Martín, J. L., *La narrativa de Vargas Llosa*, Madrid, 1974.
Boldori, R., *Vargas Llosa, un narrador y sus demonios*, Buenos Aires, 1974.
Fernández, C. M., *Aproximación formal a la narrativa de Mario Vargas Llosa*, Madrid, 1977.
Rossman, C., y Friedman, A. W., *Mario Vargas Llosa*, Austin, Tejas, 1978
*Norte*, Amsterdam, 12, núms. 5-6, 1971, número dedicado a Vargas Llosa.

*Capítulo V*

Rodríguez Alcalá, H., *El arte de Juan Rulfo*, Méjico, 1965.
Benítez Rojo, A. (ed.), *Recopilación de textos sobre Juan Rulfo*, La Habana, 1969.
Freeman, G. R., *Paradise and Fall in Rulfo's Pedro Páramo*, Cuernavaca, Méjico, 1970.
Ferrer Chivite, M., *El laberinto mexicano en/de Juan Rulfo*, Méjico, 1972.
Roffé, R., *Juan Rulfo, autobiografía armada*, Buenos Aires, 1973.
Giacoman, H. F. (ed.), *Homenaje a Juan Rulfo*, Nueva York, 1974.
Sommers, J. (ed.), *La narrativa de Juan Rulfo*, Méjico, 1974
Peralta, V., y Befumo Boschi, L., *Rulfo, la soledad creadora*, Buenos Aires, 1975.
Gutiérrez Marrone, N., *El estilo de Juan Rulfo*, Nueva York, 1978.
González Boixo, J. C., *Claves narrativas de Juan Rulfo*, León, 1980.
Foster, D. W., *The Mith of Paraguay*, Chapel Hill, Carolina del Norte, 1969.
—, *Roa Bastos*, Boston, 1978.
Giacoman, H. F. (ed.), *Homenaje a Roa Bastos*, Nueva York, 1973.
Rodríguez Alcalá, B., y otros, *Comentarios sobre Yo el Supremo*, Asunción, 1975.

Varios autores, *Seminario sobre Yo el Supremo,* Poitiers, 1976.

*Cuadernos de Norte,* Amsterdam, 1976, número especial dedicado a Roa Bastos.

Vidal, H., *José Donoso, surrealismo y rebelión de los instintos,* Barcelona, 1972.

Cornejo Polar, A., *Donoso, la destrucción de un mundo,* Buenos Aires, 1975.

Quinteros, I., *José Donoso, una insurrección contra la realidad,* Madrid, 1978.

Achugar, H., *Ideología y estructura narrativas en José Donoso,* Caracas, 1979.

*Review,* Nueva York, 9, otoño, 1973, número dedicado a José Donoso.

Simón Martínez, P., *Recopilación de textos sobre J. Lezama Lima,* La Habana, 1970.

De Villa, A., y Sánchez Boudy, J., *Lezama Lima, peregrino inmóvil,* Miami, 1974.

Zaldiva, G., *Novelística cubana de los años 60, Paradiso y El mundo alucinante,* Miami, 1977.

Cardin, A., *Homenaje a Lezama Lima,* Zaragoza, 1978.

Junco Fazzolari, M., *Paradiso y el sistema poético de Lezama Lima,* Buenos Aires, 1979.

Sánchez Boudy, J., *La novela hispanoamericana y Tres tristes tigres,* Miami, 1971.

Ríos, J. (ed.), *Cabrera Infante,* Madrid, 1974.

Jiménez, R. L., *G. Cabrera Infante y Tres tristes tigres,* Miami, 1977.

Pereda, R. M., *Cabrera Infante,* Madrid, 1979.

*Capítulo VI*

Carballo, E., *Diecinueve protagonistas de la literatura mexicana del siglo XX,* Méjico, 1965.

*Nuevos escritores mexicanos presentados por sí mismos,* Méjico, 1966.

Agustín, J., *Three Lectures,* Denver, Colorado, 1978.

Moreno Durán, R. H., «Palinuro», *Camp de L'Arpa,* 67-8, 1979, páginas 60-66.

Rodríguez Castañeda, R., «Gustavo Sáinz», *Excelsior,* Méjico, 22 de noviembre de 1970.

Brown, J. W., «*Gazapo,* novela para armar», *Nueva Narrativa Hispanoamericana,* Nueva York, 3, núm. 2, 1973, 237-44.

236

DWYER, J. P., «Unas palabras con Gustavo Sáinz», *RevIb*, 90, 1975, páginas 85-9.

XIRAU, R., «*Farabeuf*», *Diálogos*, Méjico, 4, núm. 10, 1966, 43-4.

MCMURRAY, G. R., «Salvador Elizondo's *Farabeuf*», *HBalt*, 50, 1967, páginas 596-601.

MICHZELIS, P., «Escritura y realidad en *Farabeuf*», *Plural*, Méjico, 4, número 4, 1975, 63-8.

ARCOCHA, J., y PALENZUELA, F., «Entrevista: Salvador Elizondo», *Consenso*, Pennsylvania, 2, 1978, 37-42.

RÍOS, J. (ed.), *Severo Sarduy*, Madrid, 1976.

SÁNCHEZ BOUDY, J., *La temática novelística de Severo Sarduy*, Miami, 1977.

*Review*, Nueva York, invierno, 1974, número dedicado a Severo Sarduy.

RODRÍGUEZ MONEGAL, E., «Conversación con Severo Sarduy», *RO*, número 93, 1970, 315-43.

GONZÁLEZ ECHEVARRÍA, R., «Son de La Habana, la ruta de Severo Sarduy», *RevIb*, 37, 1971, 725-40.

JOHNDROW, D. R., «Total Reality in Sarduy's Search for *lo cubano*», *RoN*, 13, 1972, 445-52.

WALLER, C. J., «Reynaldo Arenas' *El mundo alucinante*», *KRQ*, número 19, 1972, 41-50.

*Review*, Nueva York, primavera, 1973, número dedicado a Arenas.

ZALDIVA, G., *Novelística cubana de los años 60, Paradiso y El mundo alucinante*, Miami, 1977.

LUCHTING, W., *Alfredo Bryce*, Lima, 1975.

HIGGINS, J., «A Forgotten Peruvian Novelist, E. Congrains Martín», *IRom*, 2, 1971, 112-20.

GNUTZMANN, R., «A. González León, *País portátil:* entre el documento y la ficción», *HispI*, 63, 1978, 89-102.

RAMA, A., *Salvador Garmendia y la narrativa informalista*, Caracas, 1975.

COBO BORDA, J. G., «Salvador Garmendia», *Nueva Narrativa Hispanoamericana*, Nueva York, 4, 1944, 291-98.

BRUSHWOOD, J. S., «Cinco novelas de Garmendia», *HBalt*, 60, 1977, páginas 884-90.

SOSNOWSKI, S., «Los dueños de la tierra», *Car*, 25, 1975, 57-75.

RASI, H. M., «David Viñas, novelista y crítico comprometido», *RevIb*, 96-7, 1976, 561-65.

RODRÍGUEZ PADRÓN, J., «Manuel Puig y la capacidad expresiva de la lengua popular», *CHA*, 245, 1970, 490-97.

SARDUY, S., «Notas a las notas», *RevIb*, 76-7, 1971, 555-67.

MACADAM, A. J., «Las crónicas de M. Puig», *CHA*, 274, 1973, páginas 84-107.

BORINSKI, A., «Castración y lujos», *RevIb*, 90, 1975, 47-58.

OSORIO, M., «Entrevista con Manuel Puig», *Cuadernos para el Diálogo*, 231, 1977, 51-3.

ECHEVARRÍA, R., «El beso de la mujer araña», *RevIb*, 102-3, 1978, páginas 65-75.

ALLEN, R. F., «En busca de la novelística de N. Sánchez y J. Cortázar», *CHA*, 237, 1969, 711-24.

SÁNCHEZ, N., «Entretiens, Néstor Sánchez», *Car*, 23, 1974, 185-7.

EDWARDS, J., «Experiencia personal y creación literaria», *Atenea*, Santiago de Chile, 380-81, 1958, 280-82.

BATLLÓ, J., «En torno a *El peso de la noche*», *CHA*, 186, 1965, páginas 569-74.

LUCHTING, W., «¿Cómo arrepentirse? Radiografía de una novela», *Nueva Narrativa Hispanoamericana*, 3, núm. 2, 1973, 191-210.

*Capítulo VII*

VALDIVIELSO, J., *Realidad y ficción en Latinoamérica*, Méjico, 1975.

LEAL, L., «El realismo mágico», *Cuadernos Americanos*, Méjico, 26, número 4, 1967, 230-35.

LYON, T. E., «Orderly Observation to Symbolic Imagination», *HBalt*, número 54, 1971, 445-51.

POPE, R., «La apertura al futuro», *RevIb*, 90, 1975, 15-28.

SIEBENMANN, G., «Técnica narrativa y éxito literario», *IRom*, número 7, 1978, 50-66.

# Índice de nombres

Perón, Juan Domingo, 45, 194, 196.
*Perromundo,* 179.
*Persona non grata,* 207.
*Peso de la noche, El,* 208, 209.
Picón Garfield, E., 93, 93 n.
*Pies sobre el agua, Los,* 138.
*Pies de barro, Los,* 185, 186, 221.
*Poderío de la novela,* 48.
Pope, R., 216, 216 n.
*Popol Vuh,* 13, 72.
*Posesión,* 50.
*Pozo, El,* 57, 98, 213.
Prado, Pedro, 13.
*Premios, Los,* 90 n, 92, 93, 221.
Prieto, A., 41, 41 n, 193.
*Princesa del Palacio de Hierro, La,* 158, 167, 168, 169, 170.
Promis Ojeda, J., 143, 143 n, 148 n.
*Pubis angelical,* 201.
*Puerto Limón,* 12.
Puig, Manuel, 159, 161, 197-201, 202, 223.

Quiroga, Horacio, 23.

Rabelais, François, 112, 180.
Rama, A., 113, 182, 184 n.
Ramírez Molas, P., 224 n.
Ramos, Samuel, 100.
Rasi, H. M., 194, 194 n, 196 n.
*Rayuela,* 30, 32, 42, 47, 89, 90 n, 91, 92, 93, 94, 95, 96, 97, 133, 140, 157, 166, 203, 214, 220.
*Razón humana, La,* 50.
Rea Boorman, J., 145 n.
*Recurso del método, El,* 87, 124, 161.
*Región más transparente, La,* 98, 99, 100, 141, 142, 157, 164, 192.
*Reino de este mundo, El,* 19, 80, 81, 82, 83, 84.
*Resentimiento, El,* 51.
*Retorno, El,* 50.
Revueltas, José, 100, 163.
Reyes, Alfonso, 153.
*Ríos profundos, Los,* 67, 68, 71, 120, 221, 223.

Rivelli, C., 49, 51.
Rivera, José Eustaquio, 12, 18, 40, 122, 132, 212.
Roa Bastos, Augusto, 48, 124, 135-141, 211, 218 n.
*Rodeada está de sueño,* 50.
Rodríguez, I., 137 n, 138.
Rodríguez Alcalá, Hugo, 136, 136 n.
Rodríguez Monegal, Emir, 13, 13 n, 32, 32 n, 57, 76, 99 n, 101 n, 105, 112, 112 n, 119, 142, 142 n, 151, 151 n, 156 n, 175 n, 178, 178 n, 198, 198 n, 202, 202 n, 221, 221 n.
Roffé, R., 130, 130 n, 131 n.
Rojas, Manuel, 12.
Romero, A., 12.
Romero, J. R., 47.
*Roto, El,* 12.
Ruffinelli, J., 170, 170 n, 224, 224 n.
Rulfo, Juan, 13, 18, 38, 48, 49, 55, 83, 86, 113, 129-135, 146, 162, 163, 179, 189, 214, 215.

Sábato, Ernesto, 13, 14, 18, 19, 19 n, 27, 40, 47, 48, 49, 51-57, 89, 90, 134, 175, 197, 207, 213, 214, 216, 216 n, 219, 222, 222 n.
Sáinz, Gustavo, 157, 163, 166-170, 202, 215, 221, 223, 223 n, 225, 225 n.
Saldivar, D., 165, 165 n.
Sánchez, Nestor, 180, 202-207.
Sánchez-Boudy, J., 155, 155 n.
*Sangre patricia,* 11.
San Martín, M., 148, 148 n, 151.
*Santa,* 11.
Sarduy, Severo, 161, 171, 171 n, 174-179, 180, 202, 217, 217 n, 218.
Sartre, Jean-Paul, 18, 223, 224 n.
*Sátiro,* 13.
Scalabrini Ortiz, Raúl, 42 n, 48.
Scholz, L., 90 n, 93.
Schopenhauer, Arturo, 38.
Schulman, J. A., 176, 176 n.
*Señor Presidente, El,* 18, 19, 23, 55, 73, 74, 76, 77, 130, 134, 146, 163, 213, 215.
*Serpiente de Oro, La,* 12, 19.

245